佛山市南海区教育综合改革丛书

初中数学思想方法教学目标 管理系统的构建与思考

董磊　陈棉驹　著

中国出版集团　现代出版社

图书在版编目(CIP)数据

初中数学思想方法教学目标管理系统的构建与思考 /
董磊，陈棉驹著. — 北京：现代出版社，2020.6

　ISBN 978-7-5143-8704-9

　Ⅰ.①初… Ⅱ.①董… ②陈… Ⅲ.①中学数学课—
教学研究—初中 Ⅳ.①G633.602

中国版本图书馆CIP数据核字（2020）第110355号

初中数学思想方法教学目标管理系统的构建与思考

作　　者	董　磊　陈棉驹
责任编辑	张　璐
出版发行	现代出版社
地　　址	北京市安定门外安华里504号
邮政编码	100011
电　　话	010-64267325　64245264
网　　址	www.1980xd.com
电子邮箱	xiandai@cnpitc.com.cn
印　　制	北京政采印刷服务有限公司
开　　本	710mm×1000mm　1/16
印　　张	16.25
字　　数	293千
版　　次	2022年6月第1版　2022年6月第1次印刷
书　　号	ISBN 978-7-5143-8704-9
定　　价	45.00元

数学思想是由数学知识通向数学素养的桥梁

在董磊老师及其团队的书作问世之际，我首先想通过作序的方式，向他们的成长与成果表示祝贺和敬意；同时也对这个延续八年的"数学思想"研究工作（我把它叫作"八年研究"）谈些随想，包括如何由"数学思想教学"深入"数学素养教学"的一些启示。

一、圆梦的感觉

我对董磊老师及其团队的"八年研究"工作情有独钟，不仅仅因为我与董磊在二十多年前有过一段陕西师范大学的师生之谊，还因为我三十多年前教中学时就对"数学思想教学"有兴趣，当然更因为研究"数学思想教学"本身的重要性。

1985 年，我参加"西北五省区数学教学研究会"写过一篇文章《数学观点的教学》（后来发表在《中学数学教学参考》1986 年第 1 期），当中的"数学观点"其实就是现在说的"数学思想"。这表明，20 世纪 80 年代一个基层中学教师曾有"数学思想教学"的朦胧梦想。

1995 年，我的项目"着眼数学素质　服务基础教育——数学高考解题理论的建设"获高等院校优秀教学成果省级二等奖，项目所提到的"数学素质"也含有"数学思想方法"的元素。这表明，到大学之后，我还没有忘记十几年前的中学梦想。

2004 年，我在《中学教研》第 7 期上发表文章《数学思想方法的教学》，较为正式地使用"数学思想"这个词。实际上，它是二十年前"数学观点的教学"的"旧梦重温"。

2009 年，我指导一位博士生写"数学素养生成的教学研究"的学位论文时，曾提出两点看法：①把"数学素养的界定"作为论文理论创新的一个闪光点；②把"从数学知识的传授走向数学素养的生成"作为实施素质教育的一个新思路。

由这段简要的回顾就不难理解，当我知道董磊及其团队开展"如何在初中数学教学中渗透数学思想方法的实践研究"并成功结题时，我有一种几十年数学教育梦想终于"圆梦"的感觉。当然，董磊及其团队的成果不仅仅是圆了我的"数学教育梦"，不仅仅是圆了许多数学教育工作者的"梦"，更是圆了数学教育继续深入"数学素养"的"奠基梦"。

二、主要成果

广东省佛山市南海区的董磊老师及其团队，怀着对数学教育的无限热爱，怀着对数学素养的育人追求，结合当地教学的实际情况，于2011年启动了数学思想方法教学的研究，历时八年，其主要成果汇编成两本著作：《追求数学素养的数学思想方法教学》和《初中数学思想方法教学目标管理系统的构建与思考》，它们是相辅相成、相得益彰的姊妹篇。具体成果如下：

（1）重点研究了初中阶段的九种主要数学思想方法，分别阐述了每个数学思想方法的内涵、层次结构、意义和价值。这是一项资料性和专业性都极强的艰巨工作，没有扎实的数学学科功底和深厚的教育理论修养难以完成。

（2）对北师大版教材中每一章节所蕴含的数学思想方法进行了深入的研究，构建起了数学思想方法的教学目标管理系统，并绘制出了数学思想方法的教学目标程度表。这是一项具有原创性的特色工作。

（3）对九种数学思想方法的教材分布情况和呈现方式进行了仔细的剖析，提出了数学思想方法的教学原则和建议，并辅以大量的案例来做具体的说明。这项工作"理论结合实践"，体现了一线教师"行动研究"的特征。当中的经典案例也是本书的一个闪光点。

（4）这项"八年研究"工作不仅锻炼了南海区的教师队伍，提高了南海区的教学层次，而且对各地的教师专业发展和教学质量提高都会有促进作用。

（5）更重要的是，弄清楚了"数学思想教学"就为继续深入"数学素养教学"奠定了坚实的基础。冒着过于简单化的风险，"数学素养教学"就是从"数学知识"的载体变为"数学思想"的桥梁，再提升到"数学素养"的目标，数学思想就是通向数学素养的桥梁。

三、数学思想教学的历史发展

为了理解"数学思想"的桥梁作用，不妨回顾一下新中国中学数学教育七十年来的历史发展，回顾一下"从数学知识的传授到数学素养的生成"的基本阶段。

（1）第一阶段（20世纪50年代）简称为数学知识的教学：数学教学主要是传授知识的过程。

在这一阶段中，教学从"学欧美"向"学苏联"转轨，教材和教法都是参照苏联的标准，执行凯洛夫提出的"三中心论"（以课堂为中心、以教材为中心、以教师为中心）；教学中重在讲深讲透，传授数学知识；教学过程逐渐规范为五个环节：教学组织—复习提问—讲授新课—巩固练习—小结作业；教学主要就是教师讲、学生听，课堂就是讲堂。这一时期，中国的数学教育处于摸索阶段。

在当时教师奇缺的国情下，教学大纲关注的是"应当教哪些内容""应当教到什么程度"；相应的考核便关注"规定的内容是否教了""学生的掌握是否达到要求"，教学目标是以知识技能为核心的一维目标（知识应知、技能应会）。

（2）第二阶段（20世纪60年代）简称为数学知能的教学：数学教学主要是传授知识、培养能力的过程。

这一阶段，数学教学的目的是使学生牢固地掌握代数、平面几何、立体几何、三角和平面解析几何的基础知识，培养学生正确而且迅速的计算能力、逻辑推理能力和空间想象能力，以适应参加生产劳动和进一步学习的需要（参见1963年的中学数学教学大纲）。

在这一阶段中，教学从讲深讲透转向精讲多练，学生跟进练，打好基础，包括知识基础和能力基础。课堂从讲堂向学堂转变。虽然那时人们也认识到，学习数学不仅要学习它的知识内容，而且要领会它的精神、思想和方法，但在"文化大革命"之前，数学教学的实践还是更注重数学事实的教学。1979年出版的《中学数学教材教法（总论）》在指出"一些基本的数学思想和数学方法"也是"基本知识"时，曾批评说："中学数学内容中的这些基本方法历来没有受到足够的重视，甚至连基本的总结也做得很不够……"

在扫盲尚在继续、教师学历尚需达标的国情下，小学要淘汰一批才能上初中，初中要淘汰一批才能上高中，高中要淘汰一批才能上大学，大学的毛入学率远低于 5%（我 1962 年考大学，据说全国高校招生 10 万余人）。但是，这一时期以"双基""三能"的逐渐明确为特色，数学教育的中国道路开始起步，1963 年的中学数学教学大纲至今仍有其历史地位。

（从 1966 年开始，中间有十余年"文化大革命"的教育断层和拨乱反正的恢复）

（3）第三阶段（20 世纪 70—80 年代）简称为数学知能情的教学：数学教学主要是传授知识、培养能力、转变态度的过程。

在这一阶段中，数学教学致力于用"启发式"改造"五环节教学"，课堂继续从讲堂向学堂转变，逐渐强调以数学思维活动为核心，努力谋求"在良好的数学基础上"促进学生在德智体各方面的全面发展，1985 年还实施了九年义务教育，数学教育的中国道路初具雏形。

这一阶段的"转变态度"（也有称作"进行思想教育"的）是指要培养学生对数学的兴趣，激励学生为实现四个现代化学好数学的积极性，培养学生的科学态度和辩证唯物主义观点。

需要指出的是，在"数学知能情教学"的阶段，已经育有数学思想教学的萌芽。1978 年 2 月第 1 版的《全日制十年制学校中学数学教学大纲》（草案），在"教学内容的确定"第（三）条中首次提出，"把集合、对应等思想适当渗透到教材中去。这样，有利于加深理解有关教材，同时也为进一步学习做准备"。这一大纲在 1980 年 5 月第 2 版时保留了这段话；1986 年 12 月第 1 版的《全日制中学数学教学大纲》，在"教学内容的确定"第（三）条中，把上述大纲的有关文字改成一句话——"适当渗透集合、对应等数学思想"。1990 年修订此大纲时保留了这一提法。

（4）第四阶段（20 世纪 90 年代）简称为数学思想的教学：数学教学主要是传授知识、培养能力、领悟思想、转变态度的过程。

这一阶段适逢国家改革开放，教育规模发展，师资力量壮大，信息技术陆续进入课堂，"双基"逐渐发展为"三基""四基"，"三大能力"也逐渐增加"抽象概括能力""数据处理能力""应用意识""创新意识"等，尤其是在"素质教育"的口号下，数学思想方法的教学得到了前所未有的重视，1992 年的《九年义务教育全日制初级中学数学教学大纲》、1996 年的《全日制普通高级中学数学教学大纲》都是新中国成立以来对数学思想方法关注最多的。

从教学论的视角看数学思想方法，数学思想方法是中学数学的一项基础知识；从方法论的视角看数学思想方法，它是对数学知识内容及其所使用的方法的本质认识。

这一阶段的"转变态度"是指激发学生学习数学的兴趣，使学生树立学好数学的信心，形成实事求是的科学态度和锲而不舍的钻研精神，认识数学的科学价值和人文价值，从而进一步树立辩证唯物主义的世界观。

情况表明，世纪之交，中国数学教学已经达成数学思想方法教学的共识，数学教育的中国道路业已成型，并在国际测试中崭露头角（如 IMO、IAEP 以及后来的 PISA 都有不俗的表现）。张奠宙教授说，用一句话来概括中国数学教育的特色，那就是"在良好的数学基础上谋求学生的数学发展"。这里的"数学基础"，其内涵就是三大数学能力：数学运算能力、空间想象能力、逻辑思维能力。这里的"数学发展"是指提高用数学思想方法分析问题和解决问题的能力，促进学生在德智体各方面的全面发展。与此相应的教学方式则是贯彻辩证唯物主义精神，进行"启发式"教学，关注课堂教学中的数学本质，倡导数学思想方法教学，运用"变式"进行练习，加强解题规律的研究。

（5）第五阶段（21 世纪）简称为数学素养的教学：数学教学不仅要传授知识、培养能力、领悟思想，更要掌握核心素养，发展情感态度，立德树人。

这一阶段的显著标志是 21 世纪的课程改革，教学内容、教学观念和教学方法都发生了变化。这一阶段可以分为前后两半段。前半段始于《普通高中数学课程标准》（试验稿）的颁布，在"三维目标"（知识与技能，过程与方法，情感态度与价值观）的指引下，数学教学的生活化取向、活动化取向、个性化取向热情地展开，并逐渐形成"数学教学是数学活动的教学"的新结构。

后半段始于《普通高中数学课程标准（2017 年版）》[以下简称《课标（2017）》]的颁布，一个重要的特点是，在整合与提升原先"三维目标"的基础上，凝练了数学学科核心素养。这不仅解决了"三维目标"的割裂问题，而且实现了课程目标的科学化与具体化，体现了课程改革的时代性和国际视野，落实了中国教育"立德树人"的根本任务。这是从"知识本位"到"素养本位"的重大转变。

《课标（2017）》指出："学科核心素养是育人价值的集中体现，是学生通过学科学习而逐步形成的正确价值观念、必备品格和关键能力。数学学科核心素养是数学课程目标具有数学基本特征的思维品质、关键能力以及情感态度与价值观的综合体现，是在数学学习和应用的过程中逐步形成和发展的。数学学科核心素养包括：数学抽象、逻辑推理、数学建模、直观想象、数学运算和数据分析。这些数学学科核心素养既相对独立，又相互交融，是一个有机的整体。"

可见，"数学思想教学"是中国数学教学发展的一个必然阶段，并且还必然要继续发展下去。而"数学素养教学"也是数学教学发展的一个必然阶段，它是"数学思想教学"的深化与提高，"数学素养教学"不仅不能只停留在"传授双基、培养能力"上，而且也不能满足于"从知识内容及其所使用的方法"中提炼数学思想，还要找出数学思想方法里的"DNA"——数学核心素养，并与立德树人沟通。这就对教师和教学提出了更高的要求。

一个很现实的问题是，如何在"数学思想教学"的基础上深入"数学素养教学"？

四、数学核心素养的课堂教学

基于数学核心素养的教学，要求教师把握内容的数学本质，创设合适的教学情境，提出相关的数学问题，引发学生的认知冲突，组织互动探究或主题（单元）站位的教学活动，形成"数学化"的深度学习；让学生在掌握知识技能的同时，积累数学活动经验，感悟数学思想方法，发展具有数学基本特征的思维品质、关键能力和价值观念。在此，根据《课标（2017）》的教学建议，结合专家们的意见，对数学核心素养的课堂教学提出三个重点提示。

1. 理解课标，明确方向，以发展数学核心素养为教学目标

（1）《课标（2017）》指出，数学学科核心素养是数学课程目标的集中体现，是在数学学习的过程中逐步形成的。可以认为，这段话不仅强调了数学素养教学的大方向，而且具体指出了实现数学核心素养教学的关键要点。我们必须领会课标精神，紧紧抓住发展数学核心素养的教学目标，发展数学核心素养是我们进行数学教学的出发点和归宿。因此，教师在制定教学目标时应遵循以下几点：

① 要充分关注数学学科核心素养的达成。

② 要深入理解数学学科核心素养的内涵、价值、表现水平及其相互联系。

③ 要结合特定教学任务，思考相应数学学科核心素养在教学中的孕育点、生长点。

④ 要注意数学学科核心素养与具体教学内容的关联。

⑤要关注数学学科核心素养目标在教学中的可实现性，研究其融入教学内容和教学过程的具体方式及载体，在此基础上确定教学目标。

（2）21世纪新课改以来，教师写课堂教学目标大多是按照课程"三维目标"做二级分类来表述的：第一，"知识与技能"①②③……；第二，"过程与方法"①②③……；第三，"情感态度与价值观"①②③……但在实际操作中不少教师存在困惑并出现"目标虚化"。例如，只有"知识与技能"可以说得比较清楚（是真正落实），"过程与方法"常常有困难（是努力落实），而"情感态度与价值观"困难就更大了（常常停留在口头上）。再如，"有的内容不知道归入三维目标的哪一维"或"并不专属于哪一维"。

现在就不用把"三维目标"割裂开来书写了，可以直接依据课程标准的要求分析教材内容、凝练数学内容的本质思想，提炼出学生可以达成的三到五条数学核心素养教学的具体目标。在书写每一条教学目标时都可以"贯通三维"、一气呵成，让学生明白"去哪里、怎么去、到达没"。例如通过哪些情境或活动进行哪些数学知识的探究，获得哪些数学思想方法的感悟，体验哪些情感态度的熏陶，从而提升哪些数学核心素养。于是，每一条目标都可以体现素养源于数学学科知识又超越数学学科知识，都可以体现知识是培养数学素养的载体，活动是培养数学素养的渠道。数学素养是学生在学习数学课程的过程中所形成的对数学本质的深刻认识和深度把握，它能够引领学生将习得的数学知识和技能应用到日常生活中去，帮助学生用数学的眼光发现和提出问题，用数学的思维分析和解决问题，用数学的语言表达和交流问题。这是从"数学知识"（载体）到"数学思想"（桥梁）再到"数学素养"（目标）的逐层深入和逐级提升。做个形象的比喻，"数学知识"如同一块铁矿石（看得见，摸得着），"数学思想"是隐藏在矿石里的铁（要加以提炼才能得出来），而"数学素养"则是组成铁的元素。

于是，数学教学可以通过基础知识的掌握、数学活动经验的积累，感悟"体现知识内容本质"的基本数学思想，认识"数学思想"里的"DNA"——数学学科核心素养，并与立德树人沟通。

2. 与时俱进，把数学思想方法教学深入素养层面

（1）指向数学核心素养的教学既要重视教，更要重视学，促使学生学会学习。

指向数学核心素养的课程实施，将带来教学方式的根本转变。它要求教师把教学活动的重心放在促使学生学会学习上，积极探索有利于促进学生学习的多样化教学方式。这种数学方式不仅限于讲授与练习，也包括引导学生阅读自学、独立思考、动手实践、自主探索、合作交流等。

促使学生学会学习，要求教师加强学习方法的指导，帮助学生养成良好的数学学习习惯，敢于质疑、善于思考、理解概念、把握本质、结合数形、明晰算理，形成优化的认知结构。

基于核心素养的教学，更多地需要关心学生如何学，更具体地说就是要启发学生思考，引导学生学会学习。具体而言，需要体现以下几个方面：

① 由"抽象知识"转向"具体情境"，营造学习情境的真实性。

② 由"知识中心"转向"素养中心"，培养学生形成高于学科知识的学科核心素养。

③ 由"教师中心"转向"学生中心"，促进学生主动学习和合作学习的意识与能力。

教师要以学生学习为主线，关注学生问题生成、实践、操作、思维转化、问题解决的全过程，指导并促进他们由浅入深、由表及里地进行学习探索，进而形成独立思考、实践和学习的能力。

核心素养的培养更多地依靠学生自身在实践活动中的摸索、积累和体悟。因为学科知识只是形成学科素养的载体，学科活动才是形成学科素养的渠道。所以，教师要将核心素养目标融入教学设计中，通过科学合理的数学教学活动，让学生在数学学习中实现自我发展、自我超越、自我升华。在数学学习的感染下，培养学生的逻辑思维，发展学生的理性思想，让学生的核心素养得到自主发展。

（2）创设情境，提出问题，经历"数学化"的提炼过程，促进数学核心素养的发展。

指向数学核心素养的教学要求教师将数学的"学术形态"转化为"教育形态"，将"教材内容"转化为"教学内容"，给数学加上"温度"和"情感"；要根据知识的本质先将其情境化，再让学生经历"数学化"（也就是"去情境化"）的过程，感悟知识的思想实质和核心要素；要将知识内容结构化，帮助学生理解、记忆和迁移，形成优化的认知结构。

应该看到，创设问题情境是引发认知冲突，展开深度探究活动，进行数学化的基本平台。核心素养是在特定情境中表现出来的知识、能力和态度，只有通过合适的情境，才有利于学生感悟、理解、形成和发展核心素养；只有通过精心设计的问题，才能启发学生思考数学内容的本质。因此，在数学教学活动中，教师应结合教学任务及其蕴含的数学核心素养，设计合适的情境与问题，组织学生与情境、问题的有效互动，引导学生用数学的眼光观察现象、发现问题，引导学生用数学的语言描述背景、表达问题，引导学生用数学的思维分析问题、解决问题。在问题解决的过程中，促使学生理解数学内容的本质，促进学生数学核心素养的形成和发展。

数学是在发现、提出、分析、解决问题的过程中产生和发展的，数学核心素养是在学习过程、应用过程、创新过程中逐步提升和达成的。创设合适的情境（包括实际情境、科学情境、数学情境），让学生身临问题环境，尽量感悟提出问题、解决问题的真实过程，这是提升学生数学核心素养的有效途径，也是培养教师创新能力的广阔空间。

（3）有效参与，深度探究，引发认知冲突，暴露数学思维的真实过程，聚焦数学核心素养。

指向核心素养的学习需要引发认知冲突、暴露数学思维过程，组织学生的有效参与（行为参与、思维参与、情感参与），进行深度的探究。深度探究是培养数学核心素养的关键环节。

认知冲突指的是当个体意识到个人认知结构与环境不一致，或是个人认知结构内部不同成分之间不一致时所形成的状态。包括主体内认知冲突和主体间认知冲突。在课堂教学中，引发学生的认知冲突对发展学生核心素养有着重要的意义，它不仅可以引发学生积极地思考，激发其内在动机和探究欲望，发展其思维能力，还能促进学生深入地理解学习内容的本质。教师可以通过设计问题情境，激发学生的学习兴趣，引发学生的思考与深度探究；也可以通过鼓励学生充分展示自己的想法，尝试去理解或质疑别人的想法，产生思维的碰撞来促成有效参与和深度学习。

3. 单元教学是培养数学核心素养的有效途径

基于核心素养的数学教学首先要理解数学，充分把握数学内容的本质，但是，很多数学的内容不是通过一节课或一个知识点就能把数学本质表述清楚的，这就需要改变教学设计的思路，把一些具有逻辑联系的知识点放在一起进行整体设计，即实施单元教学（或主题教学）。

（1）这里说的单元（或主题）不是知识或内容单位，而是学习单位。实践中可以把一章内容作为主题，也可以选择跨章节的主题，还可以把一章的内容分解为几个小主题，进行整体教学设计和教学实施。以知识点为站位，看到的目标只是了解、理解、记忆；以单元为站位，有助于学生抓住本质，看到学科育人的关键能力、必备品格与价值观念。因此，指向学科核心素养的教学需要提升教师的教学设计站位，立足单元，上接学科核心素养，下连知识点的目标和要求。

单元教学倡导将教学内容置于单元的整体内容中去设计，更多地关注了教学内容的本质，是基于学生核心素养培养的教学设计模式，有利于改变教师过分关注具体知识点的倾向，对于拓展他们的教学视野、提高教学效率具有重要的意义。可以认为，单元教学是撬动基于核心素养课堂转型的一个很好的支点。

（2）单元教学的实施，最重要的是进行整体分析。包括数学分析、标准分析、学情分析、教材对比分析、重难点（本质、核心素养）分析及教学方式分析，进而确定单元教学目标，选择、设计情境和学习活动。根据学生实际，确定教学流程，设计每一节课，进行教学实施。单元教学设计过程可归纳为五个步骤：确定单元内容，分析教学要素，编制单元教学目标，设计教学流程，评价、反思与修改。

最后指出，由于理论与实践的复杂性，由于时间与空间的局限性，"八年研究"难免有稚嫩的地方。如果说，有些提法还不是全新的，但也是全真的，它体现了作者的自我超越；如果说，有些结论还不够严谨，但也是可以补充的，它提供了继续探索的空间；如果说，有些问题的处理与评析还存在深入拓展的空间，那正好用得上一句古语——抛砖引玉。这个团队从实践出发进行理论研究，又从理论的角度努力提出具体的教学建议，使我又一次看到教学发展的中国道路和教师发展的中国故事。

罗增儒
2017. 11. 12

陕西师范大学

2010 年，笔者深入课堂做了大量的调研工作，发现初中数学教学存在两大问题。一是初中数学教师的专业素养有待提高。不少教师对教材中蕴含哪些数学思想方法不清楚，教学时难免就题讲题，教学低效重复，解题教学具体方法多，共性提炼少，使数学知识显得凌乱、琐碎，教学效果不好，于是使用题海战术，结果学生学得辛苦、低效，进而厌学，形成恶性循环。二是各层次学生的数学发展受影响。我区初中学生多数勤奋好学，但动手的多，思考的少，由于缺乏有效的思想和方法指导，数学学习效果不佳，相当一部分学生因数学而厌学；也有的学生缺乏对数学质的认识，在高中的学习中屡屡碰壁；还有少数尖子生未能得到及时有效的指导，阻碍了数学专长的进一步发展。要想改变这一现状，需从数学的核心问题入手，即加强数学思想方法的教学研究。

2011 年，笔者成功申报并主持了广东省教育科学"十二五"规划 2011 年度立项课题"如何在初中数学教学中渗透数学思想方法的实践研究"（课题批准号：2011TJK014）。2012 年，笔者设立专项课题群（即子课题），组建全区研究团队，有 27 项课题区级立项，申报单位 24 个，有 200 余位初中数学教师参与，主要从初中数学主要思想方法的概念及其关系结构、北师大版初中数学教材中蕴含的主要思想方法梳理及呈现规律、数学思想方法的教学策略等方面开展研究。期间，经历了开题论证、专家指导、中期评估、总结提炼。2017—2018 年，在陕西师范大学罗增儒教授、华南师范大学何小亚教授的悉心指导下，进一步加强文献研究，结合大量的实践成果，组织骨干团队深入分析提炼，奋战一年，完成专著《追求数学素养的数学思想方法教学》的撰写。在此基础上再接再厉，深入挖掘，借力湖南师范大学沈文选教授的研究，与陈棉驹老师合作，又历时近一年，完成本书的撰写。

本书是专著《追求数学素养的数学思想方法教学》的姊妹篇，尝试构建数学思想方法教学目标管理系统，旨在将数学思想方法教学落到实处。本书主要包含上、中、下三章内容：第一章理论篇尝试从理论层面阐述数学思想方法教学目标的价值及设计原则、数学思想方法教学目标管理系统的内涵及构建路径、数学思想方法教学的目标层次；第二章构建篇从九种主要数学思想方法的视角，逐一建立各自的思想方法教学目标管理系统，并给出数学思想方法教学目标分析示例；第三章实践篇对 2013 年北师大版初中数学教材分章、节、课时进行了全面梳理，充分挖掘其中蕴含的数学思想方法及其教学目标层次，并将其逐一表述出来，以便读者参考，具有较强的实操性和借鉴价值。

本书在酝酿、编写和出版的过程中，特别感谢恩师罗增儒教授对本课题研究的全程指导，特别感谢湖南师范大学沈文选、宁波大学邵光华等专家、学者在这一领域内的经典著作对我们的启发，特别感谢广东省教育研究院吴有昌研究员、特级教师刘仕森校长，华南师范大学何小亚教授、苏洪雨副教授，佛山市教育局特级教师李明主任、孙治中老师、蔡泽俊博士，南海区教育发展研究中心禹飚主任等专家的指导和支持！特别感谢广东省教育研究院、《中学数学教学参考》杂志社、《中学数学研究》杂志社、《广东教育》杂志社的大力支持！感谢课题组成员的努力付出！感谢一线教师和学校的大力支持！书中不妥之处，恳请方家批评指正！

董 磊
2019 年 2 月

第一章 理论篇

第二章 构建篇

第三章 实践篇

理论篇尝试为数学思想方法教学目标管理系统的构建奠定理论框架，从四个方面进行总体阐述：一是阐述了数学思想方法教学目标的价值及五个设计原则；二是明确了数学思想方法教学目标管理系统的内涵及构建路径；三是界定了初中九种主要数学思想方法的内涵及层次结构；四是从教师的教学目标和学生学习的主体目标两个不同的视角，分别对数学思想方法教学目标进行三个层次的划分和描述。

第一章

理论篇

第一节 数学思想方法教学目标的 价值及设计原则

一、数学思想方法教学目标的价值

数学思想方法是数学的重要组成部分，对数学知识的掌握起到了重要的指导作用。数学思想方法教学有助于学生构建良好的数学认知结构，有助于学生从"道"的层面认识和解决数学问题，有助于提高教师的数学专业素养和教学能力。它是重视知识形成过程，由知识转化为能力的桥梁，是培养学生数学观念，形成良好思维品质的关键。

要把数学思想方法教学落到实处，就要在教学目标中明确数学思想方法的依托知识点，明确数学思想方法教学目标层次。只有这样，才能在教学实施过程中有计划、有系统、有顺序、可测量地落实。

二、数学思想方法教学目标的设计原则

（一）导向性原则

数学思想方法教学目标的设计应遵循《义务教育数学课程标准（2011 年版）》（以下简称《标准》）的要求，依托使用的教材（2013 年北师大版初中数学教材），符合教学实际。在确定数学思想方法教学目标的水平层次时，必须考虑使绝大多数学生经过努力能够达标。

（二）显化性原则

数学思想方法教学目标的设计要有意识地把数学思想方法作为教学内容来考虑，以表层数学知识为载体，挖掘知识形成的过程中所蕴含的数学思想方法，明确其教学目标的水平层次，将数学思想方法显性化、目标化。

（三）适度性和有利性原则

数学思想方法教学目标的设计不能脱离《标准》和教材的要求，原则上不高于相应的表层知识的教学目标要求，有意提高其教学目标层次，会加大学生学习难度。同时，根据学生实际情况，本着有利于学习的原则，可适度调整数学思想方法教学目标层次。

（四）融合性原则

数学思想方法教学目标应与知识与技能、过程与方法的教学目标相融合，阶段性目标应与整体发展性目标相融合（如一节与一章，一章与初中学段，初中学段与小学、高中学段等）。

（五）系统性和可测性原则

数学思想方法教学目标的设计应有系统的层次性，每一个知识点的教学应有明确的数学思想方法教学目标层次。在总体上，每一种数学思想方法教学层次水平应体现螺旋上升的趋势。数学思想方法教学目标的设计应具备可测性，便于定性或定量分析评价。

第二节 数学思想方法教学目标管理系统的内涵及构建路径

一、数学思想方法教学目标管理系统的内涵

湖南师范大学的沈文选教授提出，加强数学思想方法教学，应该像具体的数学表层知识一样，建立一个目标明确的、可以控制的、符合学生认知规律的教学管理系统，我们称之为"数学思想方法教学目标管理系统"。它的建立遵循明确揭示目标、逐步渗透、循环往复、系统体现、螺旋上升的规律，包含如下内容。

一是钻研《普通高中数学课程标准（2017）》[以下简称《课标（2017）》]、教材，明确初中阶段的教学蕴含了哪些主要数学思想方法，如何建立和界定数学思想方法教学目标的层次。它是建立数学思想方法教学目标管理系统的理论基础。

二是依据《课标（2017）》、教材要求，明确每一个知识点的教学目标，充分挖掘教学过程中所蕴含的数学思想方法及其教学目标层次。它是建立数学思想方法教学目标管理系统的实践基础。

三是整理教学系统，将某种数学思想方法与能实现其教学目标的具体数学知识，以教学先后及目标层次为序，整理成一个系统。它是数学思想方法教学目标管理系统的主体内容。

四是添加教学目标控制线。在某种数学思想方法的教学系统下方，对应于具体数学知识序列的教学进程，添加一条标有目标层次的横线。[①] 它是数学思

---

① 沈文选. 中学数学思想方法［M］. 长沙：湖南师范大学出版社，1999.

想方法教学目标达成的评价依据。

二、数学思想方法教学目标管理系统的构建路径

遵循以上思路，我们提出了数学思想方法教学目标管理系统的构建路径，具体如下。

首先，尝试梳理、确定初中数学的九种主要思想方法，即数学模型、转换与化归、特殊与一般、数形结合、方程与函数、分类讨论、类比、字母表示数、或然与必然，明确界定了每一种数学思想方法的内涵，并适当说明其层次结构（详见本章第三节）。

其次，构建了数学思想方法教学的目标层次，一是以教师的教学目标为视角，将其分为"渗透—显化—运用"；二是以学生学习的主体目标为视角，分为"感受和觉察—领悟和形成—掌握、运用和内化"，并对这三个由低到高的水平层次做了界定性描述（详见本章第四节）。

再次，针对北师大版初中数学教材，分章、节、课时进行了全面梳理，充分挖掘教学内容中蕴含的数学思想方法，并明确其教学目标层次（详见本书第三章"实践篇"）。

最后，我们以九种主要数学思想方法为主线，构建了"数学思想方法教学目标管理系统"，并给出了数学思想方法教学目标分析示例（详见本书第二章"构建篇"）。

第三节 初中数学主要思想方法的内涵界定

基于初中数学教育教学的视角，我们遵循适切性原则、有利性原则和高频数原则来着重阐述初中数学几种主要思想方法的内涵，包括数学模型、转换与化归、特殊与一般、数形结合、方程与函数、分类讨论、类比、字母表示数、或然与必然。以下对这九种数学思想方法的内涵及其相关联的上、下位数学思想方法逐一阐述。

一、数学模型思想方法

数学模型是研究者依据研究目的，将所研究的客观事物的过程和现象的主要特征、主要关系，采用形式化的数学语言，概括或近似地表达出来的一种结构。因此，数学模型是数学抽象的结果，是对现实原型的概括反映或模拟，是一种符号模型。数学模型思想方法就是指通过数学模型来解决问题的一种思想方法。

数学模型思想方法的上位思想是数学抽象思想、符号与变元思想、公理化和结构化思想，方程与函数是其下位思想方法。我们将数学模型分为三类：概念原理类、数学建模（实际问题）类、已解决问题类。

二、转换与化归思想方法

化归思想是指把待解决的问题 X，通过某种途径，转化为易解决的另一个问题或一些问题 ΣY，通过 ΣY 的解决，而获得原问题 X 的解决。如图 1 - 1

所示①。

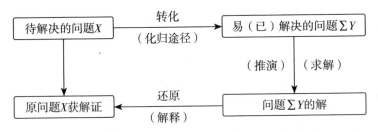

将化归过程再扩展，将得到一个更一般的化归模式：

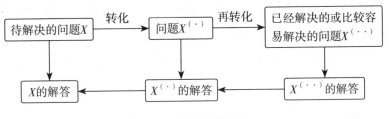

图 1-1　化归模式框图

转换思想是指在处理待解决问题 A 时，由于问题 A 难以直接解决，故而转换为问题 B，问题 B 有新的数学原理和背景，支持我们从不同的角度、不同的侧面去解决问题，若还有困难，可进一步转换为问题 C……直至问题解决。

转换思想与化归思想的共同点在于都是通过问题转化解决问题。转换思想与化归思想的不同点是转换思想对问题形态进行转换，问题的不同形态带来不同的数学支持，进而寻求突破，带有尝试性，如数形转换、特殊与一般的转换、低阶与高阶的转换，从转换的方向看，更具一般性；而化归思想的问题转化直指目标，本着化繁为简、化难为易、化高次为低次的"剥笋"原则进行转化，从转换的方向看，是单向的。故而从问题解决过程的局部看，转换与化归是有区别的；从问题解决过程的整体看，转换与化归是一致的。

转换思想与化归思想统称转换与化归思想。它是最重要、最常用的数学思想方法。其上位思想是辩证思想，依据是公理化与结构化思想、集合与对应思想；其下位思想方法有特殊与一般、数形结合、分类讨论、数学建模、消元、降次、反证法等。

---

① 邵光华. 作为教育任务的数学思想与方法 [M]. 上海：上海教育出版社，2009.

三、特殊与一般思想方法

特殊与一般是从特殊到一般和从一般到特殊两个方向去认识与处理数学问题的思想方法。认识新的数学问题，如概念、公式、定理、法则时，从特殊开始通过对具体一个或几个例子的分析归纳出其本质属性，运用合情推理得到一般性结论，即从特殊到一般。所得的一般性结论，经过验证或演绎推理证明后可用以指导实践，运用演绎法处理同类的新问题，即从一般到特殊。

特殊与一般思想方法的上位思想是辩证思想、转换与化归思想，它包含了两种重要的推理方法：从特殊到一般，是不完全归纳，结论尚需验证，属合情推理；从一般到特殊，是演绎推理，只要前提、推理过程正确，结论必然正确，属逻辑推理。它还包括特殊化方法和一般化方法。

四、数形结合思想方法

数形结合是分别借助"形"的直观性、整体性、相关几何性质优势以及"数"的精确性、良好的运算属性及其代数背景，在数与形有明确对应关系的基础上，将问题有效转换，以解决问题的思想方法。其实质就是将问题抽象的数量关系与直观的图形结构结合起来进行考虑，使数量的精确刻画与空间形式的直观形象巧妙地结合在一起，寻找解题思路的一种思想方法，体现了数学的和谐统一的特点。

数形结合思想方法的上位思想是集合与对应思想、转换与化归思想。它分三种类型：以形助数、以数助形、数形互助。

五、方程与函数思想方法

方程与函数思想包括方程思想和函数思想。

方程思想作为解决应用问题的思想，其要点：一是将未知数用字母表示后，就可以当作"已知数"，直接参与运算或数量关系构建；二是问题的数量关系可用等式表示，等式的依据主要来源有两个，一个是寻找两件事情的等量关系，另一个是同一件事情用两种不同的方式进行表达，从而形成方程；三是通过方程的解法理论解方程，求得未知数的值。

函数思想是用运动变化和集合对应的观点去分析与研究问题中变量间的关

系，建立函数模型，并运用函数的性质求解问题的一种思想。它的价值在于用运动变化的观点去反映客观事物数量间的联系和规律，是数学史上从常量数学到变量数学的一个质的飞跃，是近代、现代高科技领域必不可少的重要工具。

方程与函数思想方法的上位思想是集合与对应思想、符号与变元思想、数学模型思想、转换与化归思想。运用方程思想可以解决大量的应用问题（建模、求值、曲线方程的确定及其位置关系的讨论等问题），函数思想是解决变量问题的有力工具，如方程、不等式、数列及三角学均可归入函数思想的研究范畴。方程与函数在一定条件下是可以相互转换的。

六、分类讨论思想方法

分类讨论是分类思想应用于问题解决时的一种方法。当问题不能用一种方法直接解决时，就把问题按一定标准分成若干类可解决的小问题，通过不同的方法逐一讨论解决小问题，并把各种讨论结果予以整合和归纳。

分类讨论思想方法的上位思想是集合与对应思想（不重不漏的分类原则）、辩证思想、转换与化归思想（化整体为部分）。依据分类的诱因，我们将其分为三类：由概念定义的限制条件引起的分类、由数学原理的限制条件引起的分类、由图形的变化引起的分类。

七、类比思想方法

类比推理是根据两个（或两类）对象或系统之间在某些方面的相似或相同而推出它们在其他方面也有可能相似或相同的一种合情推理方法。其特点是利用两个（或两类）事物（系统）间的相似性，已知一个事物（系统）的属性，通过类比推理，猜想、估计另一个事物（系统）的具有相同或相似的属性。它的根据是不充分的，是由特殊到特殊的推理方法，具有假设、猜想成分，包含比较、联想等心理因素。但它正是探索未知领域的有力工具和常用策略，有利于发展创造性思维。

类比思想方法的上位思想是合情推理思想、转换与化归思想。它分为以下三类[①]：

---

① 邵光华. 作为教育任务的数学思想与方法 ［M］. 上海：上海教育出版社，2009.

一是简单共存类比，是根据对象的属性之间有简单共存关系而进行的推理。

$$A\text{ 对象具有属性 } a, \ b, \ c, \ d$$
$$B\text{ 对象具有属性 } a, \ b, \ c$$

$$\therefore B\text{ 对象也可能具有属性 } d$$

在这个类推公式中，a，b，c 表示两个（类）对象的相同（似）属性，而 d 表示推测属性。

二是因果类比，是根据对象的属性之间可能具有同一种因果关系而进行的推理。

$$A\text{ 对象中，属性 } a, \ b, \ c \text{ 同属性 } d \text{ 有因果联系}$$
$$B\text{ 对象中，属性 } a', \ b', \ c' \text{ 与属性 } a, \ b, \ c \text{ 相同或相似}$$

$$\therefore B\text{ 对象可能有属性 } d' \ (d' \text{ 与 } d \text{ 相同或相似})$$

三是综合类比，是根据对象属性的多种关系的综合相似而进行的推理。

八、字母表示数思想方法

字母表示数是用字母来代替数字或式子，并形成符号结构的一种思想。用字母表示数的思想方法是发展符号意识的基础，也是从常量研究过渡到变量研究的基础。用字母表示数可以使变化的量（或未知量）被表示出来，进而直接参与数学运算，或被用来研究数学的内在规律，即在该变量（或未知量）本身尚不清楚的情况下，仍能进行数学问题的运算、推演，从而解决问题。当它以"变量"的身份参与数学问题研究时，使得该问题更具一般性；当它以"未知量"的身份参与数学问题研究时，该"未知量"可以当作"已知量"。

字母表示数可分为四个层次：①用字母泛指某个数集中的一个数，如用字母代表一个实数；②专指特定的数，方程中的未知数都是具体问题中的特定的数，只是暂时不知道，临时用字母代替；③作为变量，如函数概念中的字母；④作为不定元参与数学运算（参数思想，多呈现在高中内容中）。另外，字母除了表示数，还可以代表其他数学对象，如代数式、函数等（换元思想）。

字母表示数思想方法的上位思想是符号与变元思想，它不仅是数学符号化思想的基础和核心，也是代数思想和函数思想的前奏。用字母表示数，可以更普遍地说明数量关系，精确地表达数学问题。在数学概念、原理的学习过程中，函数、方程、多项式、不等式、运算法则、公式等，无一不用到"字母表示数"；具体解题中引进辅助元法、待定系数法、换元法等，都体现了"字母表示数"的作用。

九、或然与必然思想方法

或然与必然思想是指事物的发展变化具有随机性，我们一要理解随机现象的不确定性（即或然性），二要善于通过建立概率模型或运用统计方法，找出隐藏在随机现象背后的规律（即必然性），进而解决随机现象问题。我们把这种由或然去发现必然的思想方法称为或然与必然思想方法。

或然与必然思想方法的上位思想是辩证思想、数学模型思想，在中学教材中，多蕴含在概率、统计、相关关系中，力图通过偶然性找出规律性、必然性，是解决一类不确定问题的重要思想方法。

第四节　数学思想方法的教学目标层次

一、数学思想方法教学目标层次框架

基于《课标（2017）》、教材内容和初中生认知发展规律，我们尝试从两个不同的视角分别对数学思想方法的教学目标层次进行划分和描述。一是以学生学习的主体目标为视角，将数学思想方法的教学目标分为"感受、觉察—领悟、形成—掌握、运用、内化"三个由低到高的水平层次。二是以教师的教学目标为视角，将数学思想方法的教学目标分为"渗透—显化—运用"三个由低到高的水平层次。以上对数学思想方法教学目标层次的两种划分与知识点认知领域的教学目标"了解—理解—掌握和灵活运用"相对应，现将数学思想方法教学目标层次框架进行列表（见表1-1）。

表1-1　数学思想方法教学目标层次框架

层次	主体目标（学生）	教学目标（教师）	认知领域的教学目标（课标）
A	感受、觉察	渗透	了解
B	领悟、形成	显化	理解
C	掌握、运用、内化	运用	掌握和灵活运用

二、数学思想方法教学目标层次的界定性描述

（一）"感受、觉察，领悟、形成，掌握、运用、内化"的界定性描述

1. 感受、觉察（A层次）

感受、觉察指觉察或留意某一事实，并萌发出进一步关注它的意愿。它是数学思想方法教学目标中的最低层次，要求学生在具体知识学习的过程中，感

受到现象和刺激的存在，感受到某种稳定的、规律性的数学思想方法的存在，但它仍是内隐的、不清晰的，有利于直接激发学习主体进一步学习的需求和愿望。

2. 领悟、形成（B层次）

领悟、形成指接受或树立某数学思想方法，明确其内涵和外延。它是数学思想方法教学目标的中级层次，是学习主体的初级内化水平，它又分为领悟、形成两个逐次递进的层次。要求学习主体在反复感受的基础上，逐步领悟到某种稳定的、规律性的数学思想方法存在（领悟），并明确该数学思想方法的名称、内涵、特征及作用，将其外显化、清晰化（形成）。要求学习主体通过理解形成自己的观点，并通过简单运用进一步理解某数学思想方法。

3. 掌握、运用、内化（C层次）

充分掌握了某种数学思想方法的内涵及作用，并能自觉地运用它分析问题、解决问题，直至内化为学生特有的问题思考模式和观念，是数学思想方法教学目标的高级层次。它又分为掌握和运用、内化和灵活运用两个递进的层次。其中，内化和灵活运用是学习主体将数学思想方法内化的最高级阶段，要求学生在掌握的基础上，通过反复运用，产生持久的固化作用，将运用数学思想方法思考数学问题作为分析问题、解决问题的必要方式和准则，并逐步成为固定模式，形成特有的观念。

（二）"渗透、显化、运用"的界定性描述

1. 渗透（A层次）

渗透是指在学习具体知识和解决数学问题的过程中，蕴含了某些数学思想方法，有的是初步接触（如数学结合、分类讨论）；有的虽然多次接触，但因学生的认知水平有限而暂时不易理解（如方程与函数）；有的是上位的、更难理解的（如集合与对应、公理化与结构化）。此时，让学生感受、觉察，数学思想方法教学目标层次为"渗透"。

"渗透"在实际教学操作中可分为两个层次。

（1）对于所蕴含的某数学思想方法是初步接触的、上位难理解的，教学是侧重在具体知识的学习和问题的解决上，不提某数学思想方法。

（2）对于多次接触，但因学生的认知水平有限而暂时不易理解，可通过小结归纳、反思提炼，适时地提出某数学思想方法的某些要素、特征或某些方面，

而不明确提出该数学思想方法。

2. 显化（B 层次）

显化是指某数学思想方法经多次渗透后，符合以下三个要素：一是解决某一类或某几类问题时，常用到该数学思想方法；二是学生的理解能力、抽象思维能力不断提升；三是恰当的时机和方式，力求应运而生、水到渠成。此时，明确提出该数学思想方法的名称、内涵及特征，让学生领悟、形成，数学思想方法教学目标层次为"显化"。

"显化"在实际教学操作中可分为两个层次。

（1）多次渗透后，可在小结或复习环节中归纳提炼，明确提出某数学思想方法的要素和特征，进而指出某数学思想方法的名称及要点。

（2）在上述基础上，多次依据具体问题的解决，不断反复或拓展该数学思想方法的要素和特征，可通过习题课或复习课，归纳概括出该数学思想方法的内涵、特征及作用。

3. 运用（C 层次）

运用是指在某些数学思想方法已显化的基础上，面对数学问题解决时（包括数学知识的学习），首先考虑用某种或几种数学思想方法探索解题方向，形成解题思路，进而解决问题。此时，让学生掌握、运用、内化，数学思想方法教学目标层次为"运用"。

"运用"在实际教学操作中可分为三个层次。

（1）单一运用：运用某一种数学思想方法解决较简单的数学问题。

（2）综合运用：运用某几种数学思想方法解决典型的数学问题。

（3）灵活运用：面对较复杂的数学问题，灵活选择恰当的数学思想方法，连续转换问题，寻找突破口，再通过元认知策略，不断调整解题方向，直至解决问题。

在理论篇的基础上，构建篇分别将九种主要数学思想方法与能实现其教学目标的具体数学知识，按教学先后及目标层次为序，整理成一个系统，并添加教学目标控制线，构建"数学思想方法教学目标管理系统"。同时，分析各思想方法在渗透（感受、觉察）、显化（领悟、形成）、运用（掌握、运用、内化）三个层次发展的脉络，并给出数学思想方法教学目标分析示例。

构建篇

第二章

第一节　数学模型思想方法教学目标管理系统

一、数学模型思想方法教学目标管理系统的构建

数学就是建立和研究模型的科学，数学模型思想方法的教学贯穿整个数学教学的始终。

在同一领域概念、原理初学的过程中，教学目标层次以渗透（感受、觉察）为主。如"有理数及其运算"（七年级上册，以下简称"七上"）的有理数概念、绝对值概念、有理数的运算法则和运算律等具体知识的教学，侧重具体知识的学习和问题的解决，不提数学模型思想方法；随着学习的深入，不断依据概念、原理解决具体的数学问题，在反复渗透的基础上，让学生感受、觉察数学模型的稳定性特征，但在教学上仍以渗透为主，不明确提出概念原理类的数学模型。

显化（领悟、形成）层次的教学主要体现在两个方面。一是在"有理数及其运算"（七上）教学中反复渗透数学模型思想方法的基础上，在学生的理解能力、抽象思维能力得到提升的前提下，在"整式的乘除"（七年级下册，以下简称"七下"）的平方差公式、完全平方公式、整式的乘除法则，"相交线与平行线"（七下）的平行线的判定与性质以及"勾股定理"（八年级上册，以下简称"八上"）等具体知识教学中，明确提出概念原理型数学模型思想方法的内涵、特征及作用，使学生明确所有的概念和原理（包括法则、公式、定理、性质等）都属于数学模型，数学问题都可以通过化归为概念原理模型而解决，使教学达到显化（领悟、形成）的层次。由于概念定理类模型包括所有的概念和原理，数量非常多，此后只需在重要的概念和原理教学时提醒学生注意即可，不需每节课加以总结。二是在解决实际问题的过程中，通过对问题进行提炼概

括，显化数学建模思想方法。例如，七年级上册的一元一次方程的应用，七年级下册的利用三角形全等测距离；八年级上册的一次函数的应用、二元一次方程组的应用，八年级下册的不等式与不等式组的应用、分式方程的应用等，在教学过程中，注重提炼数学建模的步骤，明确提出数学建模思想方法的内涵、特征及作用，使学生领悟数学建模思想方法的要点和价值。

运用（掌握、运用、内化）层次的教学主要体现在两个方面。一是主动运用建模思想方法，解决实际问题。例如，九年级上册的一元二次方程的应用、随机问题的概率、反比例函数的应用、利用相似三角形测高、制作视力表、池塘里有多少条鱼，九年级下册的二次函数的应用等内容的教学，反复运用数学建模思想方法，让学生在不同的实际问题中运用有效的数学模型工具进行解释和解决，同时在综合运用中，学生进一步掌握、内化数学建模思想方法的思维特征和运用技巧。二是在图形与几何领域总结归纳出一些典型的、经过验证的、有助于快速解决问题的几何模型，如"三线八角模型"（七下）、"将军饮马模型"（七下）、"相似三角形判定模型"（九年级上册，以下简称"九上"）等，需要学生对模型的特征、意义有深刻的认识，能对问题进行抽象，对模型进行识别，并灵活利用模型解决问题，使教学目标达到运用（内化）的层次。

根据上面对数学模型思想方法教学的分析，可建立数学模型思想方法的教学目标管理系统，如图 2-1 所示。

数学模型思想方法的教学目标管理系统表明，数学模型思想方法是受数学抽象思想、符号与变元思想、公理化和结构化思想支配的，它的教学目标需要通过所有的概念和原理，应用方程、不等式、函数、概率、三角函数等解决实际问题，以及一些个性化的几何模型，如将军饮马模型、三线八角模型、相似三角形模型等，囊括初中六册教材非常丰富的具体知识的教学来实现的。

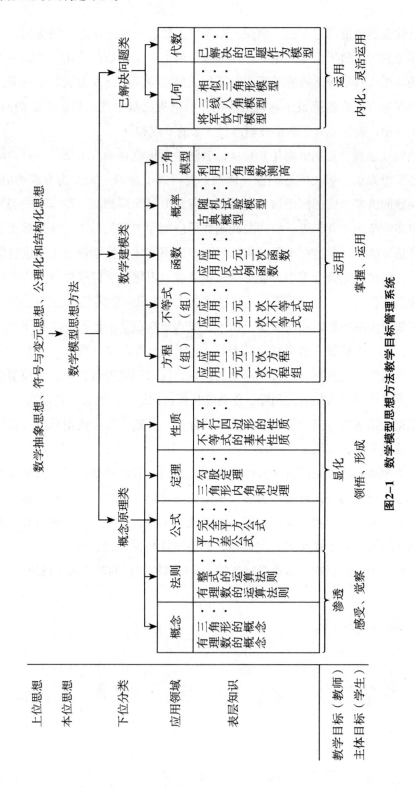

图2-1 数学模型思想方法教学目标管理系统

二、数学模型思想方法典型课例教学目标分析

（一）渗透（感受、觉察）阶段

【例2－1】 七年级下册第四章"三角形"第一节"认识三角形"第1课时。

1. 教学目标

（1）通过观察、操作、想象、推理、交流等，发展空间观念、推理能力和有条理的表达能力。

（2）结合具体实例，认识三角形的概念及其基本要素，掌握三角形三个角之间的关系，会将三角形分类。

2. 基于数学思想方法的教学目标分析

（1）经历从屋顶框架图抽象出三角形的模型，概括出三角形的本质特征，生成三角形概念的过程，使学生感受数学概念来源于现实的抽象，渗透数学模型中的建模思想。

（2）通过撕角、拼角等活动，将三角形的三个内角转换为一个平角以验证三角形三个内角的和等于180°，使学生领悟可通过转换角的位置从而将新问题转化为已知的结论解决，显化转换与化归思想方法。

（3）明确以三角形最大的内角的度数为标准，可将三角形分为锐角三角形、直角三角形、钝角三角形三类，使学生形成分类之前需要先确定对分类标准的认识，显化分类讨论思想方法。

（二）显化（领悟、形成）阶段

【例2－2】 八年级上册第七章"平行线的证明"第五节"三角形内角和定理"第2课时。

1. 教学目标

（1）证明三角形内角和定理，掌握它的两个推论，并能运用这些定理解决简单的问题。

（2）经历探索与证明的过程，进一步发展推理能力。

（3）在一题多解、一题多变中，积累解决几何问题的经验，提升解决问题的能力。

2. 基于数学思想方法的教学目标分析

（1）在对三角形内角和定理及其推论的运用中，经历从复杂的几何图形中辨别出三角形内角和定理的图形结构的过程，使学生领悟以不变的定理模型去驾驭变化的几何图形的模型思想方法的精髓，显化数学模型思想方法。

（2）通过作辅助线，将陌生的几何图形构造转化为三角形的外角模型，再利用三角形外角的性质解决问题，使学生形成可将陌生、复杂的几何图形转化为已知、简单的几何模型的解题策略，转化方法往往就是作辅助线，显化转换与化归思想方法。

（三）运用（掌握、运用、内化）阶段

【例 2 - 3】 九年级上册第四章"图形的相似"第四节"探索三角形相似的条件"第 1 课时。

1. 教学目标

（1）经历两个三角形相似条件的探索过程，增强发现问题、提出问题的意识，进一步体会类比分类、归纳等思想与方法。

（2）了解相似三角形的判定定理。

（3）能够运用三角形相似的条件解决简单的问题，发展应用意识。

2. 基于数学思想方法的教学目标分析

（1）类比三角形全等条件的探究过程，探索三角形相似的判定条件，学生主动运用类比的方法探究新知识，实现知识方法的迁移，运用类比思想方法。

（2）经历三角形相似条件的探索过程，首先对条件的数量要求进行分类，接着进行二级分类，以边、角为元素形成多种组合类型，由少到多逐步探索三角形相似的条件，使学生内化分类的标准和层次性要求，运用分类讨论思想方法。

（3）抽象的定理探究从两个具体的三角形研究开始，猜想当其有两个角的大小相等时两个三角形相似，通过多组符合条件的三角形验证猜想，归纳得出三角形相似的判定定理，使学生领悟可以具体、特殊的例子验证一般性规律的方法，显化特殊与一般思想方法。

（4）运用相似三角形的判定定理解决简单的问题，并总结出一些基于判定定理的相似三角形判断的基本模型，使学生掌握从复杂的图形结构中找到基本模型的方法，运用数学模型思想方法中的已解决问题类模型。

(四) 数学模型思想方法教学目标案例一览表

数学模型思想方法教学目标案例一览表见表 2-1。

表 2-1　数学模型思想方法教学目标案例一览表

思想方法	目标	案例	册	章	课
数学模型	渗透	例 2-24	七上	第二章	第一节"有理数"
		例 2-4			第五节"有理数的减法"
		例 2-32	七下	第三章	第一节"字母表示数"
		例 2-20		第三章	第二节"用关系式表示的变量间关系"
		例 2-1		第四章	第一节"认识三角形"第 1 课时
		例 2-21	八上	第一章	第二节"一次函数与正比例函数"
		例 2-14		第四章	第一节"探索勾股定理"第 1 课时
	显化	例 2-13	七下	第一章	第四节"整式的乘法"第 3 课时
		例 2-18	八上	第五章	第五节"应用二元一次方程组——里程碑上的数"
		例 2-2		第七章	第五节"三角形内角和定理"第 2 课时
		例 2-22		第六章	第三节"反比例函数的应用"
	运用	例 2-3	九上	第四章	第四节"探索三角形相似的条件"第 1 课时
		例 2-37		综合实践	"池塘里有多少条鱼"

　　说明：本篇中有大量以突出某数学思想方法的案例，而每一个案例同时包含多个数学思想方法的教学目标分析，为便于查阅，特列出一览表。(后同)

第二节　转换与化归思想方法教学目标管理系统

一、转换与化归思想方法教学目标管理系统的构建

以问题解决为核心，转换与化归思想方法的教学贯穿整个初中数学教学的始终。

在数与式的教学中，首先在"有理数及其运算"（七上）的有理数减法化归为加法、有理数的除法化归为乘法等具体知识教学中开始渗透转换与化归思想方法，其后数与式的部分教学蕴含了转换与化归思想方法，如分式运算化归为整式运算（八年级下册，以下简称"八下"）等，可把教学目标设定为渗透（感受、觉察）层次。

在方程知识的教学中，方程求解是化归思想方法教学的重要载体，而方程应用是转换思想方法教学的重要载体。如求解一元一次方程是方程同解变形为 $x = a$ 的形式（七上）、求解二元一次方程组是通过消元化归为解一元一次方程（八上）、求解分式方程是通过去分母化归为解整式方程（八下）、求解一元二次方程是通过配方法或公式法降次为一元一次方程（九上），而方程应用体现了实际问题向数学问题、方程问题的转换。学生在初中阶段四个方程的求解和应用学习中，逐步深入理解化归思想方法的要点"化未知为已知，化复杂为简单"，同时丰富了化归的方法和技巧，如消元有代入消元、加减消元，降次有配方法、公式法等，使教学目标达到显化（领悟、形成）的层次。另外，函数图像和性质的教学蕴含了数形结合思想方法，借助平面直角坐标系，实现了数与形的相互转换，如函数表达式与图像、坐标与点，利用图形直观分析函数性质体现了形向数的转换，教学时应该明确提出其中的转换与化归思想方法，教学

目标为显化（领悟、形成）层次。

在图形与几何领域中，使学生有意识地运用转换与化归思想方法，将需要解决的新问题化归为熟悉的、已解决的问题，从而使问题得到解决。如探究三角形内角和时通过辅助线将三个内角化归为一个平角（八上）、特殊平行四边形问题化归为三角形问题（九上）、斜三角形问题化归为直角三角形问题（九年级下册，以下简称"九下"）、圆内接四边形问题化归为三角形问题（九下）等，通过多次其他图形化归为三角形的训练和运用，使学生认识到三角形是初中阶段最重要的图形，面对其他图形问题时能主动地考虑化归为三角形问题，并利用已知的三角形性质和相关知识解决，教学目标达到运用（掌握、运用）层次。

在概率与统计领域中，将实际问题转换为统计问题（八上）、将统计数据转换为统计图表的形式（八上）、将实际问题转换为古典概型模型（九上）等具体知识的教学中，也体现了转换与化归思想方法的运用，教学目标达到运用（掌握、运用）层次。

最后，在综合与实践领域中提出综合性问题，需要学生主动选择、运用恰当的数学模型，将综合性问题转换为数学问题，教学目标达到运用（内化）层次。

根据上面对转换与化归思想方法教学的分析，可建立转换与化归思想方法的教学目标管理系统，如图2-2所示。

转换与化归思想方法的教学目标管理系统表明，转换与化归思想方法是受辩证思想支配的，它广泛蕴含在初中数学四大知识领域中，其中包括数与代数领域的数与式、方程与不等式、函数，图形与几何领域的三角形、四边形、圆，统计与概率领域，以及综合与实践板块中的制作视力表、池塘里有多少条鱼等多个章节的具体知识。随着学习的深入，其教学目标层次逐步提高，最终达到运用层次。

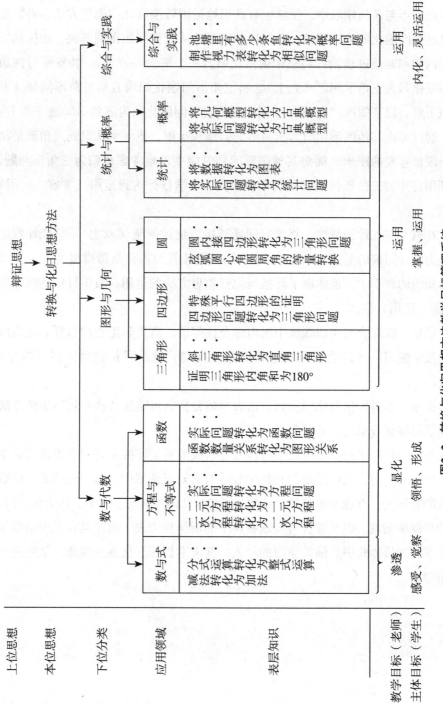

图2-2 转换与化归思想方法教学目标管理系统

二、转换与化归思想方法典型课例教学目标分析

（一）渗透（感受、觉察）阶段

【例2-4】 七年级上册第二章"有理数及其运算"第五节"有理数的减法"。

1. 教学目标

（1）经历探索有理数减法法则的过程，体会有理数减法与加法的关系。

（2）理解有理数减法法则。

（3）能熟练进行整数减法运算。

2. 基于数学思想方法的教学目标分析

（1）通过几组有理数加减法的算式的计算和结果比较，归纳概括出有理数减法法则，使学生感受可以通过具体式子的运算探究一般性法则，并在其后运用法则解决具体的有理数减法计算，渗透特殊与一般思想方法。

（2）理解有理数减法法则：减去一个数，等于加上这个数的相反数，将有理数的减法运算统一为加法运算，将新知识转化为旧知识，使学生感受新知识往往可以转化为原有知识，渗透转换与化归思想方法。

（3）经历实际问题的抽象，如将比较珠穆朗玛峰与盆地高度相差多少的实际问题抽象为求两个有理数的差的数学问题，并利用有理数减法法则解决，使学生感受现实问题可用数学的方式表示和解决，渗透数学模型的建模思想。

（二）显化（领悟、形成）阶段

【例2-5】 八年级上册第五章"二元一次方程组"第二节"求解二元一次方程组"第1课时。

1. 教学目标

（1）会用代入消元法解二元一次方程组。

（2）了解解二元一次方程组的"消元"思想，初步体会化未知为已知的化归思想。

2. 基于数学思想方法的教学目标分析

通过代入消元法，把二元一次方程组转化成一元一次方程，从而运用之前一元一次方程的解法求得未知数的值，使学生形成方程求解策略——只需把要解的方程转化为已知的一元一次方程即可求解，显化转换与化归思想方法。

【例2-6】 八年级下册第六章"平行四边形"第一节"平行四边形的性质"第1课时。

1. 教学目标

（1）经历探索平行四边形有关性质的过程，发展合情推理能力。

（2）证明平行四边形对边相等、对角相等的性质，发展演绎推理能力。

2. 基于数学思想方法的教学目标分析

经历探索和证明平行四边形性质的过程，使学生形成一种处理几何问题的策略，对于平行四边形（甚至可以推广至多边形）的线段、角度相等问题，往往通过作辅助线转化为三角形全等的问题，显化转换与化归思想方法。

（三）运用（掌握、运用、内化）阶段

【例2-7】 九年级下册第三章"圆"第八节"圆内接正多边形"。

1. 教学目标

（1）了解圆内接正多边形的概念。

（2）会用尺规作圆的内接正方形和正六边形。

2. 基于数学思想方法的教学目标分析

经历圆内接正六边形的半径、中心角、边心距等的求解过程，使学生主动运用通过作辅助线将四边形问题转化为三角形问题的策略，具体而言是通过连接半径和作弦的垂线，得到等边三角形和直角三角形，即将 n 正边形的有关计算问题转化为解直角三角形问题，运用转换与化归思想方法。

（四）转换与化归思想方法教学目标案例一览表

转换与化归思想方法教学目标案例一览表见表2-2。

表2-2　转换与化归思想方法教学目标案例一览表

思想方法	目标	案例	册	章	课
转换与化归	渗透	例2-4	七上	第二章	第五节"有理数的减法"
		例2-8			第七节"有理数的乘法"第1课时
	显化	例2-1	七下	第四章	第一节"认识三角形"第1课时
		例2-13		第一章	第四节"整式的乘法"第3课时
		例2-9			第五节"平方差公式"第1课时
		例2-5	八上	第五章	第二节"求解二元一次方程组"第1课时
		例2-2		第七章	第五节"三角形内角和定理"第2课时
		例2-29	八下	第二章	第二节"不等式的基本性质"
		例2-6		第六章	第一节"平行四边形的性质"第1课时
	运用	例2-31	九上	第一章	第二节"矩形的性质与判定"第1课时
		例2-19	九下	第二章	第三节"确定二次函数的表达式"第2课时
		例2-27		第三章	第四节"圆周角和圆心角的关系"第1课时
		例2-7			第八节"圆内接正多边形"

第三节　特殊与一般思想方法教学 目标管理系统

一、特殊与一般思想方法教学目标管理系统的构建

初中阶段数学新知（如新概念、新原理等）的形成多数体现了特殊到一般的思想方法，而新知的运用则体现了一般到特殊的思想方法。

在同一领域概念、原理初学的过程中，教学目标层次以渗透（感受、觉察）为主。如"有理数及其运算"（七上）的有理数、绝对值等概念的形成过程以及有理数运算法则的探究过程，都是先以具体的、特殊的例子引入，分析归纳其本质属性，再抽象出概念或归纳出运算法则，最后运用一般性概念和法则解决具体的数学问题，使学生经历从特殊到一般，再从一般到特殊的过程。这个阶段由于学生初步接触数与代数领域的概念和原理，课堂学习应侧重于具体概念的理解、辨析以及具体原理的运用，所以只需要让学生感受到概念、原理不是凭空产生，而是源于具体例子，并能解决具体的数学问题即可。在图形与几何领域，对于初次接触的概念［如线段中点、角平分线（七上）］，初次接触的原理［如两直线平行条件的探究（七下）］，也应该将特殊与一般思想方法的教学目标设定为渗透层次。

经过前期的反复渗透，在概念、原理的后续学习过程中，可以将这种概念、原理的学习方法和教材编排思路向学生明确提出，使学生形成一种新知学习策略。如方程与不等式相关概念的学习，在七年级学习一元一次方程概念时，将特殊与一般思想方法设定为渗透层次；到八年级学习二元一次方程组概念（八上）、二元一次方程组概念（八下）时，应结合方程概念的学习过程，归纳出概念形成地从特殊到一般的基本模式。类似地，在图形与几何领域中，对三角

形全等判定的探究（七下）、勾股定理的探究（八上）等，应结合具体原理的探究过程，概括出从特殊到一般的原理探究步骤"试验—归纳—猜想—验证"。另外，运用相关的概念和定理解决具体的数学问题，如运用演绎推理进行平面几何的证明等，都是属于从一般到特殊。由于几乎所有新概念、原理的形成都是从特殊到一般，而运用都是从一般到特殊，数量又非常多，此后只需要在重要的概念和原理形成教学时提醒学生注意即可，不需每节课加以总结。

运用（掌握、运用、内化）层次的教学主要体现在两个方面。一是运用从一般到特殊的思想方法，使问题研究逐步走向深入。例如，在图形与几何领域，探究特殊平行四边形的性质（九上），从四边形到平行四边形，再到菱形、矩形、正方形，通过对四边形的边角条件的特殊化，形成新的概念，并研究由形状特殊性所产生的性质特殊性，能够从共性和个性的高度归纳几种特殊平行四边形的性质。二是运用从特殊到一般的思想方法，对一些数学原理进行探究。例如在数与代数领域，探究二次函数图像与性质（九下），难以从二次函数的一般形式 $y = ax^2 + bx + c$ 开始研究，于是将待定系数特殊化，使 $a = 1$，$b = c = 0$，从最简单也最特殊的二次函数 $y = x^2$ 开始研究，再逐渐将二次函数的待定系数一般化，研究 $y = ax^2$、$y = ax^2 + c$，直到 $y = ax^2 + bx + c$ 的形式。在显化（领悟、形成）阶段，蕴含其中的特殊与一般思想方法是在学习相关内容后进行总结的，而在运用（掌握、运用、内化）阶段，应是在相关内容学习之前，使学生自觉分析其中的特殊性和一般性，主动思考从一般到特殊或从特殊到一般的探究思路，并在形成结论后从特殊性、一般性的高度思考概念、原理之间的关系，形成知识结构。此外，在解题中灵活运用特殊化，如特殊值、特殊点、特殊位置等，解决一些选择、填空的难题，或者利用特殊化使问题条件简单化，为问题的一般化求解寻找思路，都是对特殊与一般思想方法的灵活运用。

根据上面对特殊与一般思想方法教学的分析，可建立特殊与一般思想方法的教学目标管理系统，如图 2 - 3 所示。

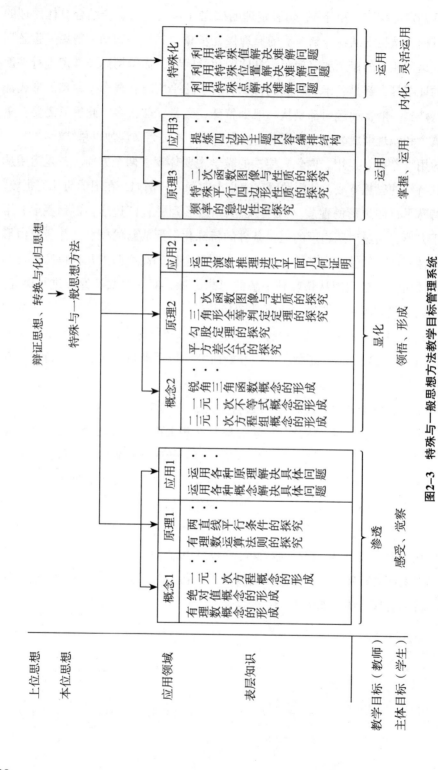

图2-3　特殊与一般思想方法教学目标管理系统

特殊与一般思想方法的教学目标管理系统表明,特殊与一般思想方法是受辩证思想、转换与化归思想支配的,它的教学目标主要通过新概念、新原理的形成和运用,以及利用特殊化使一些难题变得易于解决。利用特殊与一般思想方法学习新知符合一般的认知规律和初中学生的能力实际,也是初中教材对新知学习的编排思路。

二、特殊与一般思想方法典型课例教学目标分析

(一)渗透(感受、觉察)阶段

【例2-8】 七年级上册第二章"有理数及其运算"第七节"有理数的乘法"第1课时。

1. 教学目标

(1)经历探索有理数乘法法则的过程,发展观察、归纳、猜测、验证等能力。

(2)会进行有理数的乘法运算。

2. 基于数学思想方法的教学目标分析

(1)经历探索有理数乘法法则的过程,通过计算具体的几个有理数乘法式子,观察和比较特例中符号、绝对值的变化规律,归纳出有理数的乘法法则,使学生感受可以通过具体式子的运算探究一般性法则,并在其后运用法则解决具体的有理数乘法计算问题,渗透特殊与一般思想方法。

(2)通过将几个相同的数相加的问题,转化为乘法问题解决,使学生感受加法和乘法的联系,有条件地将原运算转化为更高级的运算,可使运算的表达和过程更加简便,渗透转换与化归思想方法。

(3)提出以相乘的两个有理数是同号、异号或其中一个是0等为标准,将两数相乘分为三种情况,对相乘结果和符号做分类讨论,使学生感受有理数乘法由于因数符号的不同会导致积符号不同的结果,渗透分类讨论思想方法。

(二)显化(领悟、形成)阶段

【例2-9】 七年级下册第一章"整式的乘除"第五节"平方差公式"第1课时。

1. 教学目标

(1)经历探索平方差公式的过程,进一步发展学生的符号意识和推理

能力。

（2）会推导平方差公式，并能运用公式进行简单的计算和推理。

2. 基于数学思想方法的教学目标分析

（1）经历探索平方差公式的过程，通过计算几组具体的、相同两数和与差的乘积的式子，发现其结果的规律，归纳得出平方差公式，并用字母表示一般性结论，使学生形成一种探究运算法则、公式的策略，即通过多组具体算式，分析其数字和符号的特征与规律，总结出一般性的法则，并用字母表示，显化特殊与一般思想方法。

（2）将平方差公式用字母表示为 $(a+b)(a-b) = a^2 - b^2$，使学生感受用字母表示公式、法则等具有概括性和简洁性的优点，渗透字母表示数思想方法。

（3）解决计算 $(a-b)(-a-b)$ 的问题，既可以带着符号交换两个字母的位置，转换为 $(-b+a)(-b-a)$；也可以提出负号，将问题转换为熟悉的平方差形式，即转换为 $-(a+b)(a-b)$，并利用平方差公式求解，使学生领悟其中的转化技巧和实质，即都是将新问题转化为已知问题解决，显化转换与化归思想方法。

【例 2-10】 八年级上册第四章"一次函数"第三节"一次函数的图像"第 1 课时。

1. 教学目标（教参）

（1）经历正比例函数图像的画图过程，初步了解画函数图像的一般步骤。经历正比例图像变化情况的探索过程，发展数形结合的意识和能力。

（2）能熟练画出正比例函数图像；掌握一次函数及其图像的简单性质。

2. 基于数学思想方法的教学目标分析

（1）经历正比例函数图像的画图和性质探索过程，将正比例函数 $y=kx$ 的系数特殊化为 $k=2$、$k=-3$，分别研究其图像和性质，再通过若干个具体的正比例函数的画图和分析，抽象归纳出正比例函数的图像特点和性质，使学生领悟其中体现的由特殊到一般、由简单到复杂的研究方法，显化特殊与一般思想方法。

（2）经历由正比例函数表达式画出图像，再根据图像分析函数性质的过程，使学生感受图像上的点和满足函数关系式的点之间的对应关系，进一步感受正比例函数的表达式和图像是完全对等的，渗透数形结合思想方法。

（3）分析正比例函数 $y = kx$ 的增减性，明确以 k 值的正负为标准，可分为 $k > 0$ 和 $k < 0$ 两种情况，并分别讨论其函数的增减性，使学生领悟由函数待定系数的符号不同可能会导致函数图像的所在区间、方向、增减性的不同，往往需要以系数的正负为标准进行分类讨论，显化分类讨论思想方法。

（三）运用（掌握、运用、内化）阶段

【例 2 – 11】 九年级下册第二章"二次函数"第二节"二次函数的图像与性质"第 1 课时。

1. 教学目标（教参）

（1）经历探索二次函数图像的画法和性质的过程，获得利用图像研究函数性质的经验。

（2）能用描点法画出二次函数的图像，并能根据图像认识和理解二次函数的性质，说出二次函数图像的开口方向、对称轴和顶点坐标。

（3）建立二次函数表达式与图像之间的联系，理解表达式中的系数对图像的影响。

2. 基于数学思想方法的教学目标分析

（1）经历探索二次函数图像的画法和性质的过程，为分析二次函数 $y = ax^2 + bx + c$（$a \neq 0$）的图像，将系数特殊化，使 $a = \pm 1$，$b = c = 0$，从最简单、最特殊的 $y = x^2$、$y = -x^2$ 开始研究，画出其函数图像，归纳得出二次函数图像为抛物线的一般性结论，使学生主动运用由特殊到一般、由简单到复杂的方法研究二次函数的图像和性质，并预见之后的研究将使待定系数取具体的特殊值，逐渐深入地对二次函数一般形式的图像和性质进行研究，运用特殊与一般思想方法。

（2）经历由二次函数表达式画出图像，再根据图像分析函数性质的过程，学生主动运用描点法画出二次函数图像，将函数图像上的点和满足函数关系式的点之间的对应关系以及二次函数的表达式和图像是完全对等的认识内化，运用数形结合思想方法。

（3）经历研究 $y = x^2$、$y = -x^2$ 图像的增减性的过程，由图像直观可得当 $x < 0$ 或 $x > 0$ 时增减性是不同的，使学生掌握根据待定系数的符号进行分类讨论的标准和方法，并能指导后续函数图像与性质的探究，运用分类讨论思想方法。

（4）学生自觉类比之前研究一次函数和反比例函数的方法与步骤，运用描

点法画出二次函数 $y = x^2$ 的图像,由特殊到一般、由简单到复杂地研究二次函数图像和性质,运用类比思想方法。

(四) 特殊与一般思想方法教学目标案例一览表

特殊与一般思想方法教学目标案例一览表见表 2 – 3。

表 2 – 3　特殊与一般思想方法教学目标案例一览表

思想方法	目标	案例	册	章	课
特殊与一般	渗透	例 2 – 24	七上	第二章	第一节"有理数"
		例 2 – 4			第五节"有理数的减法"
		例 2 – 8			第七节"有理数的乘法"第 1 课时
		例 2 – 28	七下	第一章	第一节"同底数幂的乘法"
		例 2 – 30	八下	第五章	第一节"认识分式"第 2 课时
	显化	例 2 – 32	七上	第三章	第一节"字母表示数"
		例 2 – 17		第五章	第一节"认识一元一次方程"第 1 课时
		例 2 – 9	七下	第一章	第五节"平方差公式"第 1 课时
		例 2 – 25		第四章	第三节"探索三角形全等的条件"第 1 课时
		例 2 – 14	八上	第一章	第一节"探索勾股定理"第 1 课时
		例 2 – 21		第四章	第二节"一次函数与正比例函数"
		例 2 – 10			第三节"一次函数的图像"第 1 课时
		例 2 – 33		第五章	第一节"认识二元一次方程组"
		例 2 – 29	八下	第二章	第二节"不等式的基本性质"
		例 2 – 31	九上	第一章	第二节"矩形的性质与判定"第 1 课时
		例 2 – 3		第四章	第四节"探索三角形相似的条件"第 1 课时
		例 2 – 15		第六章	第二节"反比例函数的图像与性质"第 1 课时
	运用	例 2 – 26	九上	第二章	第三节"用公式法解一元二次方程"第 1 课时
		例 2 – 11	九下	第二章	第二节"二次函数的图像与性质"第 1 课时
		例 2 – 27		第三章	第四节"圆周角和圆心角的关系"第 1 课时

第四节　数形结合思想方法教学目标管理系统

一、数形结合思想方法教学目标管理系统的构建

数学是研究客观世界空间形式和数量关系的科学。空间形式常看作"形"，数量关系常看作"数"，数和形是数学的两种基本表达方式。

首先在"有理数及其运算"（七上）的"数轴"中把有理数用数轴上的点表示，将"数"这一代数对象赋予了"点"这一几何特征，是初中数学教学中数形结合思想方法渗透的开端，同时为"实数"（八上）的"实数"中学习数轴上的点与实数一一对应提供了方法——"以形助数"。然后在"基本平面图形"（七上）的比较线段的长短、角的比较以及在之后的学习中对余角、补角、矩形等概念的定义等具体知识中渗透"以形助数"。在数与式部分中"整式的乘除"（七下）的"整式的乘法"中借助图形解释整式乘法法则，可把教学目标设定为渗透（感受、觉察）层次。

显化（领悟、形成）层次的教学主要体现在两个方面。一是在"基本平面图形"和"实数"的教学中不断渗透数形结合思想方法的基础上，在学生的知识水平和直观抽象能力得到提升的前提下，在"整式的乘除"（七下）的平方差公式、完全平方公式，"变量之间的关系"（七下）中的用图像表示变量间的关系，"勾股定理"（八上）、"因式分解"（八下）以及借助数轴表示不等式（组）的解等具体知识教学中，明确提出数形结合思想方法的内涵、特征及作用，使学生了解数形结合思想方法的关键是"数"和"形"之间的对应关系，并理解如何使"数"和"形"准确地互相转换。二是在图形与几何的学习中，通过提升拓展，显化数形结合思想方法。如八年级上册中平行线的判定，"圆"（九上）中垂径定理、点、直线与圆的位置关系等，在教学过程中反复依托实

例提炼数形结合思想方法的特征，明确提出数形结合思想方法的三种形式——"以形助数""以数助形""数形互助"，使数形结合思想方法的特征及其三种形式在学生脑海里得以领悟和形成。

运用（掌握、运用、内化）层次的教学主要体现在两个方面。一是在统计与概率中，统计图的学习以及九年级上册的以树状图、表格求古典概型概率，图形与几何中相似三角形的性质、解直角三角形等内容的教学，让学生体会运用数形结合思想解决问题的便捷性以及直观性。二是在函数的学习中，从八年级上册的一次函数的图像与性质，到九年级上册中反比例函数的图像与性质，再到九年级下册二次函数的图像与性质的探索与学习，学生不断熟悉、体验，并进一步掌握、内化数形结合思想方法的特征以及运用技巧；直至学生运用数形结合思想方法解决综合性问题，使教学目标达到运用（掌握、运用）层次。

根据上面对数形结合思想方法教学的分析，可建立数形结合思想方法的教学目标管理系统，如图 2 - 4 所示。

数形结合思想方法的教学目标管理系统表明，数形结合思想方法是受集合与对应思想、转换与化归思想支配的。它在初中数学四大知识领域中交错出现，其中包括数与代数领域的数与式、方程与不等式、函数，图形与几何领域中的线段长度、角的大小的比较、探索勾股定理等，以及统计与概率领域中统计图的学习，以树状图、表格求古典概型概率等多个章节的具体知识。随着学习的不断深入，学生知识水平提高，对数形结合思想方法教学经历了渗透、显化、运用三个层次。

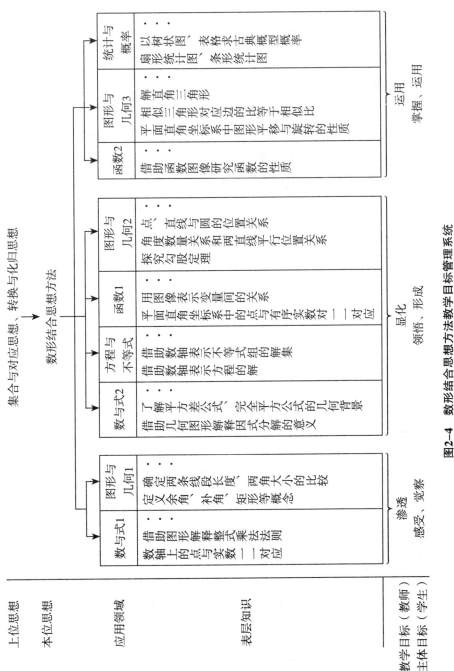

图2-4 数形结合思想方法教学目标管理系统

二、数形结合思想方法典型课例教学目标分析

（一）渗透（感受、觉察）阶段

【例2-12】 七年级上册第二章"有理数及其运算"第二节"数轴"。

1. **教学目标**

（1）通过与温度计的类比认识数轴，能正确画出数轴。

（2）能用数轴上的点表示有理数，初步感受数形结合的思想方法。

（3）能利用数轴比较有理数的大小。

2. **基于数学思想方法的教学目标分析**

（1）通过类比温度计认识数轴，具体而言是类比温度计的零点、刻度、上正下负的特征，抽象出数轴的三要素：原点、单位长度和方向，使学生感受可以通过与生活经验或同类旧知的类比来学习和理解新知，渗透类比思想方法。

（2）经历指出数轴上已知点所表示的数，这是由形到数的思维过程，以及用数轴上的点表示给定的各数，这是由数到形的思维过程，使学生感受数轴上的点与有理数的一一对应关系，可以根据需要进行数形转换，或结合数形两者分析，渗透数形结合思想方法。

（3）以正、负、零为标准，将有理数分为正数、零、负数三类，并分别讨论三类数与原点的位置关系，比较相互之间的大小关系，使学生感受有理数分类的必要性、标准、临界点等分类的要素，渗透分类讨论思想方法。

（二）显化（领悟、形成）阶段

【例2-13】 七年级下册第一章"整式的乘除"第四节"整式的乘法"第3课时。

1. **教学目标**

（1）经历探索整式乘法运算法则的过程，进一步体会类比方法的作用以及乘法分配律在整式乘法运算中的作用。

（2）能借助图形解释整式乘法的法则，发展几何直观。

（3）能进行简单的整式乘法运算，发展运算能力。

2. **基于数学思想方法的教学目标分析**

（1）借助直观的长方形面积计算，探索和理解抽象的多项式与多项式乘法法则，通过形与数的角度，即利用分配律得到乘法法则对比，使学生领悟以形

助数的直观性和优越性，显化数形结合思想方法。

（2）两个多项式相乘，若将其中一个多项式看成一个整体，则可利用乘法分配律将多项式与多项式相乘转化为单项式与多项式相乘，再进一步转化单项式与单项式相乘，即将复杂转化为简单、新知转化为旧知，使学生领悟可以用原有知识探索发现新的规律，提高学习层次，显化转换与化归思想方法。

（3）计算具体的几组多项式与多项式相乘，分析其结果，归纳总结出一般性的多项式与多项式相乘的法则，使学生形成一种探究运算法则、公式的策略，即通过多组具体算式，分析其数字和符号的特征和规律，总结出一般性法则，显化特殊与一般思想方法。

【例2-14】 八年级上册第一章"勾股定理"第一节"探索勾股定理"第1课时。

1. 教学目标

（1）经历探索、验证勾股定理的过程，进一步发展空间观念和推理能力。

（2）掌握勾股定理，并能运用勾股定理解决一些实际问题。

2. 基于数学思想方法的教学目标分析

（1）经历探索勾股定理的过程，通过数边长、数网格的方法，分析网格中直角三角形的边长与对应正方形的面积的关系，并改变直角三角形的边长，分析多个具体的直角三角形，发现其中具有的同样性质，从而归纳出直角三角形的三边数量关系，使学生形成一种问题探究的策略，即从多个具体特例出发，分析总结出其共同的特征或性质，从而形成猜想，显化特殊与一般思想方法。

（2）经历探索勾股定理的过程，在方格纸中画出直角三角形，以直角三角形的三边长构建正方形，利用图的面积关系探究直角三角形的三边关系。而勾股定理是从边长的数量关系分析直角三角形，使学生领悟对直角三角形的认识既有形的角度，也有数的角度，且数、形两者可以根据问题解决的需要而相互转化，显化数形结合思想方法。

（3）经历将求电线杆及所拉钢索的长度和距离的实际问题，抽象为已知直角三角形的两边求第三边的数学问题的过程，使学生感受数学问题源于实际生活，感受研究直角三角形三边数量关系的必要性，渗透数学模型的建模思想。

（4）用字母 a，b，c 分别表示直角三角形的两直角边和斜边，可以将勾股定理表示为 $a^2 + b^2 = c^2$，使学生感受字母表示数的概括性和简便性，渗透字母表示数的思想方法。

（三）运用（掌握、运用、内化）阶段

【例 2 – 15】　九年级上册第六章"反比例函数"第二节"反比例函数的图像与性质"第 1 课时。

1. 教学目标

（1）经历探索反比例函数的性质的过程，体会函数三种表示方式之间的联系和转化，发展数形结合的意识与能力。

（2）能画出反比例函数的图像，进一步掌握画函数图像的步骤。

（3）理解和掌握反比例函数的性质。

2. 基于数学思想方法的教学目标分析

（1）经历探索反比例函数的性质的过程，将反比例函数 $y = \dfrac{k}{x}$ 的待定系数特殊化，使 $k = \pm 4$，利用描点法画出两个具体反比例函数 $y = \dfrac{4}{x}$ 和 $y = -\dfrac{4}{x}$ 的图像，并分析比较两个图像所呈现的性质，归纳得出一般性的反比例函数图像的性质，使学生领悟其中体现的由特殊到一般、由简单到复杂的研究方法，显化特殊与一般思想方法。

（2）经历根据反比例函数表达式画出函数图像的过程，使学生掌握用描点法完整准确地画出反比例函数的图像，突破反比例函数图像不经过坐标轴、无限延伸以及是两条光滑曲线的两个难点；经历借助函数图像分析函数性质的过程，使学生内化认识函数图像是研究函数性质的直观载体，运用函数图像从形的角度感受反比例函数中两个变量之间的变化规律，整体上把握函数性质，运用数形结合的思想方法。

（3）通过分析画出的函数图像，提出以反比例函数 $y = \dfrac{k}{x}$ 中比例系数的正负为标准，将反比例函数图像分为 $k > 0$ 和 $k < 0$ 两种情况，并分别研究其图像性质，使学生掌握根据待定系数的符号进行分类讨论的标准和方法，并能指导后续函数图像与性质的探究，运用分类讨论思想方法。

（4）类比一次函数的学习，根据表达式画出函数图像，并根据函数图像研究函数性质，画出反比例函数图像，探索反比例函数的性质，使学生领悟同一主题内容的知识可运用类比的方法学习，这有助于形成知识的脉络和结构，显

化类比思想方法。

【例 2 – 16】 七年级上册第六章"数据的收集与整理"第四节"统计图的选择"第 1 课时。

1. **教学目标**

理解三种统计图各自的特点，并能根据不同问题选择适当的统计图来描述数据。

2. **基于数学思想方法的教学目标分析**

经历从已知统计图中获取信息以及制作统计图的过程，学生主动运用合适的统计图，直观表示数据的集中程度、变化趋势和占比等性质，内化形成具有直观性、整体性优势的认识，运用数形结合思想方法。

(四) 数形结合思想方法教学目标案例一览表

数形结合思想方法教学目标案例一览表见表 2 – 4。

表 2 – 4　数形结合思想方法教学目标案例一览表

思想方法	目标	案例	册	章	课
数形结合	渗透	例 2 – 12	七上	第二章	第二节"数轴"
		例 2 – 10	八上	第四章	第三节"一次函数的图像"第 1 课时
	显化	例 2 – 32	七上	第三章	第一节"字母表示数"
		例 2 – 13	七下	第一章	第四节"整式的乘法"第 3 课时
		例 2 – 35		第六章	第二节"频率的稳定性"第 1 课时
		例 2 – 14	八上	第一章	第一节"探索勾股定理"第 1 课时
	运用	例 2 – 16	七上	第六章	第四节"统计图的选择"第 1 课时
		例 2 – 15	九上	第六章	第二节"反比例函数的图像与性质"第 1 课时
		例 2 – 22			第三节"反比例函数的应用"
		例 2 – 11	九下	第二章	第二节"二次函数的图像与性质"第 1 课时

第五节　方程与函数思想方法教学目标管理系统

一、方程思想方法教学目标管理系统的构建

初中数学中方程思想方法的教学主要蕴含在一元一次方程、二元一次方程组、分式方程、一元二次方程四种主要方程的学习中。

首先在"整式及其加减"（七上）的字母表示数、列代数式、求代数式的值等具体知识教学中开始渗透字母表示数，为方程思想方法的教学做准备。然后在"一元一次方程"（七上）的"认识一元一次方程"中渗透方程思想方法核心之一用字母表示未知数，在"求解一元一次方程"中渗透核心之二用解法理论求解方程，在"应用一元一次方程"中利用四个实际问题情境的解决，渗透核心之三用等式表示数量关系，使教学达到渗透（感受、觉察）的层次。

在初中阶段所学的四种主要方程的教学内容及构成结构基本一致，在概念、求解、应用等不同部分侧重教学的方程思想方法核心也是相同的。随着学生年龄、能力的增长，在反复渗透之后，教学目标要求逐步提高到显化甚至运用。如在二元一次方程组的求解和应用（八上）、分式方程的概念和求解（八下）、一元二次方程的概念（九上）等知识的教学中，教师可根据具体教学内容，反复梳理提炼方程思想方法的三个核心和具体特征，使学生不断领悟方程思想方法的特征及要点，直至形成明确的方程思想方法，使教学达到显化（领悟、形成）的层次。

在分式方程的应用（八下）、一元二次方程的求解和应用（九上）等章节，以及待定系数法求函数表达式、联立方程组求函数图像交点等具体知识的教学中，学生综合运用配方法、公式法将二次方程化归为一次方程，程序化求解一

元二次方程，在复杂的现实问题情境和纯数学问题中寻找等量关系建立方程，使学生对方程思想方法三个核心的理解进一步加深，并在综合运用中进一步掌握方程思想方法的思维特征和运用技巧，使教学达到运用（掌握、运用）的层次。

在图形与几何领域，一些几何问题也涉及方程思想方法的灵活运用，如利用图形验证勾股定理（八上）、利用相似性质求线段长度或图形面积（九上）、解直角三角形中的知二求三（九下）等，灵活运用方程思想方法解决非方程背景的几何问题，使教学达到运用（内化）的目标层次。

根据上面对方程思想方法教学的分析，可建立方程思想方法的教学目标管理系统，如图 2-5 所示。

方程思想方法的教学目标管理系统表明，方程思想方法是受符号与变元思想、数学模型思想、转换与化归思想支配的，它的教学目标主要是通过方程主题内容即"一元一次方程"（七上）、"二元一次方程组"（八上）、"分式与分式方程"（八下）、"一元二次方程"（九上）等几个章节的具体教学来实现的。此外，方程思想方法的运用还体现在待定系数法求函数表达式、联立方程组求函数图像交点、利用图形面积验证勾股定理、解直角三角形、三角形相似的性质等知识中。

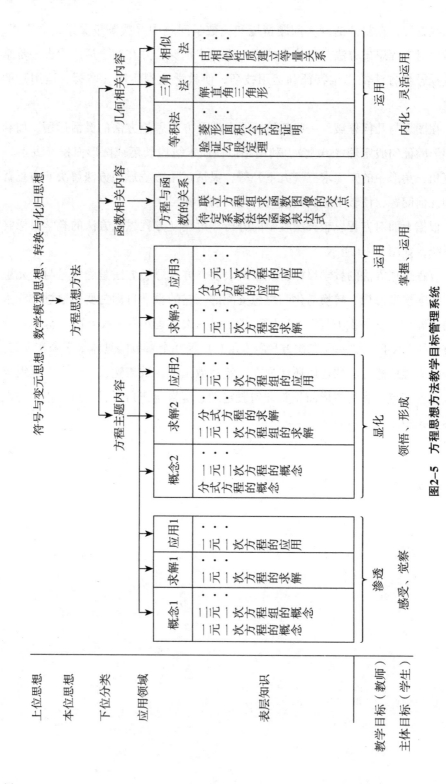

图2-5　方程思想方法教学目标管理系统

二、方程思想方法典型课例教学目标分析

（一）渗透（感受、觉察）阶段

【例2-17】 七年级上册第五章"一元一次方程"第一节"认识一元一次方程"第1课时。

1. 教学目标

（1）通过对多种实际问题中数量关系的分析，感受方程是刻画现实世界数量关系的有效模型。

（2）通过观察，归纳一元一次方程的概念，理解方程解的概念。

2. 基于数学思想方法的教学目标分析

（1）经历对多个实际问题的分析并建立方程表示其数量关系的过程，使学生感受方程是刻画现实世界数量关系的有效模型；经历运用方程和算术两种方法表示同一问题的数量关系，并对两种方法进行对比的过程，使学生感受方程方法的优势，渗透方程思想方法。

（2）经历建立多个方程实例，并观察分析其未知数和指数的特征，归纳抽象出一元一次方程概念的过程，使学生领悟概念形成地从特殊到一般的特点和过程，显化特殊与一般思想方法。

（二）显化（领悟、形成）阶段

【例2-18】 八年级上册第五章"二元一次方程组"第五节"应用二元一次方程组——里程碑上的数"。

1. 教学目标

（1）能分析复杂问题中的数量关系，建立方程组解决问题。

（2）进一步经历和体验列方程组解决实际问题的过程，体会模型思想，发展应用意识。

（3）归纳列方程组解决实际问题的一般步骤。

2. 基于数学思想方法的教学目标分析

（1）经历"里程碑上的数""两个两位数"等问题的解决过程，使学生领悟列方程组解决实际问题的一般步骤：先用字母分别表示两个未知数，再根据等量关系列出两个方程，联立得到一个二元一次方程组，并运用消元法求得未知数的值，从而解决问题，显化方程思想方法。

（2）经历"里程碑上的数""两个两位数"等问题的抽象，通过建立二元一次方程组的方法来表示和解决，使学生形成二元一次方程是解决求解两个确定未知量的实际问题的重要数学模型，并归纳利用二元一次方程组解决实际问题的步骤，显化数学模型的建模思想。

（3）通过用两个字母表示两个要求的未知量，使未知量变为"已知"，可以参与数量关系的表示和运算，有助于问题的解决，使学生领悟用字母表示未知数对于建立方程的重要意义，显化字母表示数思想方法。

（三）运用（掌握、运用、内化）阶段

【例 2 - 19】　九年级下册第二章"二次函数"第三节"确定二次函数的表达式"第 2 课时。

1. 教学目标

（1）体会确定二次函数表达式所需要的条件。

（2）会用待定系数法确定二次函数的表达式。

2. 基于数学思想方法的教学目标分析

（1）经历运用待定系数法求二次函数表达式的过程，使学生掌握利用方程组求函数表达式的策略和方法，首先要求待定系数是求确定的未知数的值，确定方程方法，然后根据要求待定系数的数量，寻找相应等量关系，建立相应数量的方程，并联立成方程组，运用方程思想方法。

（2）类比求一次函数、反比例函数表达式的方法，运用待定系数法，代入二次函数图像经过点的坐标，列出方程组，并解方程组求出待定系数，从而得出函数表达式，使学生内化认识同一主题内容的知识可运用类比的方法学习，这有助于形成知识的脉络和结构，运用类比思想方法。

（3）经历三元一次方程组的求解，学生运用加减消元法或代入消元法，转化为二元一次方程组，再进一步消元转化为一元一次方程，从而解出未知数的值，将三元转化为二元，将二元转化为一元；经历二次函数表达式的转换过程，学生运用配方法将二次函数表达式一般形式转化为顶点式，从而得出函数的对称轴和顶点坐标，运用转换与化归思想方法。

（四）方程思想方法教学目标案例一览表

方程思想方法教学目标案例一览表见表 2 - 5。

表 2-5 方程思想方法教学目标案例一览表

思想方法	目标	案例	册	章	课
方程	渗透	例2-17	七上	第五章	第一节"认识一元一次方程"第1课时
	显化	例2-33	八上	第五章	第一节"认识二元一次方程组"
		例2-18			第五节"应用二元一次方程组——里程碑上的数"
	运用	例2-19	九下	第二章	第三节"确定二次函数的表达式"第2课时

三、函数思想方法教学目标管理系统的构建

初中数学中函数思想方法的教学主要蕴含在函数主题内容，即一次函数、反比例函数、二次函数三种主要函数的学习中。

教材对函数概念的教学采用"提前渗透"的方式，这个阶段教学目标层次以渗透（感受、觉察）为主。在七年级上册"整式及其加减"的"代数式"一节中，教材设计了一个"数值转换机"，要求根据输入数值写出输出的结果，这里体现了函数"对应"的特征，同时也是初中教材第一次渗透函数思想，对于学生理解抽象的函数表示有很大帮助。七年级下册"变量间的关系"，第一次集中讨论变量之间的关系，呈现了变量之间表格、关系式、图像三种表示方法，使学生有了"变量说"的函数概念雏形。通过一些生活化的例子中两个变量的对应变化关系，使学生感受、觉察函数的"对应"特征，但教学上以渗透为主，不明确提出函数思想方法，也不提函数的概念。

初中阶段所学的三种主要函数的教学内容及构成结构基本一致，各种函数的概念、图像与性质、应用等不同部分所体现的函数"对应"特征也是相同的。在八年级上册"一次函数"首次出现了函数的概念，并研究了一次函数这种具体的函数，内容包括概念、图像、性质和应用。在九年级上册则研究了反比例函数，其研究内容、研究方法与一次函数的学习基本一致。在函数学习中，教师可结合具体教学内容，反复梳理、提炼函数思想方法的核心本质是变量间的某种对应关系，并由此产生的某些性质，使学生不断领悟函数思想方法的特征及要点，直至形成明确的函数思想方法，使教学目标达到显化（领悟、形成）的层次。

随着学生年龄、能力的增长，多次显化之后，教学目标要求逐步提高到运用。运用（掌握、运用、内化）层次的教学主要体现在两个方面。一是主动运用函数思想方法，解决变化量的问题。如在九年级下册"二次函数"中，学生在面对所要求的是变化量时，能主动确定解题策略是函数方法，并遵循函数方法解决问题的三个步骤来解决具体问题。二是灵活运用函数思想方法，解决几何中的动点问题、最值问题等。利用函数能表示动点的变化情况，利用二次函数的最值、增减性等性质解决最优化问题，灵活运用函数思想方法解决较复杂的几何问题，使教学达到灵活运用（内化）的目标层次。

根据上面对函数思想方法教学的分析，可建立函数思想方法的教学目标管理系统，如图 2 - 6 所示。

函数思想方法的教学目标管理系统表明，函数思想方法是受集合与对应思想、符号与变元思想、数学模型思想、转换与化归思想支配的，它的教学目标主要是通过函数主题内容，即"一次函数"（八上）、"反比例函数"（九上）、"二次函数"（九下）等章节的具体教学来实现的。此外，函数思想方法的运用还体现在几何的动点问题、求图形面积最值等问题的解决中。

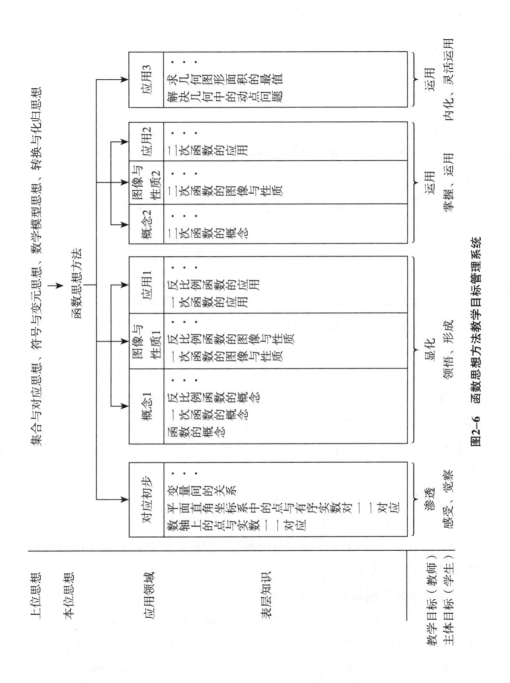

图2-6 函数思想方法教学目标管理系统

四、函数思想方法典型课例教学目标分析

(一) 渗透 (感受、觉察) 阶段

【例2-20】 七年级下册第三章"变量间的关系"第二节"用关系式表示的变量间关系"。

1. **教学目标**

(1) 经历探索某些图形中变量之间关系的过程,进一步体验一个变量的变化对另一个变量的影响,发展符号意识。

(2) 能根据具体情况,用关系式表示某些变量之间的关系,初步感受模型思想。

(3) 能根据关系式求值,初步体会自变量和因变量的数值对应关系。

2. **基于数学思想方法的教学目标分析**

(1) 经历用表达式表示图形面积、体积问题,碳排放量问题的变量之间关系的过程,并代入一个自变量的值求出因变量值,使学生感受自变量和因变量的数值——对应的关系,渗透函数思想方法。

(2) 经历将图形问题、实际问题抽象,利用关系式表示变量之间关系,并代入求值的过程,使学生感受表达式能有效表示实际问题的数量对应变化关系,渗透数学模型的建模思想。

【例2-21】 八年级上册第四章"一次函数"第二节"一次函数与正比例函数"。

1. **教学目标**

(1) 经历一次函数概念的抽象过程,体会模型思想,发展符号意识。

(2) 理解正比例函数和一次函数的概念,能根据所给条件写出正比例函数和简单的一次函数表达式。

2. **基于数学思想方法的教学目标分析**

(1) 经历一次函数、正比例函数概念的生成过程,分析弹簧长度与所挂重物的关系、耗油量与行驶路程的关系等实际问题,列出变量之间的函数关系式,分析所得关系式的数字和指数特征,归纳出一次函数和正比例函数的概念,使学生领悟概念形成地从特殊到一般的特点和过程,显化特殊与一般思想方法;从特殊与一般的高度理解一次函数和正比例函数的关系,一次函数的一般形式

$y = kx + b(k \neq 0)$，特别地，当 $b = 0$ 时，得正比例函数 $y = kx$，即正比例函数是一次函数的特殊情况，使学生形成正比例函数性质与一次函数性质相似，而又具有特殊性的猜想，显化特殊与一般思想方法。

（2）经历根据实际问题列出一次函数的过程，自变量可能是物体质量、行驶路程等，因变量可能是弹簧长度、剩余油量等，对于每一个给定的自变量，都有唯一的因变量与之对应，一次函数表示的就是两个变量之间的对应变化关系，使学生感受函数关系式是变量关系的表达，而且比表格更加完整和准确，渗透函数思想方法。

（3）经历几个实际问题的抽象过程，如把弹簧所挂重物的质量和弹簧的长度之间的关系抽象为两个变量之间关系的数学问题，并利用函数关系式表示，使学生感受一次函数源于生活，且大量存在于生活实际中，是解决实际问题的有效模型，渗透数学模型的建模思想。

（二）显化（领悟、形成）阶段

【例 2 - 22】 九年级上册第六章"反比例函数"第三节"反比例函数的应用"。

1. 教学目标

（1）经历分析实际问题中两个变量之间的关系、建立反比例函数模型，进而解决问题的过程，进一步体会模型思想，发展应用意识。

（2）能用反比例函数解决简单实际问题，进一步体会数形结合的思想，发展几何直观。

2. 基于数学思想方法的教学目标分析

（1）经历实际问题应用反比例函数表示和解决的过程，如当压力固定时，随着木板面积的变化，对地面的压强有唯一的值与之对应；又如当蓄电池电压固定时，随着用电器电阻的变化，电流有唯一的值与之对应，使学生领悟在物理问题中，存在着自变量与因变量的对应变化关系，显化函数思想方法。

（2）经历借助反比例函数图像解决实际问题的过程，根据列出的反比例函数关系式画出其函数图像，并利用函数图像直观解决相关的实际问题，学生主动运用描点法画出函数图像，运用函数图像分析函数变化趋势、对应值等，运用数形结合思想方法。

（3）经历将几个实际问题抽象为反比例函数，并应用函数的图像和性质解决的过程,使学生运用适当的数学模型表达、分析、解决实际问题,运用数学模型的建模思想。

(三)运用(掌握、运用、内化)阶段

【例 2 - 23】 九年级下册第二章"二次函数"第四节"二次函数的应用"第 2 课时。

1. 教学目标

(1)经历计算最大利润问题的探索过程,体会二次函数是一类最优化问题的数学模型,并感受数学的应用价值。

(2)能够分析和表示实际问题中变量之间的二次函数关系,并运用二次函数的知识求出实际问题的最大(小)值,增强解决问题的能力。

2. 基于数学思想方法的教学目标分析

经历计算最大利润问题的探索过程,如服装厂的盈利随单价变化而变化,由于单价变化会导致销售量的变化,而盈利受单价和销售量的双重影响,即间接受到单价的两次影响,应用二次函数表示这种自变量和因变量的对应变化关系,并应用二次函数的增减性质求出最大值或最小值,使学生运用二次函数解决实际问题,运用函数思想方法。

(四)函数思想方法教学目标案例一览表

函数思想方法教学目标案例一览表见表 2 - 6。

表 2 - 6　函数思想方法教学目标案例一览表

思想方法	目标	案例	册	章	课
函数思想	渗透	例 2 - 20	七下	第三章	第二节"用关系式表示的变量间关系"
		例 2 - 21	八上	第四章	第二节"一次函数与正比例函数"
	显化	例 2 - 22	九上	第六章	第三节"反比例函数的应用"
	运用	例 2 - 23	九下	第二章	第四节"二次函数的应用"第 2 课时

第六节　分类讨论思想方法教学目标管理系统

一、分类讨论思想方法教学目标管理系统的构建

当被研究的对象包含多种可能情况，导致我们对它们不能一概而论的时候，我们就采用分而治之的策略，将问题加以分类，得出各种类别下的相应结论，其实质是把问题"分而治之，各个击破，综合归纳"。

对于由概念定义引起的分类讨论，教学目标层次以渗透（感受、觉察）为主。例如，在"有理数及其运算"（七上）学习有理数的概念时，根据不同的标准对有理数进行分类，让学生初步感受分类的必要性和原则。进而在概念性问题解决，如求一个数的相反数、求 $|a|$ 的值（七上）等问题上，学生尝试根据概念进行分类，思考如何确定分类的标准，做到分类不重复、不遗漏。在七年级下册学习三角形时，以最大角与 90° 的大小比较为标准，对三角形进行分类，也是属于由概念定义引起的分类。七年级由概念定义引起的分类讨论，侧重具体知识点的学习和问题的解决，只让学生逐步体会为什么要分类，如何分类，如何确定分类的标准，不提具体数学思想方法。

假如问题涉及的数学定理、公式、法则、性质是有条件限制的，或者是分类给出的，也要进行分类讨论。显化（领悟、形成）层次的教学主要体现在两个方面：一是体现在公式、法则的学习上，在七年级上册探索推导有理数加法法则的过程以及随后的去括号法则的学习，实际上就是运用分类讨论思想方法解决问题的一个完整的过程。在前面学习字母表示数、有理数的分类教学中反复渗透分类讨论思想方法的基础上，教师通过小结，提炼分类讨论的要素——为什么要分类、如何分类、如何确定分类的标准等。二是体现在定理、性质的学习上。例如，一次函数的增减性由 k 决定（八上）、反比例函数图像所处象限

由 k 决定（九上）等的教学，学生在多次接触字母表示数的情况下，由函数表达式一次函数、反比例函数 k 值的不确定性自然引发的由数学原理引起的分类讨论，明确提出分类讨论思想方法的名称、内涵、原则及步骤，让学生对分类讨论思想方法的认识逐级递进、螺旋上升，教学目标达到显化（领悟、形成）的层次。

运用（掌握、运用、内化）层次的教学主要体现在两个方面。一是在数与代数领域，如一元二次方程根的情况的分类讨论（九上）、二次函数的增减性的分区间讨论（九下）等内容的教学，反复运用分类讨论思想方法，让学生在由数学原理引起分类讨论的函数问题中，将复杂问题转化为几个简单问题的组合，同时在综合运用中学生进一步掌握、内化分类讨论思想方法的思维特征和运用技巧。二是在图形与几何领域，由图形变化引起的分类讨论。如利用勾股定理求长方体表面爬行最短距离，由于爬行路径的不同使得展开图变得不同而引起的分类讨论（八上）；探究中点四边形的形状，由于原四边形的形状不同使中点四边形的形状也不相同（八下）以及圆周角定理的证明（九下）等。学生要能根据问题的实际，自觉发现分类讨论的必要性，选择合理的分类标准进行分类，探究出分类下的各种结果并综合为最终的结论。运用（掌握、运用、内化）层次多出现在八、九年级，教师根据学生的年龄特征、认知规律和知识积累，在遵循科学性前提下，采用逐级递进、螺旋上升的原则指导教学，学生运用分类讨论的思想方法解决问题的能力逐步得到提升。

根据上面对分类讨论思想方法教学的分析，可建立分类讨论思想方法的教学目标管理系统，如图 2-7 所示。

分类讨论思想方法的教学目标管理系统表明，分类讨论思想方法是受集合与对应思想、辩证思想、转换与化归思想支配的，它广泛蕴含在初中数学的各个知识领域中，其中包括数学代数领域的数与式、函数，图形与几何领域的三角形、四边形、圆等多个章节的知识。随着学习的深入，其教学目标层次逐步提高，最终达到灵活运用的层次。

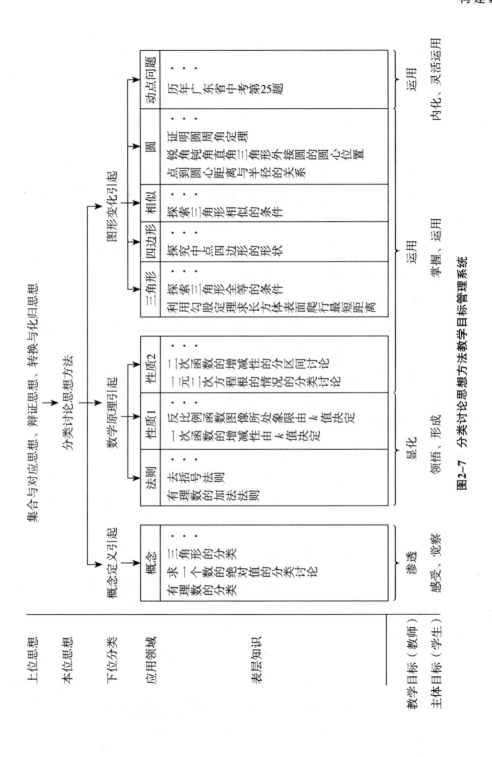

图2-7 分类讨论思想方法教学目标管理系统

二、分类讨论思想方法典型课例教学目标分析

（一）渗透（感受、觉察）阶段

【例2－24】 七年级上册第二章"有理数及其运算"第一节"有理数"。

1. 教学目标

（1）在具体情境中，进一步认识负数，理解有理数的意义。

（2）经历用正负数表示具有相反意义的量的过程，体会负数是实际生活的需要。

（3）会判断一个数是正数还是负数，能按一定的标准对有理数进行分类。

2. 基于数学思想方法的教学目标分析

（1）经历对有理数进行分类的过程，使学生感受根据不同的分类标准，有理数有不同的分类结果，可以在一级分类的基础上做二级分类，觉察到分类不重、不漏的要求，渗透分类讨论的思想方法。

（2）分析在熟悉的生活生产例子中表示相反意义的量的处理方式，通过具体的数字抽象归纳出负数的概念，使学生感受概念形成地从特殊到一般的特点和过程，渗透特殊与一般的思想方法。

（3）经历一些实际问题的抽象和表示过程，如将"加分与扣分""上涨量与下跌量""零上温度与零下温度"等实际问题，抽象为运用数字和正负号进行表示，使学生感受负数概念是源于实际生活的需要，渗透数学模型的建模思想。

（二）显化（领悟、形成）阶段

【例2－25】 七年级下册第四章"三角形"第三节"探索三角形全等的条件"第1课时。

1. 教学目标

（1）经历探索三角形全等条件的过程，体会用操作、归纳获得数学结论的过程。

（2）掌握三角形全等"SSS"的条件，了解三角形的稳定性。

（3）在探索三角形全等条件及其应用过程中，能够进行有条理的思考并进行简单的推理。

2. 基于数学思想方法的教学目标分析

（1）经历探索三角形全等的过程，以条件的数量为标准进行第一层分类，两个三角形全等的条件可以分为一个条件、两个条件、三个条件等。再进行第二层分类，如一个条件可分为一个边相等或一个角相等；两个条件则可分为一角一边、两个角、两条边等；三个条件则可分为三条边三个角，两边一角和两角一边等，并分别讨论增加的条件是否能得到两个三角形全等的结论，使学生形成一种探究问题的策略，即面对复杂问题时，可将研究对象的全体按照某个标准划分为若干不重复的部分，分别论证之后再加以整合，从而整体全面地解决问题，显化分类讨论思想方法。

（2）通过画三角形验证和举反例否定的方法探究三角形全等的条件，给出两个边或角的条件，画出两个三角形，发现这样画出来的两个三角形不全等；给出三个角的相等条件，画出两个三角形，发现这样画出来的两个三角形不全等；给出三边相等的条件，画出两个三角形，发现这样画出来的两个三角形是全等的，归纳出一般性结论——三边分别相等的两个三角形全等，使学生领悟其中体现的利用特殊情况归纳概括一般性结论的方法，显化特殊与一般思想方法。

（三）运用（掌握、运用、内化）阶段

【例 2 – 26】 九年级上册第二章"一元二次方程"第三节"用公式法解一元二次方程"第 1 课时。

1. 教学目标

（1）经历用配方法推导一元二次方程求根公式的过程，理解求根公式和根的判别式。

（2）能用公式法解数字系数的一元二次方程。

（3）不解方程，会用一元二次方程根的判别式判别是否有实数根和两个根是否相等。

（4）在推导求根公式、判别方程根的情况的过程中，强化推理技能训练，进一步发展演绎推理能力。

2. 基于数学思想方法的教学目标分析

（1）经历对一元二次方程 $ax^2 + bx + c = 0$（$a \neq 0$）根的情况的分析过程，针对求根公式 $x = \dfrac{-b \pm \sqrt{b^2 - 4ac}}{2a}$，学生主动思考 $\sqrt{b^2 - 4ac} \geqslant 0$ 的限制条件对于

根的影响，并以判别式的正、负、零为标准分类，分别讨论其实数根的情况。学生自主发现分类的原因，设定分类标准，进行正确的分类，并逐项讨论其结论，最后整合得出完整结论，运用分类讨论思想方法。

（2）利用可解系数为具体数字的一元二次方程的配方法，求解一般形式的一元二次方程 $ax^2 + bx + c = 0$（$a \neq 0$），从而得到适用于所有一元二次方程的求根公式，呈现了方程的一般性解法，并利用求根公式求解具体的一元二次方程，学生内化其中体现的从特殊具体的例子推导归纳一般性结论，又以一般性结论指导具体的例子解决的思想，运用特殊与一般思想方法。

（3）经历一元二次方程 $ax^2 + bx + c = 0$（$a \neq 0$）求根公式的推导过程，用字母表示未知量和待定系数，利用配方法解一元二次方程，使学生掌握抽象的字母运算；又用字母表示方程的求根公式和判别式，使学生内化字母表示数的抽象性、简洁性、概括性，运用字母表示数思想方法。

【例 2 - 27】 九年级下册第三章"圆"第四节"圆周角和圆心角的关系"第 1 课时。

1. 教学目标

（1）经历探索圆周角与圆心角及其所对弧的关系的过程。

（2）理解圆周角的概念，了解并证明圆周角定理及其推论。

（3）体会分类、归纳等数学思想方法。

2. 基于数学思想方法的教学目标分析

（1）经历探索同弧所对圆周角与圆心角关系的过程，使学生主动运用从特殊到一般的探究方法，在具体圆中，使圆心角 $\angle AOB = 80°$，画出几个对应圆周角，通过度量分析其与 $\angle AOB$ 的数量关系，获得数量关系，再将圆心角 $\angle AOB$ 一般化，形成猜想，最后通过演绎推理证明结论，最后归纳得出圆周角定理，运用特殊与一般思想方法。

（2）经历圆周角定理的证明过程，对于复杂问题的探究，学生主动将问题分为几种互不重复的简单情况，并分别加以解决。具体而言，以圆心和圆周角的位置关系为标准，将问题分为圆心在圆周角的一条边上、圆心在圆周角的内部、圆心在圆周角的外部三种情况，分别进行证明，可得同弧所对圆周角等于圆心角的一半。综合三种情况，从而证得圆周角定理，使学生内化图形变化可引起分类讨论，运用分类讨论思想方法解决复杂问题的探究。

（3）经历圆周角定理的证明过程，在将复杂问题分为圆心在圆周角的一条边上、圆心在圆周角的内部、圆心在圆周角的外部三种情况后，首先证明圆心在圆周角的一条边上这种最简单的情况。在证明圆心在圆周角的内部、圆心在圆周角的外部这两种情况时，通过作辅助线转化为第一种情况，从而使问题解决，使学生掌握将未知转化为已知的策略和方法，运用转换与化归思想方法。

（四）分类讨论思想方法教学目标案例一览表

分类讨论思想方法教学目标案例一览表见表 2 - 7。

表 2 - 7　分类讨论思想方法教学目标案例一览表

思想方法	目标	案例	册	章	课
分类讨论	渗透	例 2 - 24	七上	第二章	第一节"有理数"
		例 2 - 12			第二节"数轴"
		例 2 - 8			第七节"有理数的乘法"第 1 课时
	显化	例 2 - 1	七下	第四章	第一节"认识三角形"第 1 课时
		例 2 - 25			第三节"探索三角形全等的条件"第 1 课时
		例 2 - 10	八上	第四章	第三节"一次函数的图像"第 1 课时
	运用	例 2 - 26	九上	第二章	第三节"用公式法解一元二次方程"第 1 课时
		例 2 - 3		第四章	第四节"探索三角形相似的条件"第 1 课时
		例 2 - 15		第六章	第二节"反比例函数的图像与性质"第 1 课时
		例 2 - 11	九下	第二章	第二节"二次函数的图像与性质"第 1 课时
		例 2 - 27		第三章	第四节"圆周角和圆心角的关系"第 1 课时

第七节　类比思想方法教学目标管理系统

一、类比思想方法教学目标管理系统的构建

类比思想方法是连接已知和未知的重要桥梁，有助于实现旧知识的迁移和新知识的发现，是新知学习中除特殊与一般思想方法外的另一种重要方法。

当所学新概念、新原理与简单生活实际或小学知识有明显的联系时，就可以利用已学的比较简单的相似操作、相似方法进行学习，类比思想教学目标层次以渗透（感受、觉察）为主。例如，数与代数领域，类比温度计引出数轴的三要素（七上），类比小学所学正数的运算理解和探究有理数的运算法则（七上），类比有理数的运算进一步探究单项式与单项式相乘的法则等（七下）。图形与几何领域，在学习两点间距离的基础上类比学习点到直线的距离的概念（七下），类比直角三角形三边关系利用方格纸探究锐角、钝角三角形的边的关系（八上）等。通过具体的实例、已有的解决方法或小学建立的知识体系，引导学生回顾旧知识，类比旧知识的特性，通过合情推理得出新知识的特性。在这些概念、原理的初步学习中，不必特地提出类比思想的概念，只需要让学生感受新旧知识的相似性，并在小结时回顾新知识是如何通过类比得出的，让学生逐步加深类比的感受即可。

当与类比的概念形成、法则归纳或原理探究已经多次接触，或类比具有较强的抽象性、迁移性时，需要明确提出类比的要素、特征和名称，将类比思想的教学目标层次设定为显化（领悟、形成）。例如，在数与代数领域中，类比有理数乘法法则归纳的过程探究有理数除法法则（七上）、类比平方差公式图形表示与验证完全平方公式（七下）、类比正比例函数图像与性质的探究方法研究一次函数的图像与性质（八上）、类比因数分解学习因式分解的概念（九

上）等；在图形与几何领域中，根据等边三角形对比等腰三角形具有的共性和特性，探究等边三角形的轴对称性质（七下），类比小学把角拼凑为平角的方法构造辅助线证明三角形内角和定理（八上）等。在这个阶段，教师可以不断提炼新旧知识点，探究方法之间的相似点，明确提出类比思想方法的前提是两个（或两类）事物（系统）具有一些相同点；类比的特点是利用两个（或两类）事物（系统）间的相似性以及已知一个事物（系统）的属性，通过类比推理，猜想、估计另一个事物（系统）也具有相同或相类似的属性，从而向学生明确提出类比思想方法的概念。

运用（掌握、运用、内化）层次的教学则需要学生自觉运用相似原理的探究过程和方法，分析新旧知识的相似性和不同点，通过类比、猜测、研究新的原理结论。例如，在数与代数领域中，通过类比分数理解学习分式的性质和运算法则（八下），通过类比正切函数的学习方法学习正弦、余弦函数（九下）；在图形与几何领域中，通过类比线段比较的方法（叠合法、度量法）学习角的大小比较（七上），通过类比菱形性质定理的探究方法研究矩形的性质定理（九上）等。在此阶段，运用类比思想方法进行原理教学，需要把握好以下三点：一是让学生指出类比的依据，即指出新旧知识的相同之处、相似之处、不同之处；二是善于使用类比旧原理的推导方法，得到新原理，培养学生的类比推理能力；三是通过对新旧原理结论（含概念）的对比分析，明确新旧原理的联系和区别，让学生构建新的认知结构。

根据上面对类比思想教学的分析，可建立类比思想方法的教学目标管理系统，如图 2-8 所示。

类比思想方法的教学目标管理系统表明，类比思想方法是受合情推理思想、转换与化归思想支配的，它的教学目标覆盖数与代数、图形与几何两个领域，涵盖数与式、方程与不等式、函数、三角形、四边形等内容。

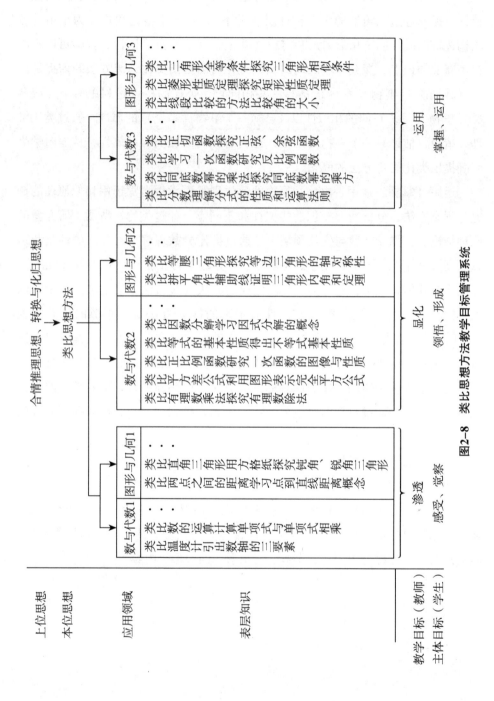

图2-8 类比思想方法教学目标管理系统

二、类比思想方法典型课例教学目标分析

（一）渗透（感受、觉察）阶段

【例2-28】 七年级下册第一章"整式的乘除"第一节"同底数幂的乘法"。

1. 教学目标

（1）经历探索同底数幂乘法运算性质的过程，进一步体会幂运算的意义及类比、归纳等方法的作用，发展运算能力和有条理的表达能力。

（2）了解同底数幂乘法的运算性质，并能解决一些实际问题。

2. 基于数学思想方法的教学目标分析

（1）经历探索同底数幂乘法运算性质的过程，首先计算底数为10，指数为具体数字的同底数幂相乘；再推广计算底数为10，指数分别为m，n的同底数幂相乘；进一步一般化，以a为底数，指数分别为m，n的同底数幂相乘，归纳出一般性的同底数幂相乘法则，使学生感受可以通过具体式子的运算探究一般性法则，并在其后运用法则解决具体的同底数幂乘法计算，渗透特殊与一般思想方法。

（2）经历探索同底数幂乘法运算性质的过程，类比底数为10的幂的乘方，猜想底数分别为2、$\frac{1}{7}$、-3时同底数幂相乘的结果，而在计算$a^m \cdot a^n \cdot a^p$时，又类比$a^m \cdot a^n = a^{m+n}$的结论，使学生感受可通过分析待解决问题和已解决问题的相似之处，根据旧知猜想出新知，渗透类比思想方法。

（3）经历探索同底数幂乘法运算性质的过程，用字母a表示底数，字母m，n分别表示指数，有利于同底数幂乘法运算法则的推导和表示，使学生感受字母表示数的便利性和简洁性，渗透字母表示数思想方法。

（二）显化（领悟、形成）阶段

【例2-29】 八年级下册第二章"一元一次不等式与一元一次不等式组"第二节"不等式的基本性质"。

1. 教学目标

（1）经历不等式基本性质的探索过程，初步体会不等式与等式的异同。

（2）掌握不等式的基本性质，并能初步运用不等式的基本性质把比较简单

的不等式转化为 "$x > a$" 或 "$x < a$" 的形式。

2. **基于数学思想方法的教学目标分析**

（1）经历不等式基本性质的探索过程，基于对等式基本性质的认识以及探究时利用天平形象理解的学习方法，探究不等式基本性质，类比等式的基本性质得出猜想，并通过具体的例子加以验证，使学生形成通过类比获得新知的策略和方法，即分析待解决问题和已解决问题的相似之处，根据旧知形成猜想，或类比旧知的研究方法探索新知，并通过具体例子验证，或演绎证明结论，显化类比思想方法。

（2）经历不等式基本性质的探索过程，通过几个具体例子的计算和分析，观察不等式两边同时乘以一个正数或负数时，不等号方向是否改变，归纳出不等式的基本性质，使学生领悟其中的从特殊到一般的法则探究策略，显化特殊与一般思想方法。

（3）经历运用不等式的基本性质将不等式进行变形，转化成 "$x > a$" 或 "$x < a$" 的基本形式的过程，使学生领悟其中的转化是从复杂到简单，变形的策略是化归，而不等式基本性质是化归的途径，基本形式（"$x > a$" 或 "$x < a$"）是化归的目标，显化转换与化归思想方法。

（三）运用（掌握、运用、内化）阶段

【例 2 - 30】 八年级下册第五章 "分式与分式方程" 第一节 "认识分式" 第 2 课时。

1. **教学目标**

经历观察、类比、猜想、归纳分式基本性质的过程，掌握分式的基本性质，会化简分式。

2. **基于数学思想方法的教学目标分析**

（1）经历分式基本性质的探索过程，在上一课时类比分数理解分式概念的基础上，本课时类比分数基本性质得到分式基本性质，学生运用类比方法学习新概念，探究新原理，建立概念间的联系，形成知识结构网络，实现学习方法的迁移，运用类比思想方法。

（2）经历运用分式基本性质解释分式恒等变形，化简具体分式的过程，使学生感受一般性结论，如基本性质、运算法则等，可用于具体的、特殊的问题的解决，渗透特殊与一般思想方法。

（3）将分式基本性质用符号表示为：$\dfrac{b}{a} = \dfrac{b \cdot m}{a \cdot m}$，$\dfrac{b}{a} = \dfrac{b \div m}{a \div m}$（$m \neq 0$），使学生形成用字母表示运算律、运算法则、等式基本性质、分式基本性质等的意识，体会用字母表示数的准确性和简便性，显化字母表示数思想方法。

【例 2 - 31】 九年级上册第一章"特殊的平行四边形"第二节"矩形的性质与判定"第 1 课时。

1. 教学目标

（1）理解矩形的概念，了解它与平行四边形之间的关系。

（2）经历矩形性质定理的探索过程，进一步发展合情推理能力。

（3）能够用综合法证明矩形的性质定理以及其他相关结论，进一步发展演绎推理能力。

（4）进一步体会探索与证明过程中所蕴含的抽象、推理等数学思想。

2. 基于数学思想方法的教学目标分析

（1）经历矩形性质定理的探究和证明过程，类比菱形的学习思路，形成矩形（或其他几何图形）的研究思路——"概念—性质—判定—应用"；类比菱形的研究对象，着重研究矩形（或其他四边形）的边、角、对角线等元素的数量与位置关系，使学生主动运用类比策略，确定研究的思路、对象、方法，运用类比思想方法。

（2）经历矩形性质定理的探究过程，由矩形是特殊的平行四边形，可知矩形具有平行四边形的一般性质，又由矩形有一个角是直角的特殊性，进一步思考其特殊性质；经历定理的证明过程，其中的演绎推理是根据公理、定理等一般性结论，推导出新的、特殊的结论，使学生领悟其中特殊性与一般性的辩证关系，显化特殊与一般思想方法。

（3）经历直角三角形性质定理的探索过程，通过构建辅助图形（矩形），把直角三角形的问题转换为特殊四边形的问题来解决，使学生掌握解决几何问题的一种策略，通过辅助线使四边形问题和三角形问题相互转化，并利用相关性质解决，显化转换与化归思想方法。

（四）类比思想方法教学目标案例一览表

类比思想方法教学目标案例一览表见表 2 - 8。

表2-8 类比思想方法教学目标案例一览表

思想方法	目标	案例	册	章	课
类比	渗透	例2-12	七上	第二章	第二节"数轴"
		例2-28	七下	第一章	第一节"同底数幂的乘法"
	显化	例2-29	八下	第二章	第二节"不等式的基本性质"
		例2-5	九上	第六章	第二节"反比例函数的图像与性质"第1课时
	运用	例2-30	八下	第五章	第一节"认识分式"第2课时
		例2-31	九上	第一章	第二节"矩形的性质与判定"第1课时
		例2-3		第四章	第四节"探索三角形相似的条件"第1课时
		例2-11	九下	第二章	第二节"二次函数的图像与性质"第1课时
		例2-19			第三节"确定二次函数的表达式"第2课时

第八节　字母表示数思想方法教学目标管理系统

一、字母表示数思想方法教学目标管理系统的构建

"字母表示数"就是用字母来代替数字或式子，并形成符号结构的一种思想。字母表示数的思想是数学符号化思想的核心之一，是数学符号化的最初表现和思想基础。

在数与式的教学中，首先在"有理数及其运算"（七上）的"绝对值"中以$|a|$表示一个有理数的绝对值，开始渗透字母表示数，之后在有理数运算的学习中，用字母表示运算律和乘方的运算法则。其后在"整式及其加减"（七上）中的"字母表示数"使学生明确字母可以表示任何数，并在之后的代数式、整式的加减等具体知识中反复出现字母表示数，这部分内容大多是用字母泛指某个数集中的一个数，可把教学目标设定为渗透（感受、觉察）层次。

在数与式的教学中，由于在七年级上册的教学中已经反复渗透字母表示数的思想方法，因此在"整式及其加减"（七上）的探索与表达规律，"整式的乘除"（七下）的平方差公式、完全平方公式，"圆"（九下）的弧长与扇形的面积公式等具体知识的教学中，明确提出可用字母表示各种运算律、代数公式以及图形面积公式等；另外，在性质的教学中，在八年级下册的不等式的基本性质、"分式与分式方程"等知识的教学中用字母表示性质规律，可向学生明确提出用字母表示数思想方法的优越性及数学符号语言的高度概括性，从而培养学生用字母表示数的符号意识，而学生在学习和运用公式或规律的过程中，符号意识和数感都得到了重要的发展，可使教学达到显化（领悟、形成）层次。

运用（掌握、运用、内化）层次的教学主要体现在两个方面：一是在方程

的教学中，由七至九年级逐步提升字母表示数的层次。如在"一元一次方程"
（七上）、"二元一次方程组"（八上）、"分式与分式方程"（八下）、"一元二次
方程"（九上）等几个章节都是用字母表示未知数，使字母表示数的层次达到
了第二层次。其后在九年级上册用字母表示一元二次方程根与系数的关系和求
根公式更是使"字母表示数"上升为第四层次——表示不定元参加运算，充分
体现了字母表示数的高度抽象性和概括性，使教学目标达到运用（掌握、运
用）的层次。在函数领域的学习中，"字母表示数"主要表现为第三和第四层
次，如在一次函数（八上）、反比例函数（九上）、二次函数（九下）等具体知
识中，主要是用字母表示变量，其中确定函数解析式所运用的待定系数法更是
充分体现了"字母表示数"的作用。在综合实践的设计遮阳篷的内容中，用字
母表示线段长和角度以表示一般情况，是和特殊与一般思想方法的结合。通过
学习的深入，学生不断熟悉并进一步掌握、内化字母表示数思想方法的特征以
及运用技巧。在学习和问题的解决中学生运用字母表示数思想方法解决综合性
问题，使教学目标达到运用（内化）的层次。

　　根据上面对字母表示数思想方法教学的分析，可建立字母表示数思想方法
的教学目标管理系统，如图 2 - 9 所示。

　　字母表示数思想方法的教学目标管理系统表明，字母表示数思想方法是受
符号与变元思想支配的。符号意识的培养是一个长期的过程，字母表示数思想
方法在初中阶段以渗透为主，其中包括数与代数领域的数与式、方程与不等式、
函数以及综合实践板块中的设计遮阳篷活动中用字母表示测高的线段长和角度
等。随着学习的深入，字母表示数的层次不断改变，学生的符号意识不断得到
增强。

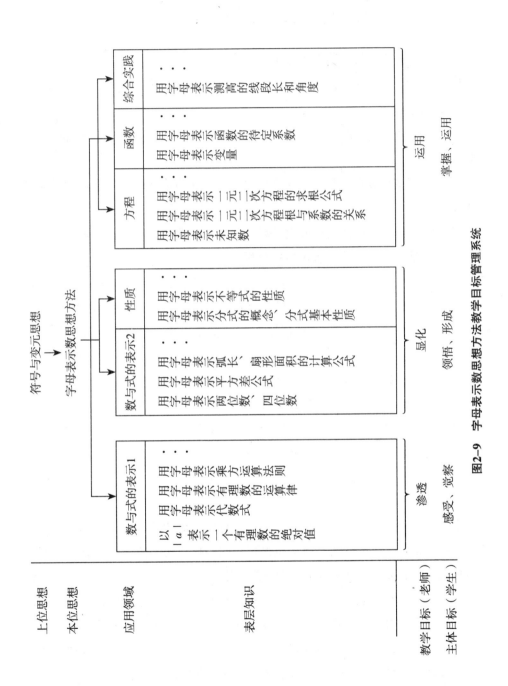

图2-9 字母表示数思想方法教学目标管理系统

二、字母表示数思想方法典型课例教学目标分析

（一）渗透（感受、觉察）阶段

【例 2-32】 七年级上册第三章"整式及其加减"第一节"字母表示数"。

1. 教学目标

（1）经历探索规律并用代数式表示规律的过程，感受从具体到抽象的思想。

（2）能用字母表示运算律、计算公式以及一些简单问题中的数量关系和变化规律。

（3）在具体情境中体会字母表示数的意义，形成初步的符号意识。

2. 基于数学思想方法的教学目标分析

（1）经历火柴棒搭建正方形的问题的探索过程，将搭建正方形个数与所需火柴棒的数量之间的关系，运用字母表示数的方法表示，得出两者之间的关系，使学生感受可用抽象的数学符号描述事物的变化规律，渗透数学模型的建模思想。

（2）经历火柴棒搭建正方形的问题的探索过程，首先探究搭 2 个正方形需要多少根火柴棒，再探究搭 3 个正方形需要多少根，再到 10 个、100 个，最后推广至搭 x 个正方形需要多少根火柴棒，通过观察、试验、归纳，探索出一般规律，并用字母表示，使学生领悟其中由特殊归纳一般规律，并用字母表示一般规律的问题探索思路，显化特殊与一般思想方法。

（3）经历探索规律的过程，结合搭出的正方形图形，形象直观地表示出正方形个数与所需火柴棒数量之间的关系，而且对图形的理解不同，使所列出的关系式也不相同，经过整理，却又能得到相同的代数式，使学生形成结合图形分析数量关系的策略，显化数形结合思想方法。

（4）经历用字母表示一般规律的过程，用 x 表示所搭正方形的个数，则搭正方形需要用多少根火柴棒可以用含有 x 的式子表示，这样的表示能把火柴棒数量和正方形个数的关系简明地表示出来，为描述和研究问题带来方便，使学生感受字母表示数的优越性，渗透字母表示数思想方法。

（二）显化（领悟、形成）阶段

【例 2-33】 八年级上册第五章"二元一次方程组"第一节"认识二元一

次方程组"。

1. 教学目标

（1）通过对实际问题的分析，进一步体会方程是刻画现实世界数量关系的有效数学模型。

（2）了解二元一次方程、二元一次方程组及其解等概念，并学会判断一组数是不是某个二元一次方程组的解。

2. 基于数学思想方法的教学目标分析

（1）经历二元一次方程概念的形成过程，从老牛和小马驮包裹的实际问题中建立方程，并分析几个类似方程的特征，发现这些方程有两个未知数，且未知数的次数都是 1，归纳出二元一次方程的概念，使学生领悟概念形成地从特殊到一般的特点和过程，显化特殊与一般思想方法。

（2）经历用二元一次方程组表示实际问题数量关系的过程，为求解老牛和小马驮包裹数量的问题，用字母分别表示老牛驮的包裹数为 x 个，小马驮的包裹数为 y 个，根据等量关系列出两个方程，将两个方程联立，得到一个二元一次方程组，使学生领悟方程思想的核心——用字母表示未知数（有几个未知数就用几个字母）、寻找等量关系列方程（有几个未知数就找几个等量关系，就列出几个方程），显化方程思想方法。

（3）通过用两个字母表示两个要求的未知量，使未知量变为"已知"，可以参与数量关系的表示和运算，有助于问题的解决，使学生领悟用字母表示未知数对于建立方程的重要意义，显化字母表示数思想方法。

（三）运用（掌握、运用、内化）阶段

【例 2 – 34】 七年级上册第三章"整式及其加减"第五节"探索与表达规律"第 2 课时。

1. 教学目标

（1）能用代数式表示并借助代数式运算验证所探索规律的一般性。

（2）能用代数式表示并借助代数式运算解释具体问题中蕴含的一般规律或现象。

2. 基于数学思想方法的教学目标分析

经历在猜数字游戏中发现规律、表示规律、解释规律的过程，学生主动运用字母表示一个两位数的个位数和十位数，通过字母的运算发现规律，并根据所得表达式解释规律，运用字母表示数思想方法。

（四）字母表示数思想方法教学目标案例一览表

字母表示数思想方法教学目标案例一览表见表2-9。

表2-9　字母表示数思想方法教学目标案例一览表

思想方法	目标	案例	册	章	课
字母表示数	渗透	例2-32	七上	第三章	第一节"字母表示数"
		例2-28	七下	第一章	第一节"同底数幂的乘法"
		例2-9			第五节"平方差公式"第1课时
		例2-14	八上	第一章	第一节"探索勾股定理"第1课时
	显化	例2-33	八上	第五章	第一节"认识二元一次方程组"
		例2-18			第五节"应用二元一次方程组——里程碑上的数"
		例2-30	八下	第五章	第一节"认识分式"第2课时
	运用	例2-34	七上	第三章	第五节"探索与表达规律"第2课时
		例2-26	九上	第二章	第三节"用公式法解一元二次方程"第1课时

第九节　或然与必然思想方法教学
目标管理系统

一、或然与必然思想方法教学目标管理系统的构建

或然与必然的思想主要体现在概率和统计的相关知识中，力图通过偶然性找出规律性、必然性，是解决一类不确定问题的重要思想方法。

当学生刚开始接触概率、统计的有关知识，从确定数学向不确定数学过渡时，对或然与必然思想方法的教学目标以渗透（感受、觉察）为主。一是在统计知识中渗透。在七年级上册第六章"数据的收集与整理"中，学生经历数据的收集具有的不确定性渗透了或然思想；抽样调查的不确定性渗透了或然思想，抽样调查的合理性渗透了必然思想，体现了或然与必然的辩证统一。二是在概率知识中渗透。在七年级下册第六章"概率初步"中以掷骰子游戏、抛图钉和抛硬币的试验，让学生体验生活中有许多事件的发生是不确定的，感受随机事件发生的可能性有大有小；对摸到红球的概率的讨论、对停留在黑砖上的概率的讨论，在教学上仍以渗透为主，不明确提出或然与必然思想。

学生对随机事件及其发生的概率的认识随着其数学活动经验的增加而不断深入，对或然与必然思想方法的教学目标以显化（领悟、形成）为主。一是在统计知识中显化。在七年级上册第六章"数据的收集与整理"第四节"统计图的选择"中，让学生对三种统计图各自的特点和优势有一定的认识，学会用合适的统计图表示实际问题中的数据，应该在教学时显化统计思想；在八年级上册第六章"数据的分析"四个课时对刻画数据集中趋势的平均数、中位数、众数以及对刻画数据离散程度的极差、方差和标准差等知识的学习中，也应该不断显化统计思想。二是在概率知识中显化。在九年级上册第三章"概率的进一

步认识"中安排了用树状图或列表求概率，安排了用频率估计概率，是在学生初步了解概率的意义、会用概率的古典定义求一些简单的可能事件的概率之后，对概率的进一步研究，使教学达到显化（领悟、形成）的层次。从数学角度来说，概率与统计是密切相关的学科，概率的概念就是建立在频率的稳定性这一统计规律性（必然思想）的基础上的，而统计又离不开概率的理论支撑，统计推断、估计、方差分析等统计方法的合理性和科学性都有赖于概率理论。

教材还设计了运用概率与统计知识解决实际问题的综合实践活动，对或然与必然思想方法的教学目标以运用（掌握、运用）为主。如关注人口老龄化、哪个城市夏天更热、池塘里有多少条鱼等，通过这些综合实践活动发展学生的数据分析观念，让学生亲身参与到这样的活动过程中，在活动中感受到解决问题需要收集数据，需要掌握数据的收集方法，需要整理、表达数据，能根据实际情况选择合适的方法分析数据，并利用数据分析的结果做出恰当的判断。

根据上面对或然与必然思想方法教学的分析，可建立或然与必然思想方法教学目标管理系统，如图 2 - 10 所示。

或然与必然思想方法的教学目标管理系统表明，或然与必然思想方法是受辩证思想、数学模型思想支配的。或然与必然思想方法在整个初中数学教材中，主要是体现在"概率与统计"中，蕴含在数据的收集与整理、概率初步、数据的分析、概率的进一步认识四个章节，以及关注人口老龄化、哪个城市夏天更热、池塘里有多少条鱼三个综合实践课题中。由于小学阶段学生已初步学习了概率与统计的部分内容，更进一步的学习是在高中、大学阶段，初中学习的内容不多，难度要求也不大。故而或然与必然思想方法在初中数学教学中，对学生的要求以显化（领悟、形成）层次为主，渗透层次较少，运用层次更少。

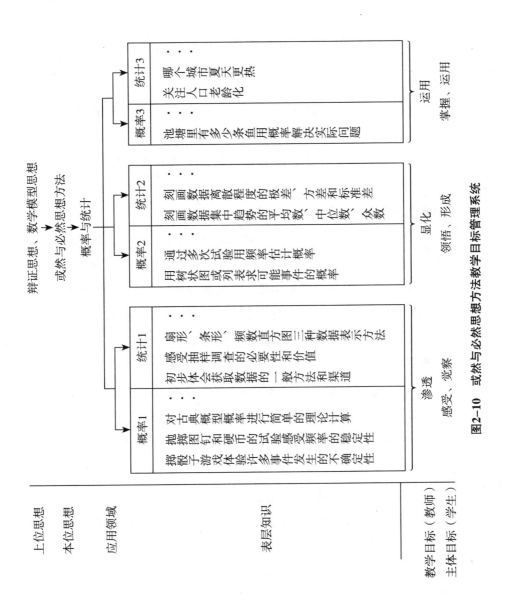

图2-10 或然与必然思想方法教学目标管理系统

二、或然与必然思想方法典型课例教学目标分析

（一）渗透（感受、觉察）阶段

【例2-35】 七年级下册第六章"概率初步"第二节"频率的稳定性"第1课时。

1. **教学目标**

（1）通过掷图钉活动，经历猜测、试验、收集试验数据、分析试验结果等过程，初步体会频率与概率的关系。

（2）通过试验，感受在试验次数很大时，随机事件发生的频率具有稳定性。

2. **基于数学思想方法的教学目标分析**

（1）通过掷图钉活动，经历猜测、试验、收集试验数据、分析试验结果等过程，使学生感受对于随机事件要研究其发生可能性的大小，可通过大量重复试验来观察其频率稳定在哪个常数附近；在具体的几次试验中，频率是不稳定的，而足够大量的试验时，频率会稳定在某一个常数附近，此时，频率又具有稳定性，且根据这个稳定的频率做出随机事件发生可能性大小的判断，渗透或然与必然思想方法。

（2）经历收集数据、表格呈现数据以及将数据绘制成折线统计图的过程，使学生形成运用图表呈现数据的策略，通过折线统计图能直观观察随着试验次数的增加，折线摆动的幅度越来越小，从而容易理解试验次数很大时，随机事件发生的频率会稳定在一个数附近，显化数形结合思想方法。

（二）显化（领悟、形成）阶段

【例2-36】 九年级上册第三章"概率的进一步认识"第二节"用频率估计概率"。

1. **教学目标**

（1）经历试验、统计等活动，感受随机现象的特点，进一步发展交流合作的意识和能力。

（2）能用试验频率估计一些随机事件发生的概率，进一步体会概率的意义。

2. 基于数学思想方法的教学目标分析

经历利用试验频率估计一些较复杂随机事件的概率的过程，使学生领悟对于难以用古典概型理论计算概率的问题，可以通过多次试验，用频率估计概率；随机事件在每次试验时结果是不确定的，体现或然性，而当试验次数足够大时，随机事件发生的频率具有稳定性，并据此可以估计某一随机事件发生的概率，体现必然性，显化或然与必然思想方法。

（三）运用（掌握、运用、内化）阶段

【例 2－37】 九年级上册综合实践"池塘里有多少条鱼"。

1. 教学目标

（1）进一步体会概率与统计之间的联系以及用样本去估计总体的统计思想。

（2）初步感受统计推断的合理性。

2. 基于数学思想方法的教学目标分析

（1）为了解决"估计池塘里鱼的数目"的问题，先研究一个类似但相对简单的摸球问题，并在摸球问题中提炼出相应的概率统计模型，学生掌握实际问题解决的策略，会分解问题的要素和关系，能够分析问题的实质，从中抽象出数学问题，建立数学模型，运用数学模型的数学建模。

（2）经历"估计池塘里鱼的数目"问题的抽象、建模、解决的过程，学生主动对问题进行分析，建立合适的概率运算模型，并内化或然中蕴含着必然、抽样与估算思想等，运用或然与必然思想方法。

（四）或然与必然思想方法教学目标案例一览表

或然与必然思想方法教学目标案例一览表见表 2－10。

表 2－10　或然与必然思想方法教学目标案例一览表

思想方法	目标	案例	册	章	课
或然与必然	渗透	例 2－35	七下	第六章	第二节"频率的稳定性"第 1 课时
	显化	例 2－36	九上	第三章	第二节"用频率估计概率"
	运用	例 2－37	九上	综合实践	"池塘里有多少条鱼"

数学思想方法蕴含于教材的知识内容及其教学过程之中。本篇对北师大版初中数学教材分章、节、课时进行了全面梳理，充分挖掘其中蕴含的符合初中阶段能力要求的，在教材中呈现频数较多的九种数学思想方法，尝试给出相应的教学目标层次，并将其逐一表述。这是数学思想方法教学目标管理系统构建的基础性工作，也便于一线教师掌握和理解数学思想方法教学，具有较强的实操性和借鉴价值。

第三章

实践篇

第一节　教材中蕴含的主要数学思想方法及教学目标层次的统计原则

数学思想方法蕴含于教材的知识内容及其教学过程之中。为便于教师掌握和理解数学思想方法教学，我们对初中数学北师大版六册教材分章、节、课时进行了全面梳理，充分挖掘其中蕴含的符合初中阶段能力要求的，在教材中呈现频数较多的九种数学思想方法，并尝试给出相应的教学目标层次。

统计是基于笔者对教材的理解，对数学思想方法的教学目标层次来做的判断，有一定的主观性，并非一成不变。但这项工作很重要，若能梳理统计出来，对我们进一步认识和把握数学思想方法教学有重要意义，为了确保统计的合理性和相对科学性，我们遵循以下四个原则。

一、主体性原则

统计范围限于教材正文，原则上不包括随堂练习、习题和章节复习题。因为对练习题的再次统计会造成大量重复，影响统计数据的准确性，而且某道练习题采用不同的解法，可能会体现不同的思想方法，难以进行统计。但是，如果某道练习题呈现了一些重要的而教材正文又没有体现的思想方法，则对这道练习题也做统计。

二、有效性原则

统计以课时内的环节为基本单位。教材正文一般包括引例、想一想、做一做、议一议、例题等环节，对同一种思想方法在不同环节中的呈现做分次统计。当同一种思想方法在同一个环节出现不止一次，若各次使用上有明显的区别，则分次统计；若各次使用上没有明显区别，则只做一次统计。例如，七年级上册第二章第 1 节"有理数"，教材提出对"加分与扣分""上涨量与下跌量""零上温度与零下温度"三个实际问题使用数学进行描述，其实是做了三次数学建模，但使用的都是数字和正负号，没有明显的区别，所以只做一次统计。而第 2 节"数轴"中的例 1 指出数轴上已知点所表示的数，是由形到数的思维过程，即以形助数，教学层次为渗透；例 2 用数轴上的点表示给定的各数，是由数到形的思维过程，即以数助形，教学层次为渗透。虽然两个例题都是渗透数形结合思想，但体现了数形结合的不同方面，所以做两次统计。

三、显著性原则

统计的数学思想方法应该是明显的。如果教材内容与数学思想方法联系不明显，或者是否蕴含其中容易引起争议，则不做统计。当某环节内容蕴含的思想方法之间具有上下位的关系时，则以上位思想是否显著为原则决定是否统计。例如，字母表示数是方程与函数的上位思想，体现方程与函数思想的环节必然含有字母表示数，因为用字母表示变量或未知量是非常直观的，所以在统计蕴含方程与函数思想的内容时，字母表示数虽然不做文字呈现，但需统计频数，教学层次统一定为渗透。又如，转换与化归是特殊与一般、数形结合的上位思想，但其体现并不直观、显著，所以在统计蕴含特殊与一般、数形结合的内容时，转换与化归不做文字呈现，也不统计频数。

四、有利性原则

统计的数学思想方法频数和教学层次，应有助于指导教师的教与学生的学。统计要充分挖掘教材内容、编写设计之中蕴含的数学思想方法；制定的教学层次要适应初中阶段学生的能力实际，以渗透为主，但多次反复渗透之后，一些思想方法可以适当地提高为显化甚至运用，以强化学生对思想方法的理解和掌握，同时要适应不同年级阶段的学生发展的状况，教学层次要求逐渐提高，以提升学生的数学素养。

第二节　教材中蕴含的主要数学思想方法及教学目标层次的具体表述

·七年级 上册·

第一章　丰富的图形世界

1. 生活中的立体图形

第 1 课时

数学模型：棱柱、棱、侧棱、柱等，属于概念原理类的数学模型，教学层次为渗透。

特殊与一般：引例，观察几个具体的几何体的特点，归纳出棱柱的概念，体现从特殊到一般的思想，教学层次为渗透。

分类讨论：

（1）"想一想"环节，对棱柱进行分类，根据底面图形的边数可分为三棱柱、四棱柱、五棱柱等，根据棱与底面是否垂直可分为直棱柱和斜棱柱，属于由图形的变化引起的分类，教学层次为渗透。

（2）习题 1.1 题 3，对几何体进行分类，可以按柱体、椎体、球体划分，也可以按组成面的平或曲划分，还可以有不同的划分标准，属于由图形的变化引起的分类，教学层次为渗透。

第 2 课时

没有明显体现某种数学思想方法。

2. 展开与折叠

第 1 课时

转换与化归：

（1）"做一做"环节，将一个正方体的表面沿某些棱剪开，展开成一个平面图形，将立体转化为平面，体现化归思想，教学层次为渗透。

（2）"想一想"环节，尝试将平面图形折叠，看能否围成一个正方体，将平面转换为立体，体现转换思想，教学层次为渗透。

分类讨论："做一做"环节，对一个正方体的表面沿某些棱剪开，对展开成的平面图形进行分类，若有四个面拼接在同一直线上，有 6 种形状；若有三个面拼接在同一直线上，有 4 种形状；若没有三个面或四个面拼接在同一直线上，只有 1 种形状，属于由图形的变化引起的分类讨论，教学层次为渗透。

第 2 课时

转换与化归：

（1）引例，将棱柱沿某些棱剪开，展开成一个平面图形，将立体转化为平面，体现化归思想，教学层次为渗透。

（2）"想一想"环节，尝试将平面图形折叠，看哪些平面图形经过折叠可以围成一个棱柱，将平面转换为立体，体现转换思想，教学层次为渗透。

类比："做一做"环节，按图示方法把圆柱、圆锥侧面展开会得到什么平面图形，体现类比思想。首先是方法的类比，像展开正方体和棱柱一样，采用的是剪开的方法；其次是概念的类比，正方体和棱柱是沿着棱剪开，而圆柱和圆锥是沿着母线剪开，这里是将棱和母线的概念做类比，属于简单共存类比，教学层次为渗透。

3. 截一个几何体

数学模型：截面，属于概念原理类的数学模型，教学层次为渗透。

转换与化归：用一个平面去截立体图形，将几何体转化为平面图形，从平面的角度去研究几何体，将立体转化为平面，将三维转化为二维，体现化归思想，教学层次为渗透。

分类讨论："做一做"环节，用一个平面去截正方体，不同截法所得的平面图形形状不同，属于由图形的变化引起的分类讨论，教学层次为渗透。

4. 从三个方向看物体的形状

转换与化归：

（1）引例，通过从正面、左面和上面三个不同方向看立方体的简单组合体，将几何体形状转化为平面图形进行研究，将立体转化为平面，体现化归思想，教学层次为渗透。

（2）"议一议"环节，给出从上面和从左面看到的几何体的形状图，想象几何体由几个小立方体构成，将平面转换为立体，体现转换思想，教学层次为渗透。

分类讨论： "议一议"环节，给出从上面和从左面看到的几何体的形状图，想象几何体由几个小立方体构成，由于没有从正面看的形状图，所以几何体的形状并不是唯一确定，需要进行分类讨论解决，属于由图形的变化引起的分类讨论，教学层次为显化。

第二章　有理数及其运算

1. 有理数

数学模型：

（1）负数、有理数，属于概念原理类的数学模型，教学层次为渗透。

（2）引例，将"加分与扣分""上涨量与下跌量""零上温度与零下温度"等实际问题，抽象为运用数字和正负号进行表示，属于数学模型的建模，教学层次为渗透。

（3）例题，将"转动转盘""乒乓球质量检测""大米重量误差"等实际问题，抽象为运用数字和正负号进行表示，属于数学模型的建模，教学层次为渗透。

特殊与一般： 引例，分析在"熟悉的生活生产"例子中表示相反意义的量的处理方式，用归纳法得出负数的概念，体现从特殊到一般的思想，教学层次为渗透。

分类讨论： "做一做"环节，将所学过的数进行分类，有理数可分为整数和分数，整数和分数根据正负又可以进一步分类，属于由数学原理的限制引起的分类讨论，使学生理解有理数分类的必要性，理解根据不同的分类标准会产生不同的分类结果，明确分类讨论思想的名称和内涵，教学层次为显化。

集合与对应：随堂练习题2，提出所有正数组成正数集合，所有负数组成负数集合，所有整数组成整数集合，所有分数组成分数集合，并把一些数填入相应的集合中，体现集合与对应思想。此处也体现了分类讨论思想，而分类讨论思想的上位正是集合与对应思想。集合概念要到高中阶段才明确提出，初中阶段只在练习中提及，教学层次仅限于渗透。

2. 数轴

数学模型：

（1）数轴，属于概念原理类的数学模型，教学层次为渗透。

（2）有理数可以用数轴上的一个点表示，数轴上两个点的大小关系，属于概念原理类的数学模型，教学层次为渗透。

特殊与一般：

（1）引例，"想一想"环节，尝试用数轴上的点表示几个具体的数字，归纳出任何一个有理数都可以用数轴上的一个点表示，体现从特殊到一般的思想，教学层次为渗透。

（2）例2，用数轴上的点表示几个具体数字，并分析数字大小与数轴位置的关系，归纳出数轴上两个点表示的数的大小关系，体现从特殊到一般的思想，教学层次为渗透。

（3）"做一做"环节，运用数轴上两个点表示的数的大小关系的定理，比较几组数的大小，体现从一般到特殊的思想，教学层次为渗透。

数形结合：

（1）任何一个有理数都可以用数轴上的一个点表示，由数到形，属于数形结合的以形助数，教学层次为渗透。

（2）例1，指出数轴上已知点所表示的数，由形到数，属于数形结合的以数助形，教学层次为渗透。

（3）例2，用数轴上的点表示给定的各数，由形到数，属于数形结合的以数助形，教学层次为渗透。

（4）数轴上两个点表示的数，右边的总比左边的大，借助点的位置关系判断数的大小关系，属于数形结合的以形助数，使学生初步感受数轴的形与有理数的数存在对应关系。由于学生是初次接触，教学重点应放在数轴知识本身，对数形结合思想方法不明确提出名称和特征，教学层次为渗透。

分类讨论：以正、负、零为标准，将有理数分为正数、零、负数三类，并分别讨论三类数与原点的位置关系，比较相互之间的大小关系，属于由数学原理的限制条件引起的分类讨论，教学层次为渗透。

类比：类比温度计的零点、刻度、上正下负，抽象出数轴的三要素：原点、单位长度和方向，属于简单共存类比，教学层次为渗透。

集合与对应：数轴的引入使有理数和直线上的点建立起一一对应的关系，体现对应思想，教学层次为渗透。

3. 绝对值

教学模型：

（1）相反数、互为相反数、绝对值，属于概念原理类的数学模型，教学层次为渗透。

（2）绝对值的法则，属于概念原理类的数学模型，教学层次为渗透。

（3）两个负数比较大小，绝对值大的反而小，属于概念原理类的数学模型，教学层次为渗透。

特殊与一般：

（1）引例，观察几组数的数字特征，发现每组的两个数只有符号不同，归纳出相反数的概念，体现从特殊到一般的思想，教学层次为渗透。

（2）"议一议"环节，将互为相反数的三组数用数轴上的点表示出来，分析其位置关系，发现两个点位于原点的两侧，且与原点的距离相等，归纳出绝对值的概念，体现从特殊到一般的思想，教学层次为渗透。

（3）"想一想"环节，在"议一议"环节的基础上，归纳出一般性结论：互为相反数的两个数的绝对值相等，体现从特殊到一般的思想，教学层次为渗透。

（4）例1，求出一些数的绝对值；将"议一议"环节推广至一般情况——一个数的绝对值与这个数的关系，并归纳出绝对值的法则，体现从特殊到一般的思想，教学层次为渗透。

（5）"做一做"环节，在数轴上表示若干负数，并比较它们的大小，归纳出"两个负数比较大小，绝对值大的反而小"，体现从特殊到一般的思想，教学层次为渗透。

（6）例2，运用负数比较法则，解决比较两组负数大小的问题，体现从一般到特殊的思想，教学层次为渗透。

数形结合：

（1）"议一议"环节，在数轴上，表示互为相反数的两个点，位于原点的两侧，且与原点的距离相等，借助数轴表示从形的角度理解相反数，从几何角度刻画相反数的意义，不止关注互为相反数的两个数形式上的关系，更关注数轴上表示这两个数的点之间的位置关系，从而对概念的理解更加准确和完整，属于数形结合的以形助数，教学层次为渗透。

（2）"想一想"环节，借助数轴，从距离出发定义绝对值，突出了相反数、绝对值两个概念之间的紧密联系——互为相反数的两个数就是绝对值相等而符号不同的两个数，属于数形结合的以形助数，教学层次为显化。

分类讨论：以正、负、零为标准，将有理数分为正数、零、负数三类，并分别讨论当一个数为正数、负数和零时，其绝对值与原数的关系，属于由数学原理的限制条件引起的分类讨论，教学层次为渗透。

字母表示数："想一想"环节，如果用 a 表示有理数，则 a 的绝对值可以表示为 $|a|$，属于用字母泛指数集中的一个数，教学层次为渗透。

4. 有理数的加法

第 1 课时

数学模型：有理数加法法则，属于概念原理类的数学模型，教学层次为渗透。

特殊与一般：

（1）引例，利用正负抵消的形象化演示以及根据具体特例的计算结果，归纳出有理数的加法法则，体现从特殊到一般的思想，教学层次为渗透。

（2）例 1，运用有理数加法法则，解决一些具体的有理数的加法计算，体现从一般到特殊的思想，教学层次为渗透。

分类讨论：有理数加法法则。以相加两数的符号是否相同为标准，可以分为同号两数相加、异号两数相加、同 0 相加三种情况；异号两数相加，又以绝对值相等或不等为标准分为两种情况；分别讨论每种情况的加法结果，整合可得有理数的加法法则。属于由数学原理的限制条件引起的分类讨论，教学层次为渗透。

第 2 课时

数学模型：

（1）加法交换律、加法结合律，属于概念原理类的数学模型，教学层次为渗透。

（2）例 3，将求一批食品罐头的总质量的实际问题，先利用数学表格呈现数据，再利用直接求和，或设置基准后用正负数表示具有相反意义的量的方法加以解决，属于数学模型的建模，教学层次为渗透。

转换与化归：

（1）"想一想"环节，加法的交换律和结合律，改变加法运算的顺序，使算式在形式上发生变化，体现转换思想，教学层次为渗透。

（2）例 2，运用加法的交换律和结合律，改变加法运算的顺序，使运算变得简便，体现转换思想，教学层次为渗透。

特殊与一般：

（1）"做一做"环节，计算几个含有负数的加法算式，归纳出在有理数运算中，加法的交换律、结合律仍然成立，将交换律、结合律从正数的特殊情况推广至有理数的一般情况，并用字母表示运算律，体现从特殊到一般的思想，教学层次为渗透。

（2）例 2，运用加法的交换律、结合律，进行具体的有理数加法计算，体现从一般到特殊的思想，教学层次为渗透。

字母表示数：分别用 a、b、c 表示任一有理数，则加法交换律可以表示为 $a + b = b + a$，加法结合律可以表示为 $(a + b) + c = a + (b + c)$，属于用字母泛指某个数集中的一个数，教学层次为渗透。

5. 有理数的减法

数学模型：

（1）有理数减法法则，属于概念原理类的数学模型，教学层次为渗透。

（2）例 2，将比较珠穆朗玛峰与盆地高度相差多少的实际问题抽象为求两个有理数的差的数学问题，并利用有理数减法法则解决，属于数学模型的建模，教学层次为渗透。

（3）例 3，将五个小组游戏比较得分相差多少的实际问题抽象为求两个有理数的差的数学问题，属于数学模型的建模，教学层次为渗透。

转换与化归：有理数减法法则：减去一个数，等于加上这个数的相反数。将减法运算统一为加法运算，将未知转化为已知，体现化归思想，使学生感受运算的转化与统一。由于是初次接触，此处的感受是内隐的、不明晰的，可以留待有理数除法转化为乘法时才将其外显化、明晰化，教学层次为渗透。

特殊与一般：

（1）引例，计算几组有理数减法式子，比较每行的两个算式的数字及计算结果，归纳出有理数减法法则，体现从特殊到一般的思想，教学层次为渗透。

（2）例1，运用有理数减法法则，解决具体的有理数减法计算题，体现从一般到特殊的思想，教学层次为渗透。

（3）例2，运用有理数减法法则，解决比较珠穆朗玛峰与盆地高度差的问题，体现从一般到特殊的思想，教学层次为渗透。

（4）例3，运用有理数减法法则，解决五个小组游戏比较得分相差多少的问题，体现从一般到特殊的思想，教学层次为渗透。

6. 有理数的加减混合运算

第1课时

特殊与一般：例1，运用有理数加法、减法法则以及有理数加法的交换律、结合律等，解决具体的有理数加减混合运算问题，体现从一般到特殊的思想，教学层次为渗透。

第2课时

数学模型：

（1）引例，用表格呈现飞机起飞后高度的变化情况，并将求飞机最终高度的实际问题抽象为有理数的加减混合运算，属于数学模型的建模，教学层次为渗透。

（2）"做一做"环节，用表格呈现某市汽油价格的调整情况，并将求价格变化多少的实际问题抽象为有理数的加减混合运算，属于数学模型的建模，教学层次为渗透。

转换与化归：明确提出有理数的加减混合运算可以统一成加法运算，即将减法问题转化为加法问题，且加法运算可以写成省略括号及前面加号的形式，将未知化为已知，体现化归思想，教学层次为显化。

特殊与一般：

（1）引例，分析由实际问题所得的两个算式，发现两算式结果相等，归纳出有理数的加减混合运算可以统一成加法运算，体现从特殊到一般的思想，教学层次为渗透。

（2）例2，运用加减混合运算可以统一成加法的结论，解决具体的有理数混合运算的计算题，体现从一般到特殊的思想，教学层次为渗透。

（3）"做一做"环节，运用加减混合运算可以统一成加法的结论，解决具体的某市汽油价格变化情况的实际问题，体现从一般到特殊的思想，教学层次为渗透。

第3课时

数学模型：将分析河流水位变化的实际问题，利用数学数据、表格、折线图等方式表示，并运用有理数的加减混合运算解决，属于数学模型的建模，教学层次为渗透。

数形结合：利用折线图表示水位变化的数据，将水位变化情况直观呈现，由数到形，属于数形结合的以形助数，教学层次为渗透。

7. 有理数的乘法

第1课时

数学模型：

（1）倒数、互为倒数，属于概念原理类的数学模型，教学层次为渗透。

（2）有理数乘法法则，属于概念原理类的数学模型，教学层次为渗透。

（3）引例，将求水库水位升降变化总量的实际问题抽象为有理数的加减或乘法运算，属于数学模型的建模，教学层次为渗透。

转换与化归：

（1）引例，将几个同样的数相加的问题转化为乘法问题解决，体现化归思想，教学层次为渗透。

（2）例2，计算三个有理数相乘，先将其中两数相乘，所得结果再与第三个数相乘，将三个数相乘问题转化为两数相乘问题，将未知转化为已知，体现化归思想，教学层次为渗透。

特殊与一般：

（1）"议一议"环节，计算具体的几个有理数乘法式子，并通过观察和比较特例中符号、绝对值的变化规律，归纳出有理数的乘法法则，体现从特殊到一般的思想，教学层次为渗透。

（2）例1，运用有理数乘法法则，解决两个有理数相乘的计算问题，体现从一般到特殊的思想，教学层次为渗透。

（3）例2，运用有理数乘法法则，解决三个有理数相乘的计算问题，体现从一般到特殊的思想，教学层次为渗透。

（4）有理数乘法法则：两数相乘，同号得正，异号得负。"议一议"环节，进一步研究，几个有理数相乘，因数都不为0时，积的符号怎样确定，将两个有理数相乘确定符号的法则推广至 n 个数，体现从特殊到一般的思想。在之前有理数加减法法则探究时多次重复从特殊到一般的基础上，使学生领悟有理数运算法则探究的思路和方法，甚至推广为一般性问题探究的策略，明确提出特殊与一般思想方法，理解其内涵及作用，教学层次为显化。

分类讨论：以相乘两个有理数的符号是同号、异号或是0等为标准，将两数相乘分为三种情况，对相乘结果和符号做分类讨论，整合可得有理数乘法法则，属于由数学原理的限制条件引起的分类讨论，教学层次为渗透。

集合与对应：习题2.10题2，把图中第一个圈的每个数分别乘以一个数，将结果写在第二个圈内对应位置，每个数乘以一个数后，乘积结果是唯一对应的，体现对应思想，而对应思想是函数思想的上位思想，教学层次为渗透。

第2课时

数学模型：乘法的交换律、乘法的结合律、乘法对加法的分配律，属于概念原理类的数学模型，教学层次为渗透。

特殊与一般：

（1）"做一做"环节，计算几个具体的有理数乘法算式，并比较算式的形式和结果，归纳出在有理数运算中，乘法的交换律、结合律以及分配律依然成立，体现从特殊到一般的思想，教学层次为渗透。

（2）例3，运用乘法分配律、结合律及分配律，解决具体的有理数乘法的计算问题，体现从一般到特殊的思想，教学层次为渗透。

字母表示数：分别用 a、b、c 表示任一有理数，则乘法交换律表示为 $a \times b = b \times a$，乘法结合律表示为 $(a \times b) \times c = a \times (b \times c)$，乘法对加法的分配律表示为 $a \times (b + c) = a \times b + a \times c$，用字母表示数使得乘法运算律简明清晰，属于

用字母泛指某个数集中的一个数,教学层次为渗透。

8. 有理数的除法

数学模型:有理数除法法则,属于概念原理类的数学模型,教学层次为渗透。

转换与化归:除以一个数等于乘以这个数的倒数,将有理数除法转化为乘法处理,将乘除法统一为乘法,将未知转化为已知,体现化归思想,教学层次为显化。

特殊与一般:

(1)"想一想"环节,计算几个有理数除法的式子,观察其结果,分析商的符号及其绝对值与被除数和除数的关系,归纳出两个有理数相除的除法法则,体现从特殊到一般的思想,教学层次为显化。

(2)例1,运用有理数除法法则,解决具体的有理数除法的计算问题,体现从一般到特殊的思想,教学层次为显化。

(3)"做一做"环节,计算几组除法算式,比较算式的形式和结果,归纳出有理数除法的第二个法则:除以一个数等于乘以这个数的倒数,体现从特殊到一般的思想,教学层次为显化。

(4)例2,运用有理数除法法则,解决几组除法计算题,体现从一般到特殊的思想,教学层次为显化。

分类讨论:以相除两个有理数的符号是同号、异号或是0等为标准,将有理数相除分为三种情况,并分别讨论相除结果和符号,整合可得有理数除法法则,属于由数学原理的限制条件引起的分类讨论,教学层次为渗透。

类比:有理数除法法则,可以类比有理数乘法法则去学习及进行乘法运算,属于综合类比,教学层次为显化。

集合与对应:习题2.12题3,把图中第一个圈的每个数分别除以一个数,将结果写在第二个圈内对应位置,每个数除以一个数,所得结果是唯一的,体现对应思想,教学层次为渗透。

9. 有理数的乘方

第1课时

数学模型:

(1)乘方,属于概念原理类的数学模型,教学层次为渗透。

（2）引例，将细胞分裂的实际问题抽象为用数学乘方的方法表示和解决，属于数学模型的建模，教学层次为渗透。

特殊与一般：

（1）引例，将10个2的相乘记作2^{10}，推广至n个a相乘记作a^n，归纳出乘方概念，体现从特殊到一般的思想，教学层次为显化。

（2）例1，运用乘方的概念，解决乘方的计算问题，体现从一般到特殊的思想，教学层次为显化。

字母表示数： 用字母表示幂的底数和指数，则n个a相乘记作a^n，属于用字母泛指某个数集中的一个数，教学层次为显化。

第2课时

数学模型：

（1）"做一做"环节，将求对折多次后的纸厚度的实际问题，利用数学乘方的方法表示和解决，属于数学模型的建模，教学层次为渗透。

（2）第二个"想一想"环节，将求拉面条数的实际问题，利用数学乘方的方法表示和解决，属于数学模型的建模，教学层次为渗透。

数形结合： 习题2.14题3，利用正方形纸片切割的具体图形，解决乘方之和的问题，此处不以图形协助则很难简便解决问题，由数到形，属于数形结合的以形助数，教学层次为显化。

10. 科学记数法

数学模型：

（1）科学记数法，属于概念原理类的数学模型，教学层次为渗透。

（2）"做一做"环节，将求国家图书馆藏书要多少个藏书架的实际问题，利用数学的科学记数法表示并解决，属于数学模型的建模，教学层次为渗透。

特殊与一般：

（1）引例，借用乘方的形式表示大数的特殊例子，归纳出科学记数法，体现从特殊到一般的思想，教学层次为渗透。

（2）例1，运用科学记数法表示几组大的数据，体现从一般到特殊的思想，教学层次为渗透。

（3）"做一做"环节，运用科学记数法表示国家图书馆藏书量，并计算需要多少个藏书架，体现从一般到特殊的思想，教学层次为渗透。

字母表示数： 一个大于 10 的数可以表示成 $a \times 10^n$ 的形式，其中 $1 \leqslant a \leqslant 10$，$n$ 是正整数，属于用字母泛指某个数集中的一个数，教学层次为渗透。

11. 有理数的混合运算

数学模型： 有理数混合运算法则，属于概念原理类的数学模型，教学层次为渗透。

特殊与一般：

（1）例 1，运用有理数混合运算法则，解决混合运算的问题，体现从一般到特殊的思想，教学层次为渗透。

（2）例 2，运用有理数混合运算法则，解决混合运算的问题，体现从一般到特殊的思想，教学层次为渗透。

12. 用计算器进行运算

没有明显体现某种数学思想方法。

第三章　整式及其加减

1. 字母表示数

数学模型： 引例，将搭建正方形个数与所需火柴棒的数量之间的关系，运用数学字母表示数的方法表示，得出两者之间的关系，属于数学模型的建模，教学层次为渗透。

特殊与一般： 引例，首先探究搭 2 个正方形需要多少根火柴棒，再探究搭 3 个正方形需要多少根，再到 10 个、100 个，最后推广至搭 x 个正方形需要多少根火柴棒，体现从特殊到一般的思想，教学层次为显化。

数形结合： 结合搭出的正方形图形，形象直观地表示出正方形个数与所需火柴棒数量之间的关系，而且对图形的不同理解，所列出的关系式也不相同，经过整理后，却又能得到相同的代数式，属于数形结合的以形助数，教学层次为显化。

字母表示数：

（1）引例，用 x 表示所搭正方形的个数，则搭正方形需要用多少根火柴棒可以用含有 x 的式子表示，这样能把火柴棒数量和正方形个数的关系简明地表示出来，为描述和研究问题带来方便，体现了字母表示数的优越性，教学层次为渗透。

（2）明确提出"字母可以表示任何数"，使学生在前面反复应用字母表示数的基础上，形成明确的、理性的认识，字母表示数集中的任意一个数是字母表示数思想方法的第一层次，将在后续方程、函数等知识的学习中继续深化，教学层次为显化。

2. 代数式

第1课时

数学模型：

（1）代数式，属于概念原理类的数学模型，教学层次为渗透。

（2）例题，将求公园门票的实际问题抽象为用字母表示列出代数式，并代入求值解决问题，属于数学模型的建模，教学层次为渗透。

特殊与一般：抽象后的代数式 $10x+5y$ 能表现一般数量关系，可用以表示很多具体问题的数量关系，体现从一般到特殊的思想，教学层次为显化。

字母表示数：

（1）引例，列举的式子，运用符号把数和字母连接而成，是字母表示数的一些具体例子，教学层次为渗透。

（2）"想一想"环节，给出代数式 $10x+5y$，随堂练习题1给出代数式 $6p$，思考其表示的实际意义，简单的代数式可以解释无数的实际背景和几何意义，有助于发展符号意识，教学层次为显化。

第2课时

方程与函数："数值转换机"事实上就是一个程序或算法，可以直观形象地体现字母取值的变化与代数式的值之间的对应关系，体现函数思想，教学层次为渗透。

字母表示数：数值转换机情境中，字母可以表示输入的数，也可以表示运算过程，还可以表示运算结果，教学层次为渗透。

3. 整式

数学模型：

（1）单项式、多项式、整式、单项式的系数、单项式的次数、多项式的项、多项式的次数等，属于概念原理类的数学模型，教学层次为渗透。

（2）引例，将窗户采光面积的实际问题抽象为运用数学整式的方法进行表示和解决，属于数学模型的建模，教学层次为渗透。

（3）"做一做"环节，将铺草坪、冰块体积、销售等实际问题抽象为运用数学整式的方法进行表示和解决，属于数学模型的建模，教学层次为渗透。

（4）"议一议"环节，将窗户采光面积的实际问题抽象为运用数学整式的方法进行表示和解决，属于数学模型的建模，教学层次为渗透。

特殊与一般：观察特殊而具体的例子，分析其数字特征，归纳出单项式、多项式、整式等概念，体现从特殊到一般的思想，教学层次为渗透。

分类讨论：随堂练习，代数式可以分为单项式、多项式两类，将列出的代数式分别填入不同的圈中，属于由概念定义的限制条件引起的分类，教学层次为渗透。

字母表示数：引例，"做一做"环节，在实际背景问题中，进一步理解字母表示数的意义，认识代数式的表示作用，教学层次为渗透。

4. 整式的加减

第1课时

数学模型：

（1）同类项、合并同类项，属于概念原理类的数学模型，教学层次为渗透。

（2）合并同类项法则，属于概念原理类的数学模型，教学层次为渗透。

特殊与一般：

（1）引例，比较具体的两个数式，分析其字母和字母指数的特征，归纳出同类项的概念，体现从特殊到一般的思想，教学层次为渗透。

（2）"议一议"环节，运用同类项的概念辨析两个数式是否为同类项，体现从一般到特殊的思想，教学层次为渗透。

（3）例1，计算几个具体的同类项加法的例子，比较其结果系数与加数系数的关系，归纳出合并同类项的法则，体现从特殊到一般的思想，教学层次为渗透。

（4）例2，运用合并同类项法则解决具体的合并同类项问题，体现从一般到特殊的思想，教学层次为渗透。

数形结合：引例，借助两个小长方形组合成大长方形的图形的面积关系，帮助理解代数式的合并同类项，属于数形结合的以形助数，教学层次为渗透。

第 2 课时

数学模型：去括号法则，属于概念原理类的数学模型，教学层次为渗透。

转换与化归：去括号使代数式得到化简，是从复杂到简单的过程，体现化归思想，教学层次为渗透。

特殊与一般：

（1）引例，通过具体的运算例子，归纳出去括号法则，体现从特殊到一般的思想，教学层次为渗透。

（2）例 3，运用去括号法则，解决化简式子的具体问题，体现从一般到特殊的思想，教学层次为渗透。

分类讨论：去括号时，以括号前是正号或负号为标准可分为两类，分别讨论两种情况去括号的结果，整合得到去括号法则，属于由数学原理的限制条件引起的分类讨论，教学层次为渗透。

第 3 课时

特殊与一般：例 4，运用整式加减运算法则"先去括号，再合并同类项"，计算具体的整式运算，体现从一般到特殊的思想，教学层次为显化。

字母表示数：

（1）引例，提出一个两位数的数字游戏，如果不使用字母表示数则很难解决，而使用字母表示时，则较容易表示和得出其数量关系，很好地体现了用字母表示数的优越性，有助于发展符号意识，教学层次为运用。

（2）"做一做"环节，提出一个三位数的数字游戏，运用字母表示数，探究其变化的规律，教学层次为运用。

5. 探索与表达规律

第 1 课时

字母表示数：根据日历中以不同方框截得的数据，寻找不同的数字规律，运用字母表示并借助字母运算验证其规律，感受用字母表示数的优越性，教学层次为运用。

第 2 课时

字母表示数：设计数字游戏，给定规律，用字母表示并借助运算解释规律，从数学的角度分析规律，体现字母表示数的自觉运用，使学生在本章反复显化、应用的基础上，内化形成一种策略——运用字母表示数有助于规律探究和问题的一般化，教学层次为运用。

第四章　基本平面图形

1. 线段、射线、直线

数学模型：

（1）线段、射线、直线等，属于概念原理类的数学模型，教学层次为渗透。

（2）经过两点有且只有一条直线，该公理由生活经验得出，是认识几何的基础，属于概念原理类的数学模型，教学层次为渗透。

2. 比较线段的长短

数学模型：

（1）两点之间的距离、中点，属于概念原理类的数学模型，教学层次为渗透。

（2）两点之间线段最短，属于概念原理类的数学模型，教学层次为渗透。

（3）"议一议"环节，将比较树高、铅笔长的实际问题抽象为比较两条线段之间的长度，并运用测量或叠合的方法比较，属于数学模型的建模，教学层次为渗透。

转换与化归：例题，用尺规作一条线段等于已知线段，从作图步骤到示图是将文字语言转换为几何语言，体现转换思想，教学层次为渗透。

3. 角

数学模型：

（1）角、顶点、平角、周角等，属于概念原理类的数学模型，教学层次为渗透。

（2）角度的单位互化的法则，属于概念原理类的数学模型，教学层次为渗透。

特殊与一般：运用角度的单位互化的法则，计算一些具体角度的转化，体现从一般到特殊的思想，教学层次为渗透。

4. 角的比较

数学模型：角的平分线，属于概念原理类的数学模型，教学层次为渗透。

类比：

（1）为解决比较角的大小的问题，可以类比线段比较的方法，例如通过直接观察、测量和叠合等方法，明确提出运用类比思想解决新问题，属于简单共存类比，教学层次为运用。

（2）类比学习线段垂直平分线概念的方法，学习角平分线的概念，属于简单共存类比，教学层次为显化。

5. 多边形和圆的初步认识

数学模型：多边形、对角线、正多边形、圆、圆弧、圆心角等，属于概念原理类的数学模型，教学层次为渗透。

特殊与一般："议一议"环节，观察图中几个多边形，分析其边、角的特点，归纳出正多边形的概念，体现从特殊到一般的思想，教学层次为渗透。

第五章　一元一次方程

1. 认识一元一次方程

第 1 课时

数学模型：

（1）一元一次方程、方程的解，属于概念原理类的数学模型，教学层次为渗透。

（2）引例，给出多个实际问题，用字母表示待求的未知量，根据数量之间的等量关系建立一个含有字母的等式，属于数学模型的建模，教学层次为渗透。

特殊与一般："议一议"环节，观察所建立的方程实例的未知数和指数的特征，归纳出一元一次方程的概念，体现从特殊到一般的思想，经过前面的反复渗透，教学层次为显化。

方程与函数：通过多个实际问题的分析，归结为用方程表达其中的等量关系，突出方程是刻画现实世界数量关系的有效的数学模型，体现方程思想，使学生初步感受方程思想中用字母表示数、寻找等量关系建立方程的核心。由于学生初次接触一元一次方程，教学重点应放在一元一次方程概念的理解、辨析以及方程方法与算术方法的比较，不明确提出方程思想方法，教学层次为渗透。

字母表示数：方程必然含有用字母表示数，之后只做统计，不做呈现。

第 2 课时

数学模型：等式的基本性质，属于概念原理类的数学模型，教学层次为渗透。

转换与化归：本课时求解一元一次方程，就是根据等式的基本性质，将方程进行变形，最终化为 $x = a$ 的形式，即使未知数的系数化为 1，这是有目的、有方向的转化，体现化归思想，教学层次为渗透。

特殊与一般：

（1）例 1，运用等式的基本性质求解具体的一元一次方程，体现从一般到特殊的思想，教学层次为渗透。

（2）例 2，运用等式的基本性质求解具体的一元一次方程，体现从一般到特殊的思想，教学层次为渗透。

分类讨论：以等式两边同时加（或减）同一个数，同时乘以同一个数（或除以同一个不为零的数），将等式的基本性质分为两种情况，属于由数学原理的限制条件引起的分类讨论，教学层次为渗透。

字母表示数：运用字母表示等式的基本性质，若 $x = y$，则 $x \pm z = y \pm z$，$cx = cy$，$\dfrac{x}{c} = \dfrac{y}{c}$（$c$ 为非零常数），教学层次为显化。

2. 求解一元一次方程

第 1 课时

数学模型：移项法则，属于概念原理类的数学模型，教学层次为渗透。

转换与化归：

（1）引例，移项使方程形式发生转化，这个转化是具有方向性的，即使含有未知数的项移到等号的左边，常数项移到等号的右边，体现化归思想，教学层次为渗透。

（2）例 1，本课时求解一元一次方程，即运用移项、合并同类项、未知数化为 1 等步骤，将一个一元一次方程逐步转化为 $x = a$ 的形式，体现化归思想，教学层次为渗透。

（3）例 2，求解一元一次方程，体现化归思想，教学层次为渗透。

特殊与一般：

（1）引例，比较分析具体方程的移项结果，归纳出移项法则，体现从特殊到一般的思想，教学层次为显化。

（2）例1，运用移项法则求解具体的一元一次方程，体现从一般到特殊的思想，教学层次为渗透。

（3）例2，运用移项法则求解具体的一元一次方程，体现从一般到特殊的思想，教学层次为显化。

第2课时

数学模型：引例，将求饮料价钱的实际问题抽象为用数学方程的方法加以解决，属于数学模型的建模，教学层次为渗透。

转换与化归：

（1）例3，通过去分母、去括号、移项、合并同类项、未知数化为1等步骤，将一个一元一次方程逐步转化为 $x = a$ 的形式，体现化归思想，教学层次为渗透。

（2）例4，解方程，体现化归思想，教学层次为渗透。

方程与函数：引例，求饮料价钱的实际问题，用字母表示待求的未知量，并根据等量关系列出方程，进一步体会方程是刻画现实世界数量关系的重要数学模型，体现方程思想，教学层次为渗透。

第3课时

数学模型：解一元一次方程的步骤，属于概念原理类的数学模型，教学层次为渗透。

转换与化归：

（1）明确提出解一元一次方程一般要通过去分母、去括号、移项、合并同类项、未知数化为1等步骤，将一个一元一次方程逐步转化为 $x = a$ 的形式，这是有目的、有方向的转化，体现化归思想，教学层次为显化。

（2）例5，解方程，体现化归思想，教学层次为渗透。

（3）例6，解方程，体现化归思想，教学层次为渗透。

特殊与一般：

（1）例5，通过两个具体一元一次方程的求解，归纳出解一元一次方程的步骤，体现从特殊到一般的思想，经过前面多次反复的渗透，此处教学层次应为显化。

（2）例6，运用解一元一次方程的步骤求解具体的一元一次方程，体现从

101

一般到特殊的思想，经过前面多次反复的渗透，此处教学层次为显化。

3. 应用一元一次方程——水箱变高

数学模型：

（1）引例，将求水箱变高多少的实际问题抽象为用代数式表示数量关系，并根据等量关系建立方程解决，属于数学模型的建模，教学层次为显化。

（2）例题，将用铁丝围成的长方形边长的实际问题，通过建立方程模型解决，属于数学模型的建模，教学层次为显化。

方程与函数：

（1）引例，提出水箱变高的具体情境，通过设置待求解的未知量，寻找等量关系建立方程，再通过方程的变形求解，从而解决实际问题，体现方程思想，教学层次为渗透。

（2）例1，提出围长方形求其边长的具体情境，通过建立方程求解，体现方程思想，教学层次为显化。

4. 应用一元一次方程——打折销售

数学模型：

（1）引例，"想一想"环节，将求服装成本的实际问题抽象为用代数式表示数量关系，并根据等量关系建立方程解决，属于数学模型的建模，教学层次为显化。

（2）例题，将求商品原价的实际问题，通过建立方程模型解决，属于数学模型的建模，教学层次为显化。

方程与函数：

（1）引例，"想一想"环节，将求服装成本的实际问题，通过设置待求解的未知量，寻找等量关系建立方程，再通过方程的变形求解，从而解决实际问题，体现方程思想，教学层次为渗透。

（2）例题，将求商品原价的实际问题，通过建立方程求解，体现方程思想，教学层次为显化。

5. 应用一元一次方程——希望工程

数学模型：

（1）引例，"议一议"环节，将求成人票与学生票各多少的实际问题，抽象为用代数式表示数量关系，并根据等量关系建立方程解决，属于数学模型的建模，教学层次为显化。

（2）第二个"议一议"环节，提出用一元一次方程解决实际问题的一般步骤，从实际问题到数学问题，经历一个抽象和寻找等量关系的过程，这个抽象过程即是数学建模的过程，教学层次为显化。

方程与函数：

（1）引例，"议一议"环节，提出希望工程售票的具体情境，通过设置待求解的未知量，寻找等量关系建立方程，再通过方程的变形求解，从而解决实际问题，体现方程思想，教学层次为显化。

（2）第二个"议一议"环节，提出用一元一次方程解决实际问题的一般步骤框架图，从实际问题到数学问题，经历一个抽象和寻找等量关系的过程；从一元一次方程到一元一次方程的解，经历一个化归和解方程的过程，最后要用所得的解来解释实际问题，很好地体现了方程思想，教学层次为显化。

6. 应用一元一次方程——追赶小明

数学模型：将求爸爸何时追赶上小明的实际问题，利用线段图分析数量关系，并运用数学方程的方法表示和解决，属于数学模型的建模，教学层次为显化。

方程与函数：提出爸爸追赶小明的具体情境，通过设置待求解的未知量，寻找等量关系建立方程，再通过方程的变形求解，从而解决实际问题，体现了方程思想。在反复运用方程思想表示和解决实际问题的基础上，使学生明确当所求的是确定的未知数的值时，应考虑方程方法，并掌握运用方程思想解决实际问题的方法和步骤，教学层次为运用。

第六章　数据的收集与整理

1. 数据的收集

数形结合：引例，根据某市用水趋势折线统计图，可以直观看出某市的用水变化趋势；根据小明绘制的扇形统计图和条形统计图，可以读出相关数据，由形到数，属于数形结合的以形助数，教学层次为渗透。

或然与必然：

（1）引例，通过小明绘制的调查统计图，提出哪个年龄段的人最具有节水意识，是以样本估计总体，体现或然与必然思想，教学层次为渗透。

（2）"想一想"环节，提出的几个问题都是以样本估计总体，体现或然与必然思想，教学层次为渗透。

2. 普查和抽样调查

数形结合："议一议"环节，用条形统计图和扇形图分析所在地区老年人的健康状况，属于数形结合的以形助数，教学层次为渗透。

或然与必然：

（1）"想一想"环节，提出的三个问题都是不可能对总体进行普查的，只能通过抽样调查，以样本估计总体，体现或然与必然思想，教学层次为渗透。

（2）第二个"想一想"环节，明确提出以抽样调查估计总体，并提出其优点及注意事项，此处对或然与必然思想的教学层次应为显化。

（3）"读一读"环节，大样本一定能保证调查结论正确吗？提出抽样的方案要选择具有代表性的样本，这样才能取得接近真实情况的预测，体现或然与必然思想，教学层次为显化。

3. 数据的表示

第 1 课时

数形结合：

（1）引例，用扇形统计图表示调查统计的结果，属于数形结合的以形助数，教学层次为运用。

（2）"做一做"环节，对于扇形图，给出整体或部分的数据，求出扇形图各部分所代表的数据，属于数形结合中的以形助数，教学层次为运用。

（3）"议一议"环节，运用扇形统计图和相关数据，解决比较两个家庭对于食品支出费用的问题，充分利用数据和图形解决比较问题，属于数形结合的数形互助，使学生掌握阅读统计图得到相关信息和数据的方法，形成运用统计图分析问题、解决问题的数形结合策略，教学层次为运用。

或然与必然：为调查学校学生喜欢的运动，设计调查问卷，在全校各个班随机选取 10 名学生进行调查，以样本估计总体，教学层次为渗透。

第 2 课时

数学模型：频数直方图，属于概念原理类的数学模型，教学层次为渗透。

特殊与一般：频数直方图是一种特殊的条形统计图，体现从一般到特殊的思想，教学层次为渗透。

数形结合：对于某班学生的入学信息，采用表格或条形统计图的方式加以表示，使得数据呈现更加直观，主动运用统计图解决问题，属于数形结合的以形助数，教学层次为运用。

4. 统计图的选择

第1课时

数形结合：

（1）根据已知数据制作条形统计图、折线统计图、扇形统计图和频数直方图，并能够从统计图中获取信息，属于数形结合的数形互助，教学层次为运用。

（2）"做一做"环节，根据给出的空调销售情况的表格和家庭用水量表制作适合的统计图，以反映数据的变化情况，属于数形结合的以形助数。在反复通过统计图读取数据、根据数据制作统计图的实际运用基础上，使学生在统计问题中灵活运用数形结合的方法，主动根据直观或准确的需要，选择用形或数的方式呈现，内化为解决统计问题的方式和准则，教学层次为运用。

第2课时

数形结合：根据已知数据制作条形统计图、折线统计图、扇形统计图和频数直方图，并能够从统计图中获取信息，属于数形结合的数形互助，教学层次为运用。

·七年级 下册·

第一章　整式的乘除

1. 同底数幂的乘法

数学模型：

（1）同底数幂乘法法则，属于概念原理类的数学模型，教学层次为渗透。

（2）引例，运用科学记数法表示距离，并计算比邻星与地球的距离，属于数学模型的建模，教学层次为渗透。

（3）例2，运用幂的乘方解决求地球与太阳距离的实际问题，属于数学模型的建模，教学层次为渗透。

转换与化归：将 $a^m \cdot a^n$ 幂的乘方转换为 m 个 a 与 n 个 a 相乘的形式，再

转换 a^{m+n} 为幂的形式，体现转换思想，教学层次为渗透。

特殊与一般：

（1）"做一做"环节，首先计算底数为 10，指数为具体数字的同底数幂相乘，再推广计算底数为 10，指数分别为 m、n 的同底数幂相乘，然后进一步一般化，以 a 为底数，指数分别为 m、n 的同底数幂相乘，归纳出同底数幂乘法法则，体现从特殊到一般的思想，教学层次为显化。

（2）例 1，运用同底数幂乘法法则解决具体的同底数幂相乘问题，体现从一般到特殊的思想，教学层次为渗透。

（3）例 2，运用同底数幂乘法法则解决求地球与太阳距离的问题，体现从一般到特殊的思想，教学层次为渗透。

类比：

（1）"做一做"环节，类比底数为 10 的幂的乘法，猜想底数分别为 2、$\frac{1}{7}$、-3 时，同底数幂相乘的结果，属于综合类比，使学生感受由于同底数幂乘法算式在形式上相同，产生计算结果形式上也相同的猜想，觉察到类似的事物之间可能具有相同的规律和性质。由于是初次接触，以具体的运算法则推导和应用为主，类比思想是内隐的、不清晰的，应在学习同底数幂的除法时加以显化，因此，此处的教学层次为渗透。

（2）"想一想"环节，类比 $a^m \cdot a^n = a^{m+n}$，计算 $a^m \cdot a^n \cdot a^p$，属于综合类比，教学层次为显化。

字母表示数：

（1）探索幂的乘法法则时，用字母 a 表示底数，字母 m、n 分别表示指数，有利于公式的推导，体现字母表示数的优越性，教学层次为渗透。

（2）同底数幂的乘法法则为 $a^m \cdot a^n = a^{m+n}$，教学层次为渗透。

2. 幂的乘方与积的乘方

第 1 课时

数学模型：

（1）幂的乘方法则，属于概念原理类的数学模型，教学层次为渗透。

（2）引例，用幂的乘方表示和解决比较太阳、木星、地球体积的实际问题，属于数学模型的建模，教学层次为渗透。

转换与化归： "做一做"环节，将 $(a^m)^n$ 转换为 n 个 a^m 相乘的形式：

$a^m \cdot a^m \cdots \cdot a^m$，再转换为乘方形式：$a^{mn}$，教学层次为渗透。

特殊与一般：

（1）"做一做"环节，首先计算底数和指数都为数字的幂的乘方，逐步推广至底数为字母而指数为数字的乘方，到底数和一个指数为字母的乘方，再到底数和两个指数都为字母的乘方，并归纳出幂的乘方公式，体现从特殊到一般的思想，教学层次为显化。

（2）例 1，运用幂的乘方法则解决具体如 $(10^2)^3$ 的幂的乘方的问题，体现从一般到特殊的思想，教学层次为渗透。

类比： 类比上节课从具体数的同底数幂的乘法到底数为 a 的同底数幂的乘法，再将 $a^m \cdot a^n$ 转换为 $a \cdot a \cdots \cdot a$，最终得到同底数幂相乘的法则的学习方法，探索幂的乘方公式，属于综合类比，教学层次为显化。

字母表示数：

（1）探索幂的乘方公式时，用字母 a 表示底数，字母 m、n 分别表示指数，有利于公式的推导，体现字母表示数的优越性，教学层次为渗透。

（2）幂的乘方公式为：$(a^m)^n = a^{mn}$，教学层次为渗透。

第 2 课时

数学模型：

（1）积的乘方公式，属于概念原理类的数学模型，教学层次为渗透。

（2）引例，将地球抽象为球体，运用幂的乘方解决求其体积的实际问题，属于数学模型的建模，教学层次为渗透。

转换与化归： "做一做"环节，将 $(ab)^n$ 转换为 n 个 ab 相乘的形式，再转换为 $a^n b^n$ 的形式，体现转换思想，教学层次为渗透。

特殊与一般：

（1）"做一做"环节，首先计算底数为两数乘积且指数为数字的乘方，逐步推广至底数为两数乘积而指数为字母的乘方，再到底数为两个字母乘积且指数为字母的乘方，并归纳得出积的乘方公式，体现从特殊到一般的思想，教学层次为显化。

（2）例 2，运用积的乘方公式解决如 $(3x)^2$ 的乘方的具体计算问题，体现从一般到特殊的思想，教学层次为渗透。

数形结合： 习题 1.3 题 4，用几何图形直观解释数式 $(3b)^2 = 9b^2$，体现数形结合的以形助数，教学层次为显化。

字母表示数：

（1）探索积的乘方公式时，用字母 a、b 表示底数，字母 n 表示指数，有利于公式的推导，体现字母表示数的优越性，教学层次为渗透。

（2）积的乘方公式为 $(ab)^n = a^n b^n$，教学层次为渗透。

3. 同底数幂的除法

第 1 课时

数学模型：同底数幂除法法则，属于概念原理类的数学模型，教学层次为渗透。

转换与化归："做一做"环节，将 $a^m \div a^n$ 转换为 m 个 a 的积与 n 个 a 的积相除，再转化为 $(m-n)$ 个 a 的积，将乘积转换为幂的形式 a^{m-n}，体现转换思想，教学层次为显化。

特殊与一般：

（1）"做一做"环节，首先计算底数和指数都为数字的同底数幂相除，再计算底数为数字而指数为字母的同底数幂相除，最后计算底数和字母都为指数的同底数幂相除，归纳得出同底数幂除法法则，体现从特殊到一般的思想，教学层次为显化。

（2）例 1，运用同底数幂的除法法则解决具体的同底数幂相除的问题，体现从一般到特殊的思想，教学层次为渗透。

（3）"做一做"环节，通过计算和观察第一组具体的算式，发现等式左边的幂指数每减少 1，等式左边的数值就缩小为原来的 $\frac{1}{10}$；考察第二组算式也有类似的结论，归纳得出一般性结论 $a^0 = 1$、$a^{-p} = \frac{1}{a^p}$，体现从特殊到一般的思想，教学层次为显化。

（4）运用两个规定的公式解决 10^{-3} 求值问题，体现从一般到特殊的思想，教学层次为渗透。

（5）"议一议"环节，计算底数分别为正数、零、负数，指数分别为正整数、负整数和零的同底数幂除法，归纳得出一般结论：只要 m、n 是整数，$a^m \div a^n = a^{m-n}$ 都成立，即将同底数幂除法的运算法则中的 m、n 扩大到全体整数，体现从特殊到一般的思想，教学层次为渗透。

类比：类比上节课从具体数的同底数幂的乘法到底数为 a 的同底数幂的乘法，再将 $a^m \cdot a^n$ 转换为 $a \cdot a \cdot \Lambda \cdot a$，最终得到同底数幂相乘的法则的学习方法，探索同底数幂除法的法则，属于综合类比，教学层次为显化。

字母表示数：

（1）探索同底数幂除法法则时，用字母 a、b 表示底数，字母 m、n 表示指数，有利于公式的推导，体现字母表示数的优越性，教学层次为渗透。

（2）同底数幂除法的法则用字母表示为：$a^m \div a^n = a^{m-n}$，教学层次为渗透。

（3）由同底数幂除法法则得到两个公式：$a^0 = 1$、$a^{-p} = \dfrac{1}{a^p}$，教学层次为渗透。

第2课时

数学模型：

（1）科学记数法，属于概念原理类的数学模型，教学层次为渗透。

（2）引例，用科学记数法来表示实际中绝对值较小的值，体现了数学模型的建模，教学层次为渗透。

特殊与一般：

（1）引例，将具体的绝对值较小的数用科学记数法来表示，最终给出科学记数法的概念，体现从特殊到一般的思想，教学层次为渗透。

（2）"做一做"环节，运用科学记数法表示数，体现从一般到特殊的思想，教学层次为渗透。

4. 整式的乘法

第1课时

数学模型：

（1）单项式与单项式的乘法法则，属于概念原理类的数学模型，教学层次为渗透。

（2）引例，用代数式表示画面的面积，用数学方法表示和解决实际问题，属于数学模型的建模，教学层次为显化。

特殊与一般：

（1）计算具体的如 $3a^2 b \cdot 2ab^3$ 的单项式相乘，归结得出单项式与单项式的乘法法则，体现从特殊到一般的思想，教学层次为渗透。

（2）例 1，用单项式与单项式相乘的法则来解决具体的如 $2xy^2 \cdot \dfrac{1}{3}xy$ 的单项式与单项式相乘的问题，体现从一般到特殊的思想，教学层次为渗透。

类比："想一想"环节，计算单项式与单项式相乘，可以类比数的运算，运用乘法交换律及同底数幂的运算性质得到结果，属于综合类比，教学层次为渗透。

字母表示数：引例，用两个单项式表示画的边长，则画的面积可用单项式与多项式相乘来表示，教学层次为渗透。

第 2 课时

数学模型：

（1）引例，将画的面积用单项式与多项式的乘积表示，属于数学模型的建模，教学层次为渗透。

（2）单项式与多项式相乘的法则，属于概念原理类的数学模型，教学层次为渗透。

特殊与一般：

（1）"想一想"环节，通过计算具体的如 $ab \cdot (abc + 2x)$ 的单项式与多项式相乘，归纳得出单项式与多项式相乘的法则，体现从特殊到一般的思想，教学层次为显化。

（2）例 2，运用单项式与多项式相乘的法则解决具体的如 $2ab(5ab^2 + 3a^2b)$ 的单项式与多项式相乘问题，体现从一般到特殊的思想，教学层次为渗透。

类比："想一想"环节，计算单项式与多项式相乘，可以类比数的运算，运用乘法分配律得到结果，属于综合类比，教学层次为显化。

字母表示数：引例，用字母表示空白部分，则画面面积也可以用单项式与多项式的乘积表示，教学层次为渗透。

第 3 课时

数学模型：多项式与多项式相乘的法则，属于概念原理类的数学模型，教学层次为渗透。

转换与化归：将 $(m + a)(n + b)$ 中的 $(n + b)$ 看成一个整体，从而将多项式与多项式相乘转换为单项式与多项式相乘，体现转换思想，教学层次为显化。

特殊与一般：

（1）引例，从具体的多项式与多项式相乘的结果，归纳出多项式与多项式相乘的法则，体现从特殊到一般的思想，教学层次为显化。

（2）例3，运用多项式与多项式相乘的法则来解决具体的多项式与多项式相乘的问题，体现从一般到特殊的思想，教学层次为渗透。

数形结合：引例，利用计算长方形面积的方式，求得多项式与多项式相乘的结果，体现数形结合的以形助数，在之前用图形表示积的乘方、用图形面积表示单项式乘以单项式的结果的基础上，使学生逐步理解代数算式的几何背景，此时应明确数形结合思想方法的名称和内涵，形成思考代数式几何背景习惯，作为之后用几何图形解释平方差公式、完全平方公式的模式，此处教学层次为显化。

类比：引例，通过类比长方形面积问题中多项式与多项式相乘的结果，猜想出多项式与多项式相乘的法则，属于因果类比，教学层次为渗透。

5. 平方差公式

第1课时

数学模型：平方差公式，属于概念原理类的数学模型，教学层次为渗透。

转换与化归："想一想"环节，计算 $(a-b)(-a-b)$ 的结果，一方面可以带着符号交换两个字母的位置，转换为 $(-b+a)(-b-a)$；另一方面可以提出负号，将问题转换为熟悉的平方差形式，即转换为 $-(a+b)(a-b)$，并利用平方差公式求解，都是将新问题转化为已知问题解决，体现化归思想，教学层次为显化。

特殊与一般：

（1）引例，计算几个具体的如 $(x+2)(x-2)$ 的相同两数和与两数差的乘积的式子，发现其结果为两数的平方差，归纳得出平方差公式，体现从特殊到一般的思想。在之前同底数幂乘方、幂的乘方与积的乘方、整式的乘法等运算法则的学习中，反复运用了从特殊到一般的探究模式，使学生逐步领悟运算法则的探究或一般问题的探究中蕴含的思想方法，此处应明确特殊与一般思想方法的名称、内涵及作用，形成问题探究的一种基本模式，教学层次为显化。

（2）例1，运用平方差公式计算几个具体的如 $(5+6x)(5-6x)$ 的多项式相乘的算式，体现从一般到特殊的思想，教学层次为渗透。

（3）例2，运用平方差公式计算几个具体的如 $\left(-\dfrac{1}{4}x-y\right)\left(-\dfrac{1}{4}x+y\right)$ 的多项式相乘的算式，体现从一般到特殊的思想，教学层次为渗透。

字母表示数：平方差公式用字母表示为 $(a+b)(a-b)=a^2-b^2$，教学层次为渗透。

第2课时

转换与化归：例3，利用平方差公式将较复杂的数的计算转换为平方差形式进行简便计算，是从复杂到简单的转化，体现化归思想，教学层次为渗透。

特殊与一般：

（1）"想一想"环节，计算几个如 7×9 的两数相乘的式子，分析运算的数字与结果的共同特点，联系已学公式，推理出平方差公式在简便运算中的运用，并用字母表示出一般规律，体现从特殊到一般的思想，教学层次为渗透。

（2）例3，运用平方差公式对具体的如 103×97 的式子简便计算，体现从一般到特殊的思想，教学层次为渗透。

（3）例4，运用平方差公式对具体的如 $a^2(a+b)(a-b)+a^2b^2$ 的式子简便计算，体现从一般到特殊的思想，教学层次为渗透。

数形结合：引例，通过拼图游戏给出平方差公式的一个几何解释，目的是使学生对公式有一个直观认识，体现以形助数的思想，教学层次为显化。

类比：引例，运用图形的面积表示并计算验证平方差公式，类比了前面整式的乘法中用矩形的面积计算多项式乘法的方法，属于因果类比与综合类比，教学层次为显化。

字母表示数："想一想"环节，根据式子的共同特征以及归纳的结论，用字母来表示这一结论为 $(a-1)(a+1)=a^2-1$，体现了用字母表示数的概括性，有助于发展符号意识，教学层次为渗透。

6. 完全平方公式

第1课时

数学模型：完全平方公式，属于概念原理类的数学模型，教学层次为渗透。

转换与化归："议一议"环节，小亮的做法是将 $a-b$ 转换为 $a+(-b)$ 进行计算，从而将 $(a-b)^2$ 转换为 $[a+(-b)]^2$，将未知的形式转换为已知的形式进行运算，体现化归思想，教学层次为显化。

特殊与一般：

（1）引例，给出两个字母与数的和的平方的等式，如 $(m+3)^2 = m^2 + 6m + 9$，通过对比等式两边代数式的结构，得到一般性结论，即完全平方公式 $(a+b)^2 = a^2 + 2ab + b^2$，体现从特殊到一般的思想，教学层次为显化。

（2）例1，利用完全平方公式计算具体的如 $(2x-3)^2$ 的式子，体现从一般到特殊的思想，教学层次为显化。

数形结合：

（1）"想一想"环节，用几何直观的方法解释，感受抽象代数运算也有直观背景，体现以形助数的思想，教学层次为显化。

（2）"做一做"环节，设计图形进行解释，体现以形助数的思想，教学层次为运用。

类比：

（1）"想一想"环节，类比平方差公式的验证，利用图形表示完全平方公式，感受几何直观，是学习方法上的类比，属于综合类比，由于之前的公式学习都运用了方法上的类比，因此教学层次为显化。

（2）"做一做"环节，类比完全平方公式用图形进行"两数和的平方"的验证，利用图形验证完全平方公式 $(a-b)^2 = a^2 - 2ab + b^2$，感受几何直观，属于简单共存类比，教学层次为显化。

第2课时

数学模型：运用完全平方公式表示并比较糖果总数，用数学方法解决实际问题，属于数学模型的建模，教学层次为渗透。

转换与化归：

（1）引例，将单独数字的平方转换为两数和或差的平方，从而运用完全平方公式进行简便计算，将困难的计算转换为简单的公式运用，体现化归思想，教学层次为渗透。

（2）例2，计算 $(a+b+3)(a+b-3)$ 时，将两个字母的和 $a+b$ 看成整体，使原式转换为 $[(a+b)+3][(a+b)-3]$，从而运用完全平方公式进行简便计算，将困难的计算转换为简单的公式运用，体现化归思想，教学层次为显化。

特殊与一般：

（1）引例，计算几个具体的如 102^2 的平方式，分析运算的数字与结果的共同特点，联系已学公式，推理出完全平方公式在简便运算中的运用，体现从一般到特殊的思想，教学层次为渗透。

（2）运用完全平方公式计算几个具体的如 $(x+3)^2 - x^2$ 的多项式运算，体现从一般到特殊的思想，教学层次为渗透。

（3）运用完全平方公式表示并比较糖果总数，体现从一般到特殊的思想，教学层次为渗透。

字母表示数："做一做"环节，运用字母将特定人数表示为一般形式 a，体现字母的概括性，运用字母表示并借助字母解释 $(a+b)^2$ 与 a^2+b^2 的关系，教学层次为渗透。

7. 整式的除法

第 1 课时

数学模型：

（1）单项式除法法则，属于概念原理类的数学模型，教学层次为渗透。

（2）"做一做"环节，需要将三个球的体积之和与圆柱的容积进行数学表示，学生需要进行一个数学化的过程，将现实问题转化为数学问题，属于数学模型的建模，明确提出这一思想，教学层次为显化。

特殊与一般：

（1）"议一议"环节，通过引例计算几个具体的，如 $x^2y \div x^2$ 的单项式除以单项式的算式，总结归纳出单项式除以单项式的运算法则，体现从特殊到一般的思想，教学层次为显化。

（2）例 1，运用单项式相除法则进行具体的单项式计算，体现从一般到特殊的思想，教学层次为显化。

类比：引例，类比分数约分的方法计算几个单项式除以单项式的算式，归纳出单项式除法的法则，属于方法的类比，明确提出运用类比思想解决问题，属于综合类比，教学层次为运用。

第 2 课时

数学模型：

（1）多项式除以单项式运算法则，属于概念原理类的数学模型，教学层次为渗透。

（2）"做一做"环节，用字母表示小明爬山的平均速度及所用时间，并进行代数式计算，用数学方法解决实际问题，属于数学模型的建模，教学层次为渗透。

特殊与一般：

（1）引例，通过计算三个多项式除以单项式的式子，发现规律，归纳出如何进行多项式除以单项式的运算，体现从特殊到一般的思想，教学层次为渗透。

（2）例2，运用多项式除以单项式的运算法则进行具体运算，体现从一般到特殊的思想，教学层次为渗透。

字母表示数："做一做"环节，用字母表示平均速度及所用时间并进行计算，体现字母的概括性以及字母表示数的优越性，教学层次为渗透。

第二章　相交线与平行线

1. 两条直线的位置关系

第 1 课时

数学模型：

（1）相交线、平行线、对顶角、补角、余角等，属于概念原理类的数学模型，教学层次为渗透。

（2）对顶角相等；同角或等角的补角相等；同角或等角的余角相等，属于概念原理类的数学模型，教学层次为渗透。

（3）"做一做"环节，将台球桌面实景图抽象出几何图形，并用字母标注，引导学生探索定理，属于数学模型的建模，教学层次为渗透。

特殊与一般：

（1）"议一议"环节，从两个对顶角相等推广至一般的对顶角也相等，体现从特殊到一般的思想，教学层次为渗透。

（2）"做一做"环节，在具体的几何图形中分析角度的关系，归纳出同角或等角的补角相等、同角或等角的余角相等，体现从特殊到一般的思想，教学层次为渗透。

第 2 课时

数学模型：

(1) 垂线、垂足、点到直线的距离，属于概念原理类的数学模型，教学层次为渗透。

(2) 两点确定一条直线，垂线段最短，属于概念原理类的数学模型，教学层次为渗透。

特殊与一般：

(1) "做一做" 环节，运用垂直的概念，分别在白纸和方格纸上画出两条互相垂直的直线，用折纸的方法折出互相垂直的线，体现从一般到特殊的思想，教学层次为渗透。

(2) "想一想" 环节，经过点 A 作直线 l 的垂线，当点在直线上或直线外时，都只能作一条垂线归纳出结论——两点确定一条直线；当点在直线外时，比较点到直线的四条连线，发现垂直的线段最短，归纳出结论——垂线段最短。体现从特殊到一般的思想，教学层次为渗透。

(3) "议一议" 环节，运用垂线段最短的结论，说明体育课测量跳远成绩的依据，体现从一般到特殊的思想，教学层次为显化。

类比： 点到直线距离的概念学习，可以类比两点之间的距离学习，属于综合类比，教学层次为渗透。

2. 探索直线平行的条件

第 1 课时

数学模型：

(1) 同位角，属于概念原理类的数学模型，教学层次为渗透。

(2) 同位角相等，两直线平行；平行于同一条直线的两条直线平行，属于概念原理类的数学模型，教学层次为渗透。

(3) 三线八角模型，属于已解决问题类的数学模型，教学层次为显化。

特殊与一般：

(1) "做一做" 环节，首先固定木条 b，通过转动木条 a 改变 $\angle 2$ 的大小，发现当 $\angle 2 = \angle 1$ 时，木条 a 与木条 b 平行；改变木条 b 的位置，即改变 $\angle 1$ 的大小，转动木条 b，再次试验，并归纳出结论：同位角相等，两直线平行。体现从特殊到一般的思想，教学层次为显化。

（2）第二个"做一做"环节，过直线外的两个点，分别作直线的平行线，探究画出的两条直线的位置关系，并归纳出结论：平行于同一条直线的两条直线平行。体现从特殊到一般的思想，教学层次为渗透。

字母表示数：两条直线平行，用字母表示为 $a /\!/ b$，体现字母的概括性，教学层次为渗透。

第 2 课时

数学模型：

（1）内错角、同旁内角，属于概念原理类的数学模型，教学层次为渗透。

（2）内错角相等，两直线平行；同旁内角互补，两直线平行，属于概念原理类的数学模型，教学层次为渗透。

转换与化归："议一议"环节，探究内错角和同旁内角满足什么关系时两直线平行，一方面可以通过测量、拼接猜想它们的关系；另一方面可以利用同位角、内错角、同旁内角之间的关系，将内错角、同旁内角转换为同位角，并利用上节课的结论加以解决，推导出平行线的判定定理，即将未知转化为已知，体现化归思想，教学层次为显化。

特殊与一般：

（1）"议一议"环节，在具体的几何图形中，探究内错角和同旁内角满足什么关系时两直线平行，归纳出两直线平行的判定定理，体现从特殊到一般的思想，教学层次为渗透。

（2）运用两直线平行的判定定理，在三个相同的三角尺拼接成的图形中，找出一组平行线并说明理由，体现从一般到特殊的思想，教学层次为渗透。

数形结合："做一做"环节，利用角的关系进行计算从而根据平行线判定定理找出平行线，体现以数助形的思想，教学层次为渗透。

3. 平行线的性质

第 1 课时

数学模型：

（1）平行线的性质，属于概念原理类的数学模型，教学层次为渗透。

（2）三线八角模型，属于已解决问题类的数学模型，教学层次为显化。

特殊与一般：

（1）引例，已知两直线平行，测量图中同位角的大小，并比较内错角、同旁内角的大小关系，归纳出平行线的性质，体现从特殊到一般的思想，教学层次为显化。

（2）"做一做"环节，运用平行线的性质解释光的反射现象，体现从一般到特殊的思想，教学层次为显化。

第 2 课时

转换与化归：

（1）例 1，将平行线的证明问题转化为平行线判定定理的条件，体现化归思想，教学层次为渗透。

（2）例 2，将平行线的证明问题转化为平行线判定定理的条件，体现化归思想，教学层次为渗透。

（3）例 3，将平行线的证明问题转化为平行线判定定理的条件，体现化归思想，教学层次为渗透。

特殊与一般：

（1）例 1，运用平行线的判定定理解决具体的证明，体现从一般到特殊的思想，教学层次为渗透。

（2）例 2，运用平行线的判定定理解决具体的证明，体现从一般到特殊的思想，教学层次为渗透。

（3）例 3，运用平行线的判定定理解决具体的证明，体现从一般到特殊的思想，教学层次为渗透。

4. 用尺规作角

转换与化归：

（1）引例，将作平行线的问题转化为作角的问题，将未知问题转化为已知问题，让问题变得可操作，体现化归思想，教学层次为渗透。

（2）"做一做"环节，从作法到图示是将文字语言转换为图形语言，体现转换思想，教学层次为渗透。

第三章　变量间的关系

1. 用表格表示的变量间关系

数学模型：

（1）变量、自变量、因变量、常量，属于概念原理类的数学模型，教学层次为渗透。

（2）引例，将小车下滑时间与支撑物高度关系的实际问题，利用数学数据、表格、估计等方式表示及解决，属于数学模型的建模，教学层次为渗透。

（3）"议一议"环节，将我国人口总数与年份关系的实际问题，用数据、表格等方式表示及解决，属于数学模型的建模，教学层次为渗透。

方程与函数：

（1）引例，每当支撑物高度发生变化，小车下滑时间也随着变化，初步体现了自变量与因变量的一一对应关系，体现函数思想，教学层次为渗透。

（2）"议一议"环节，用 x 表示时间，y 表示我国人口总数，并且让学生自主发现随着 x 的变化而 y 的变化趋势，初步感受了因变量随着自变量的变化而变化，体现函数思想，教学层次为渗透。

字母表示数：引例，字母可以表示数，也可以表示变量，进一步发展学生对"字母表示"的理解，教学层次为渗透。在本章中的变量关系式均为用字母表示数，之后只做统计，不做呈现。

2. 用关系式表示的变量间关系

数学模型：

（1）引例，将三角形面积与底边长度关系的实际问题抽象出来，利用函数关系式表示变量之间的关系，并通过方程加以解决，属于数学模型的建模，教学层次为渗透。

（2）"做一做"环节，将圆锥的体积与底面半径的关系问题，利用函数关系式表示出来，并通过方程加以解决，属于数学模型的建模，教学层次为渗透。

（3）"议一议"环节，将实际生活中二氧化碳的排放量与家居用电、私家车等的关系，利用函数关系式表示出来，并通过方程解决，让学生体会自变量与因变量之间的关系，属于数学模型的建模，教学层次为渗透。

数形结合：引例，通过图中三角形的面积与底边长度的对应关系，让学生初步感受自变量与因变量的对应思想和变量间的关系，体现数形结合的以形助数，教学层次为渗透。

方程与函数：

（1）引例，三角形面积随着底边长度的变化而变化，利用函数关系式表示变量之间的关系，体现函数思想，教学层次为渗透。

（2）引例，"数值转换机"直观地表示了自变量和因变量的数值对应关系，当输入一个 x 值，就会输出一个 y 值与之对应，体现函数思想，教学层次为渗透。

（3）"做一做"环节，圆锥的体积随着底面半径的变化而变化，利用函数关系式表示变量之间的关系，体现函数思想，教学层次为渗透。

（4）"议一议"环节，将实际生活中二氧化碳的排放量与家居用电、私家车等的关系，利用函数关系式表示出来，并通过方程解决，让学生体会自变量与因变量之间的关系，体现函数思想。由于此时学生还没有接触函数概念，难以理解其中的函数思想方法，因此以使学生感受变量之间的对应关系，并掌握表示变量关系的三种方式为主，不明确提出函数思想方法，教学层次为渗透。

3. 用图像表示的变量间关系

第 1 课时

数学模型：

（1）引例，将一天中的温度变化与时间的关系问题用数据、图像的方式表示并解决，属于数学模型的建模，教学层次为渗透。

（2）"议一议"环节，将骆驼的体温与一天中的时间的关系问题用数据和图像的方式表示并解决，属于数学模型的建模，教学层次为渗透。

数形结合：

（1）引例，温度与时间的函数图像能够直观地表示出温度随时间变化的整体情况，是很好地观察温度与时间的函数变化的途径之一，属于以形助数，教学层次为显化。

（2）"议一议"环节，骆驼体温的变化与一天中的时间变化关系在图像中得到了很好的体现，让学生能直观地看出随着时间的改变，骆驼的体温是如何变化的，从而更加容易理解因变量与自变量之间的关系，属于以形助数，教学层次为显化。

方程与函数：

（1）引例，用图像的形式来表示温度随着时间变化而变化的关系，从而让学生感受到自变量与因变量的对应思想，体现函数思想，教学层次为渗透。

（2）"议一议"环节，用图像的形式来表示骆驼体温的变化与一天时间变化的关系，从而让学生感受到自变量与因变量的对应思想，体现函数思想，教学层次为渗透。

第 2 课时

数学模型：引例，将生活中汽车速度随时间变化的关系用函数图像表示出来，直观地表现了某时刻汽车速度情况，并利用图像解决相关问题，属于数学模型的建模，教学层次为渗透。

数形结合：通过观察汽车行驶速度可以容易判断出汽车是否处于匀速行驶或者其他行驶状态，通过图像的直观能够简单快速地了解汽车整体行驶情况，体现数形结合的以形助数的思想，教学层次为渗透。

方程与函数：引例，通过图像表现汽车某一时刻的速度与时间的变化情况，直观呈现函数自变量与因变量的变化关系，体现函数思想，教学层次为渗透。

第四章　三角形

1. 认识三角形

第 1 课时

数学模型：

（1）三角形、锐角三角形、直角三角形、钝角三角形，属于概念原理类的数学模型，使学生感受具体的三角形和三角形的概念之间的联系与区别，感受一些三角形的问题可以回归三角形的概念模型解决，教学层次为渗透。

（2）引例，将屋顶框架图抽象出三角形的模型，从而概括出三角形的本质特征，引出三角形的概念，属于数学模型的建模，教学层次为渗透。

（3）三角形的内角和等于180°；直角三角形的两个锐角互余，属于概念原理类的数学模型，教学层次为渗透。

转换与化归："做一做"环节，通过撕、拼等活动，将三角形的三个内角转换为一个平角以验证三角形三个内角的和等于180°，体现转换思想，教学层次为显化。

特殊与一般：

（1）"做一做"环节，首先通过撕、拼的方法，探索特定三角形内角和的关系，再推广至任意三角形，并归纳出三角形内角和定理，体现从特殊到一般的思想，教学层次为渗透。

（2）"议一议"环节，运用三角形内角和定理解决具体的判断角的问题，体现从一般到特殊的思想，教学层次为渗透。

（3）"想一想"环节，运用三角形的分类方法，解决几个具体三角形分类的问题，体现从一般到特殊的思想，教学层次为渗透。

分类讨论：

（1）"议一议"环节，以三角形最大的内角的度数为标准，三角形分为锐角三角形、直角三角形、钝角三角形三类，体现分类思想，教学层次为显化。

（2）"想一想"环节，运用三角形的分类方法，将几个具体三角形进行分类，体现分类思想，教学层次为显化。

第 2 课时

数学模型：

（1）等腰三角形、等边三角形（正三角形），属于概念原理类的数学模型，教学层次为渗透。

（2）三角形任意两边之和大于第三边；三角形任意两边之差小于第三边，属于概念原理类的数学模型，教学层次为渗透。

特殊与一般：

（1）"议一议"环节，通过测量几个具体的三角形三边的长度，计算任意两边的和，并与第三边比较，归纳出三角形三边之间的数量关系的一般规律，体现从特殊到一般的思想，教学层次为渗透。

（2）"做一做"环节，通过测量几个具体的三角形三边的长度，计算任意两边的差，并与第三边比较，归纳出三角形三边之间的数量关系的一般规律，体现从特殊到一般的思想，教学层次为渗透。

（3）例题，运用三角形三边之间的数量关系解决实际问题，体现从一般到特殊的思想，教学层次为渗透。

分类讨论： 引例，对三角形进行分类，根据边的关系可以分为三边各不相等、两边相等、三边相等三种情况，引出三角形按边分类，与上一课时共同体现按照不同的分类标准会有不同的分类结果，体现分类思想，在之前分类讨论反复感受和应用的基础上，逐步领悟分类讨论思想方法的内涵、特征及作用。此处是由于图形变化所引起的分类讨论，通过设定标准形成不同的分类结果，在简单运用中进一步理解分类讨论思想方法，教学层次为显化。

第 3 课时

数学模型：

（1）三角形的中线、重心、角平分线，属于概念原理类的数学模型，教学层次为渗透。

（2）三角形的三条中线交于一点；三角形的三条角平分线交于一点，属于概念原理类的数学模型，教学层次为渗透。

特殊与一般：

（1）"议一议"环节，首先画出一个锐角三角形的三条中线，观察发现三条中线相交于一点，再推广至钝角三角形、直角三角形，探索是否具有相同的性质，再推广至任意三角形，并归纳出一般性结论，体现从特殊到一般的思想，教学层次为渗透。

（2）"做一做"环节，首先画出一个锐角三角形的三条角平分线，观察发现三条角平分线相交于一点，再推广至钝角三角形、直角三角形，探索是否具有相同的性质，再推广至任意三角形，并归纳出一般性结论，体现从特殊到一般的思想，教学层次为显化。

分类讨论：

（1）"议一议"环节，学生分别画出锐角三角形、直角三角形、钝角三角形的三条中线，通过直观观察三种情况，归纳定理，体现分类思想，教学层次为显化。

（2）"做一做"环节，学生分别画出锐角三角形、直角三角形、钝角三角形的三条角平分线，通过直观观察三种情况，归纳定理，体现分类思想，教学层次为显化。

第 4 课时

数学模型：

（1）三角形的高，属于概念原理类的数学模型，教学层次为渗透。

（2）引例，从三角形房梁的立柱与横梁中抽象出三角形的高的概念，属于数学模型的建模，教学层次为渗透。

（3）三角形的三条高所在的直线交于一点，属于概念原理类的数学模型，教学层次为渗透。

特殊与一般："做一做"环节，首先画出一个锐角三角形的三条高，观察发现三条高相交于一点；"议一议"环节，把上一环节的结论推广至钝角三角形、直角三角形，画出三条高，探索是否具有相同的性质，再推广至任意三角形，并归纳出一般性结论，体现从特殊到一般的思想，教学层次为显化。

分类讨论："议一议"环节和"做一做"环节，学生分别画出锐角三角形、直角三角形、钝角三角形的三条高，通过观察、探索三种情况，归纳定理，体现分类讨论思想，教学层次为显化。

类比："做一做"环节和"议一议"环节，类比上一节课学习三角形中线、角平分线的方法，用画图、观察的方法，探索并归纳出定理，属于综合类比，教学层次为显化。

2. 图形的全等

数学模型：

(1) 全等图形、全等三角形，属于概念原理类的数学模型，教学层次为渗透。

(2) 全等图形的形状和大小都相同；全等三角形的性质，属于概念原理类的数学模型，教学层次为渗透。

特殊与一般：

(1) 引例，观察一组图形，发现有一些是完全相同的，叠合在一起是能够完全重合的，将符合这种条件的两个图形定义为全等图形，体现从特殊到一般，教学层次为渗透。

(2) "议一议"环节，运用全等图形的概念，判断几组图形是否为全等图形，体现从一般到特殊的思想，教学层次为渗透。

(3) "议一议"环节，观察一组全等图形，发现它们的形状大小都相同，归纳出一般性规律，体现从特殊到一般的思想，教学层次为渗透。

(4) 观察两个全等三角形，发现它们的对应边相等，对应角相等、归纳出全等三角形的性质，体现从特殊到一般的思想，教学层次为渗透。

(5) 第二个"议一议"环节，根据全等图形的定义，猜想得出全等三角形对应边的高、中线相等，并推广至全等三角形的对应线段都相等，体现从特殊到一般的思想，教学层次为显化。

3. 探索三角形全等的条件

第 1 课时

数学模型:

(1) 全等三角形判定定理:边边边,属于概念原理类的数学模型,教学层次为渗透。

(2) 三角形的稳定性,属于概念原理类的数学模型,教学层次为渗透。

特殊与一般:

(1)"做一做"环节,给出两个边或角的条件,画出两个三角形,发现这样画出来的两个三角形不全等,归纳出一般性结论:只有两个条件时不能保证所画出的三角形一定全等,体现从特殊到一般的思想,教学层次为渗透。

(2) 第二个"做一做"环节,给出三个角的条件,画出两个三角形,发现这样画出来的两个三角形不全等,归纳出一般性结论:三个内角分别相等的两个三角形不一定全等。再给出三个边的条件,画出两个三角形,发现这样画出来的两个三角形是全等的,归纳出一般性结论:三边分别相等的两个三角形全等。体现从特殊到一般的思想,教学层次为显化。

分类讨论:

(1)"做一做"环节,探索两个三角形全等的条件,以条件的数量为标准,可以分为一个条件、两个条件、三个条件等;再进行第二层分类,如一个条件可分为一个边相等或一个角相等,两个条件则可分为一角一边、两个角、两条边等,并分别讨论增加的条件是否能得到两个三角形全等的结论,属于由图形变化引起的分类讨论,教学层次为显化。

(2)"议一议"环节,在第二层分类时,如果增加三个条件,则有四种可能:三条边、三个角、两边一角和两角一边,并分别讨论增加的条件是否能得到两个三角形全等的结论,属于由图形变化引起的分类讨论,通过之前多次的显化和运用分类讨论,学生已明确其内涵和作用,面对全等条件讨论,由于问题难以直接研究,自觉选择分类讨论策略,并根据条件的数量、边角元素的结合,制定标准、合理分类、分别研究、整理结论,体现分类讨论思想方法的自觉运用,教学层次为运用。

第 2 课时

数学模型:全等三角形判定定理角边角、角角边,属于概念原理类的数学模型，教学层次为渗透。

转换与化归："议一议"环节，探究两角及对边相等是否能得出两个三角形全等时，利用三角形内角和定理，把"两角及对边"转化为"两角及其夹边"，从而利用前面的定理解决，将未知转化为已知，体现化归思想，教学层次为显化。

特殊与一般：

（1）"做一做"环节，给出两角及夹边的条件，画出两个三角形，发现这样画出来的两个三角形是全等的，再通过改变角度和边长来画三角形，分析画出来的三角形是否全等，进而归纳出一般性结论：两角及其夹边分别相等的两个三角形全等，体现从特殊到一般的思想，教学层次为显化。

（2）"想一想"环节，运用三角形判定定理，解决具体的求证两个三角形全等问题，体现从一般到特殊的思想，教学层次为渗透。

分类讨论：引例，给出三角形的两角及一边的条件，以两角与边的位置关系为标准，可分为两角及夹边或两角及对边两种情况，并分别讨论所画出的两个三角形是否全等，属于由图形变化引起的分类讨论，教学层次为显化。

第 3 课时

教学模型：全等三角形判定定理边角边，属于概念原理类的数学模型，教学层次为渗透。

特殊与一般：

（1）"做一做"环节，给出两边及夹角的条件，画出两个三角形，发现这样画出来的两个三角形是全等的；再通过改变角度和边长来画三角形，分析画出来的三角形是否全等，进而归纳出一般性结论：两边及其夹角分别相等的两个三角形全等，体现从特殊到一般的思想，教学层次为显化。

（2）"议一议"环节，给出两边及对角的条件，画出两个三角形，发现这样画出来的两个三角形是不全等的，进而归纳出一般性结论：两边分别相等且其中一组等边的对角分别相等时两个三角形不一定全等，体现从特殊到一般的思想，教学层次为显化。

分类讨论：引例，给出三角形的两边及一角的条件，以两边与角的位置关系为标准，可分为两边及夹角或两边及对角两种情况，并分别讨论所画出的两个三角形是否全等，体现分类讨论的思想，教学层次为显化。

4. 用尺规作三角形

转换与化归："做一做"环节，给出三角形的边或角的条件，利用尺规作出这个三角形，从作法到示范，是将文字语言转换为图形语言，体现转换思想，教学层次为渗透。

特殊与一般："做一做"环节，运用全等三角形判定定理，用尺规作图，作出符合条件的三角形，体现从一般到特殊的思想，教学层次为渗透。

5. 利用三角形全等测距离

数学模型：

（1）引例，将求碉堡与阵地的距离问题抽象为求直角三角形的一条直角边，并运用全等三角形的知识解决，属于数学模型的建模，教学层次为渗透。

（2）"想一想"环节，将求池塘两端的距离问题抽象为求三角形的一条边，并运用全等三角形的知识解决，属于数学模型的建模，教学层次为渗透。

特殊与一般：

（1）引例，运用全等三角形判定定理 ASA 来解决证明两个三角形全等的问题，体现从一般到特殊的思想，教学层次为显化。

（2）"想一想"环节，运用全等三角形判定定理 ASA 来解决证明两个三角形全等的问题，体现从一般到特殊的思想，教学层次为显化。

第五章　生活中的轴对称

1. 轴对称现象

数学模型：轴对称图形、对称轴、轴对称，属于概念原理类的数学模型，教学层次为渗透。

特殊与一般：

（1）引例，观察一组几何图形，发现这些图形沿一条直线折叠后，两旁的部分能够互相重合，归纳出轴对称图形的概念，体现从特殊到一般的思想，教学层次为渗透。

（2）"议一议"环节，运用轴对称图形的概念，判断一组图形中哪些是轴对称图形，体现从一般到特殊的思想，教学层次为渗透。

（3）第二个"议一议"环节，观察几组图案，发现其两个平面图形沿着一条直线对折后能够完全重合，归纳出两个图形成轴对称的概念，体现从特殊到一般的思想，教学层次为渗透。

2. 探索轴对称的性质

教学模型：轴对称的性质：对应点所连的线段被对称轴垂直平分，对应线段相等，对应角相等。属于概念原理类的数学模型，教学层次为渗透。

特殊与一般：

（1）引例，将一张矩形纸对折，扎出数字"14"，打开后观察两个图形之间的轴对称性，观察对应线段、对应角之间的关系，以特殊例子探究轴对称图形的一般性质，体现从特殊到一般的思想，教学层次为渗透。

（2）"做一做"环节，观察飞机图案的轴对称性，观察对应线段、对应角之间的关系，以特殊化例子探究轴对称图形的一般性质，体现从特殊到一般的思想，教学层次为渗透。

（3）"议一议"环节，在前面两个具体例子的基础上，探究一般化的轴对称图形的性质，并归纳出轴对称图形的性质结论，体现从特殊到一般的思想，教学层次为显化。

（4）第二个"做一做"环节，根据轴对称图形的概念，画出图案的另一半，体现从一般到特殊的思想，教学层次为显化。

3. 简单的轴对称图形

第1课时

教学模型：

（1）三角形的轴对称性及其相关性质，属于概念原理类的数学模型，教学层次为渗透。

（2）习题5.3题2，直线的同侧有两个点，在直线上求一个点，使到直线外两个点的距离之和最短，属于已解决问题类的数学模型，教学层次为显化。

类比："想一想"环节，类比等腰三角形的轴对称性及其性质的研究方法探索等边三角形的轴对称性及其性质，属于综合类比，教学层次为显化。

第2课时

教学模型：

（1）垂直平分线，属于概念原理类的数学模型，教学层次为渗透。

（2）线段的轴对称性质；线段垂直平分线的性质，属于概念原理类的数学模型，教学层次为渗透。

转换与化归：例 1，用尺规作图，从作法到图示，是将文字语言转换为图形语言，体现转换思想，教学层次为显化。

特殊与一般：

（1）引例，对折一条线段，发现其两个端点能够完全重合，归纳出一般结论：线段是轴对称图形，垂直并且平分线段的直线是它的一条对称轴。体现从特殊到一般的思想，教学层次为渗透。

（2）"议一议"环节，取线段的垂直平分线上的一个点，观察得到这个点到线段两个端点的距离是相等的，改变这个点的位置，发现结论仍然成立，归纳出一般结论：线段垂直平分线上的点到这条线段两个端点的距离相等。体现从特殊到一般的思想，教学层次为显化。

（3）例 1，根据线段垂直平分线的性质，利用尺规作图画出线段的垂直平分线并说明理由，体现从一般到特殊的思想，教学层次为显化。

第 3 课时

数学模型：角的轴对称性、角平分线的性质，属于概念原理类的数学模型，教学层次为渗透。

转换与化归：例 2，尺规作图画出角的平分线，从作法到图示，是将文字语言转换为图形语言，体现转换思想，教学层次为显化。

特殊与一般：

（1）"做一做"环节，将一个角对折，发现角的两条边能够完全重合，归纳出一般性结论：角是轴对称图形。体现从特殊到一般的思想，教学层次为渗透。

（2）"做一做"环节，将一个角对折，在折痕上取一个点，发现这个点到角两边的距离相等，改变点的位置，发现结论依然成立，归纳出一般性结论：角平分线上的点到这个角的两边的距离相等。体现从特殊到一般的思想，教学层次为显化。

（3）例 2，运用全等三角形的判定定理，尺规作图画出角的平分线，体现从一般到特殊的思想，教学层次为显化。

（4）"想一想"环节，运用角平分线的性质，解决证明线段相等的问题，体现从一般到特殊的思想，教学层次为渗透。

4. 利用轴对称进行设计

特殊与一般：

（1）"做一做"环节，运用轴对称图形的性质进行剪纸设计，体现从一般到特殊的思想，教学层次为运用。

（2）第二个"做一做"环节，利用轴对称图形性质对生活中的轴对称图形进行辨析，体现从一般到特殊的思想，教学层次为显化。

第六章　概率初步

1. 感受可能性

数学模型：必然事件、不可能事件、确定事件、不确定事件（随机事件），属于概念原理类的数学模型，教学层次为渗透。

分类讨论：以事情是否一定发生为标准，可分为确定事件和不确定事件两类；对确定事件做二级分类，以确定事件是否发生为标准，可分为必然事件和不可能事件，属于由概念定义的限制条件引起的分类讨论，教学层次为渗透。

或然与必然：

（1）引例，随意抛掷一枚质地均匀的骰子，有些结果是不可能出现的，有些结果是有可能出现的，体现或然与必然思想，教学层次为渗透。

（2）"做一做"环节，通过掷骰子的游戏，让学生体会到随机事件发生的可能性是有大有小的，体现或然与必然思想，教学层次为渗透。

（3）"议一议"环节，通过判断掷出某个点数后是否继续掷骰子的游戏，让学生认识到概率的思维方式与确定性思维的差异，发展学生的随机观念，体现或然与必然思想，教学层次为渗透。

2. 频率的稳定性

第 1 课时

数形结合：引例，将试验总次数与所对应的钉尖朝上的频率的关系，用折线统计图直观表示，随着试验次数的增加，折线摆动的幅度越来越小，从而容易理解试验次数很多时，随机事件发生的频率会稳定在一个数附近，体现了数形结合的以形助数思想，教学层次为显化。

或然与必然：

（1）引例，掷图钉试验，对于随机事件要研究其发生可能性的大小，可通过大量重复试验来观察其频率稳定在哪个常数附近；在具体的几次试验中，频率是不稳定的，即具有随机性，但足够大量的试验时，频率会稳定在某一个常数附近，此时频率又具有稳定性，即具有必然性，体现或然与必然思想。该思想方法学生较难理解，将随着初中概率统计知识的学习逐渐加深认识，并在高中继续深化，但或然与必然思想是概率统计知识中蕴含的最重要思想，需要及早向学生明确其名称和内涵，以便在有限的章节知识中使学生掌握和运用。此处教学层次为显化。

（2）"议一议"环节，当试验次数很多时，频率具有稳定性，可根据这个稳定的频率做出随机事件发生的可能性大小的判断，体现或然与必然思想，教学层次为显化。

第2课时

数学模型：

（1）频率的稳定性、概率，属于概念原理类的数学模型，教学层次为渗透。

（2）必然事件发生的概率为1，不可能事件发生的概率为0，不确定事件 A 发生的概率 $P(A)$ 是0与1之间的一个常数。属于概念原理类的数学模型，教学层次为渗透。

数形结合："做一做"环节，折线统计图表示试验总次数与硬币正面朝上的频率的关系，直观发现，随着试验次数的增加，折线摆动的幅度越来越小，即试验次数很多时，随机事件发生的频率会稳定在一个数附近，体现数形结合的以形助数思想，教学层次为显化。

或然与必然：

（1）"做一做"环节，通过大量重复试验，探究掷一枚质地均匀的硬币，落下后正面朝上和正面朝下的可能性是否相同。硬币正面朝上是随机事件，在具体的几次试验中，频率是不稳定的，即具有随机性，但足够大量的试验时，频率会稳定在某一常数附近，此时频率又具有稳定性，即具有必然性。体现或然与必然思想，教学层次为显化。

（2）"做一做"环节，明确提出：无论是掷质地均匀的硬币还是掷图钉，在试验次数很多时正面朝上（钉尖朝上）的频率都会在一个常数附近摆动，这就是频率的稳定性。一般来说，大量重复的试验中，我们常用不确定事件 A 发生的频率来估计事件 A 发生的概率，体现或然与必然思想，教学层次为显化。

（3）"议一议"环节，用多次试验得出正面朝上和正面朝下的频率去估计正面朝上和正面朝下的概率，体现了必然与或然思想的统计思想中的估计思想，教学层次为显化。

3. 等可能事件的概率

第 1 课时

数学模型：事件 A 发生的概率公式 $P(A) = \dfrac{m}{n}$，属于概念原理类的数学模型，教学层次为渗透。

特殊与一般：

（1）分析掷硬币、掷骰子和摸球游戏的共同点，归纳出等可能试验的概念，并总结出等可能试验发生的概率公式，体现从特殊到一般的思想，教学层次为渗透。

（2）运用概率公式 $P(A) = \dfrac{m}{n}$，解决掷骰子所要求结果的概率的实际问题，体现一般到特殊的思想，教学层次为渗透。

字母表示数：事件 A 发生的概率公式 $P(A) = \dfrac{m}{n}$，这里的字母"P"表示的是一种数学运算，教学层次为渗透。

或然与必然：

（1）"议一议"环节，通过摸号码球活动，分析其摸出每一个球的可能性是相同的，即具有等可能性，初步归纳古典概型的两个共同特点：①所有可能结果的有限性；②每种结果出现的等可能性。体现或然与必然思想，教学层次为显化。

（2）例1，让学生用列举法，计算古典概型的概率，教学层次为显化。

第 2 课时

转换与化归："议一议"环节，将游戏是否公平的问题转化为试验结果概率的比较，体现化归思想，教学层次为显化。

特殊与一般：

（1）"做一做"环节，运用概率公式设计摸球游戏，使相关结果的概率满足要求，体现从一般到特殊的思想，教学层次为渗透。

（2）"想一想"环节，运用概率公式设计摸球游戏，使相关结果的概率满足要求，体现从一般到特殊的思想，教学层次为渗透。

或然与必然："议一议"环节，随机摸球的试验，让学生感受古典概型的特点之一是试验结果的等可能性，当结果不是等可能时，要将结果均分为等可能，才能运用概率的公式解决，教学层次为显化。

第3课时

数学模型：将小球停留在黑砖或白砖的概率问题抽象为古典概型问题加以解决，属于数学模型的建模，教学层次为显化。

特殊与一般：

（1）引例，运用古典概型的概率公式 $P(A) = \dfrac{m}{n}$ 解决小球停留在黑砖概率的实际问题，体现从一般到特殊的思想，教学层次为渗透。

（2）"议一议"环节，运用古典概型的概率公式 $P(A) = \dfrac{m}{n}$ 解决小球停留在黑砖概率的实际问题，体现从一般到特殊的思想，教学层次为渗透。

（3）例2，运用古典概型的概率公式 $P(A) = \dfrac{m}{n}$ 解决指针停留在转盘某个区域的概率的实际问题，体现从一般到特殊的思想，教学层次为渗透。

数形结合：

（1）引例，利用"停留在黑砖或白砖问题"中的卧室和书房地板的示意图，使学生更容易明白停留在每一块砖上的等可能性，再转换成古典概型问题将停留在黑砖的概率求出，体现数形结合的数形互助思想，教学层次为渗透。

（2）"议一议"环节，利用停留在黑砖或白砖问题的卧室和书房地板的示意图，使学生更容易明白停留在每一块砖上的等可能性，再转换成古典概型问题将停留在黑砖的概率求出，体现数形结合的数形互助思想，教学层次为渗透。

（3）例2，通过实际的转盘图使学生更容易理解停留在每一区域的等可能性，再转换成古典概型问题将概率求出来，体现数形结合的数形互助思想，教学层次为渗透。

或然与必然：

（1）引例，在一次试验中，小球是否停留在黑色方砖是不确定的，但因为问题能抽象为古典概型，可以计算出停留在黑砖的概率，而这个概率具有稳定性，体现或然与必然思想，教学层次为显化。

（2）"议一议"环节，计算出停留在黑砖的概率，这是一个随机事件中的等可能事件的概率，体现或然与必然思想，教学层次为显化。

（3）"想一想"环节，计算出一个袋中任意摸出一个球是白球的概率，这是一个随机事件中的等可能事件的概率，体现或然与必然思想，教学层次为显化。

（4）例2，在一次试验中，指针停留在转盘哪个区域是不确定的，但因为问题能抽象为古典概型，可以计算出指针停留在转盘某个区域的概率，而这个概率具有稳定性，体现或然与必然思想，教学层次为显化。

第4课时

转换与化归：引例，转盘的两个区域面积不等，不符合古典概型的试验结果的等可能性的要求，可将结果均分为等可能，才能运用概率的公式解决，即将非等可能转化为等可能，将未知转化为已知，体现化归思想，教学层次为显化。

特殊与一般：

（1）运用古典概型的概率公式，解决求指针落在某个颜色区域的概率问题，体现从一般到特殊的思想，教学层次为渗透。

（2）运用古典概型的概率公式，解决路口遇到某种颜色路灯的概率问题，体现从一般到特殊的思想，教学层次为渗透。

数形结合：引例，将转盘抽象为圆，将各颜色区域和所占的圆心角表示出来，通过图形来理解落在某个颜色区域的概率，并运用概率公式求解出来，体现数形结合的数形互助思想，教学层次为显化。

或然与必然：

（1）引例，在一次试验中，指针停留在转盘哪个区域是不确定的，但因为问题能抽象为古典概型，可以计算出指针停留在转盘某个区域的概率，而这个概率具有稳定性，体现或然与必然思想，教学层次为显化。

（2）在一次试验中，经过路口时遇到红灯、绿灯或黄灯是不确定的，但因为问题能抽象为古典概型，可以计算出遇到哪种颜色灯的概率，而这个概率具有稳定性，体现或然与必然思想，教学层次为显化。

·八年级 上册·

第一章 勾股定理

1. 探索勾股定理

第1课时

数学模型：

（1）勾股定理，属于概念原理类的数学模型，教学层次为渗透。

（2）引例，将求电线杆及所拉钢索的长度和距离的实际问题，抽象成直角三角形问题解决，属于数学模型的建模，教学层次为渗透。

转换与化归：习题1.1题4，通过作底边的高，把等腰三角形转化为直角三角形，并利用直角三角形的勾股定理解决问题，体现化归思想，教学层次为显化。

特殊与一般：

（1）"做一做"环节，探索勾股定理，观察网格中的直角三角形，通过数边长、数网格，分析直角三角形的边长与对应的正方形的面积关系；再改变直角三角形的边长，发现具有同样性质，从而归纳出直角三角形的三边关系，体现从特殊到一般的思想，教学层次为显化。

（2）"想一想"环节，利用勾股定理解决具体的求钢索长度的问题，体现从一般到特殊的思想，教学层次为渗透。

数形结合：

（1）"做一做"环节，在方格纸中画出直角三角形，并以三角形的边长构建正方形，利用图形的面积关系探究直角三角形的三边关系，体现数形结合的以形助数思想，教学层次为渗透。

（2）勾股定理是从边长的数量关系分析直角三角形，体现数形结合的以数助形思想。此时学生对数形结合的内涵、分类及作用都已有所了解，由于本章是八年级第一章，勾股定理又是几何知识中体现数形结合的典型例子，需要在教学时对数形结合思想方法再回顾和明确，并为下一节利用图形面积验证勾股定理做准备，教学层次为显化。

字母表示数：用字母 a、b、c 分别表示直角三角形的两直角边和斜边，则勾股定理可以表示为 $a^2 + b^2 = c^2$，体现字母表示的概括性，教学层次为渗透。

第 2 课时

数学模型：例题，将求汽车经过路程的实际问题抽象为求直角三角形的一条直角边的数学问题，并利用勾股定理解决，属于数学模型的建模，教学层次为显化。

特殊与一般：

（1）引例，在上一节探究格子中直角三角形三边关系的基础上，研究一般直角三角形的三边关系，体现从特殊到一般的思想，教学层次为显化。

（2）"做一做"环节，通过构造图形，用字母表示一般直角三角形的三边长度，通过面积的计算，得到一般直角三角形的三边关系，体现从特殊到一般的思想，教学层次为渗透。

（3）例题，运用勾股定理解决具体的求直角三角形边长的问题，体现从一般到特殊的思想，教学层次为渗透。

数形结合：

（1）"做一做"环节，构造几何图形验证勾股定理，对于同一个正方形的面积，可以用不同的整式表示，而根据面积相等列出等式，经化简即可得到勾股定理，体现数形结合的以形助数思想，教学层次为显化。

（2）例题，根据行程中的速度等数量关系构建直角三角形，并用勾股定理解决，体现数形结合的以形助数思想，教学层次显化。

（3）"议一议"环节，判断三角形三边是否满足 $a^2 + b^2 = c^2$ 的问题，用几何的方法解决，体现数形结合的以形助数思想，教学层次为显化。

方程与函数："做一做"环节，构建几何图形验证勾股定理，根据不同的算法用不同的式子表示图中正方形的面积，而由于为同一个正方形的面积，这两个式子自然应该相等，这样就得到一个等式，化简即可得到勾股定理，这里体现了"算两次"的思想，在列方程时经常使用，体现方程思想，教学层次为显化。

类比："议一议"环节，类比在方格纸中探究直角三角形三边关系的方法，研究钝角三角形和锐角三角形的三边关系，属于综合类比，教学层次为渗透。

字母表示数："做一做"环节，构造图形验证勾股定理，利用字母 a、b、c

分别表示直角三角形的直角边和斜边，再通过字母的运算，使定理得到验证，体现字母表示数的优越性，教学层次为渗透。

2. 一定是直角三角形吗

数学模型：

（1）勾股数，属于概念原理类的数学模型，教学层次为渗透。

（2）勾股定理的逆定理，属于概念原理类的数学模型，教学层次为渗透。

（3）例题，将零件是否为直角的实际问题抽象为判断三角形是否为直角三角形的数学问题，并利用勾股定理的逆定理解决，属于数学模型的建模，教学层次为渗透。

特殊与一般：

（1）"做一做"环节，给定几组数据 a、b、c，且都满足 $a^2 + b^2 = c^2$ 的关系，分别以每组数为三边长画出三角形，判断画出的三角形是否为直角三角形。推广归纳出一般情况，得到勾股定理的逆定理，体现从特殊到一般的思想，教学层次为显化。

（2）例题，利用勾股定理的逆定理解决具体的判断零件是否为直角的问题，体现从一般到特殊的思想，教学层次为渗透。

数形结合：

（1）勾股定理的逆定理：如果三角形的三边长 a、b、c 满足 $a^2 + b^2 = c^2$，那么这个三角形是直角三角形。从三角形三边长的数量关系，判断三角形的形状，是从数到形，体现数形结合的以数助形思想，教学层次为显化。

（2）例题，分析三角形三边长的数量关系，运用勾股定理的逆定理判断角度是否为直角，是从数到形，体现数形结合的以数助形思想，教学层次为显化。

字母表示数： 利用字母 a、b、c 分别表示直角三角形的两条直角边和斜边，则勾股定理的逆定理表示为：若三边长满足 $a^2 + b^2 = c^2$，则这个三角形是直角三角形，体现字母表示数的概括性，教学层次为渗透。

3. 勾股定理的应用

数学模型：

（1）引例，将求蚂蚁在曲面上行走最短路程的实际问题，通过展开图将其转化为平面图形，并抽象为平面上两点之间的线段长度的数学问题，再运用勾股定理解决，属于数学模型的建模，教学层次为显化。

（2）"做一做"环节，将检测雕塑底座是否垂直的实际问题抽象为判断三角形是否为直角三角形的数学问题，并运用勾股定理的逆定理解决，属于数学模型的建模，教学层次为显化。

（3）例题，将计算滑道长度的实际问题抽象为求直角三角形斜边的数学问题，并利用勾股定理解决，属于数学模型的建模，教学层次为显化。

转换与化归：引例，研究曲面上的最短路径问题，因为曲面是立体的、三维的，通过裁剪得到侧面展开图将其转化为平面图形，就转化为平面上确定两点之间的直线段长度的问题，即将立体转化为平面，再利用勾股定理解决，体现化归思想，教学层次为显化。

特殊与一般：

（1）引例，运用勾股定理求解具体的直角三角形的斜边长度，体现从一般到特殊的思想，教学层次为渗透。

（2）"做一做"环节，运用勾股定理的逆定理，判断具体的三角形是否为直角三角形，体现从一般到特殊的思想，教学层次为渗透。

（3）例题，运用勾股定理求解具体的直角三角形的斜边长度，体现从一般到特殊的思想，教学层次为渗透。

方程与函数：例题，引入未知数表示直角三角形的一边，并表示直角三角形的另一边长度，以利用勾股定理得到的边长数量关系建立方程，解出方程得到问题的解，体现方程思想，教学层次为显化。

分类讨论：习题1.4题4，求在长方体中两点之间最短路径的问题，需要将长方体展开为平面图形，由于蚂蚁可以经由不同的侧面行走，所以立方体展开的方式也不同，需要对不同展开图讨论其最短路程，并比较不同展开方式的路径，得到最短的路程。属于图形变化引起的分类讨论，教学层次为显化。

第二章　实数

1. 认识无理数

第 1 课时

数形结合：

（1）引例，给出两个边长是 1 的小正方形，通过剪一剪、拼一拼，得到一个大的正方形，并分析这个大正方形的边长是否可能是整数或分数，从图形特征的角度感受现实生活中还会存在一些无法用有理数表示的数，从而引出无理数的概念，体现数形结合的以形助数思想，教学层次为显化。

（2）"做一做"环节，进一步以几何图形为背景，借助勾股定理，举出有理数不能表示的线段长度，体现数形结合的以形助数思想，教学层次为显化。

字母表示数：字母可以表示有理数，也可以表示无理数，教学层次为渗透。

第2课时

数学模型：无理数，属于概念原理类的数学模型，教学层次为渗透。

特殊与一般：

（1）引例，探究面积为2的正方形边长；"做一做"环节，探究面积为5的正方形边长。从特殊的例子可以发现，有一些正方形的边长是一个无限不循环的小数，归纳出无理数的概念，体现从特殊到一般的思想，教学层次为渗透。

（2）"议一议"环节，运用无理数概念，分析圆周率π是一个无理数，体现从一般到特殊的思想，教学层次为渗透。

（3）例题，运用有理数和无理数概念，判断一组数是有理数还是无理数，体现从一般到特殊的思想，教学层次为渗透。

分类讨论：实数以是否无限不循环为标准，可以分为有理数与无理数，对有理数进行二级分类，可以分为整数与分数，体现分类思想，教学层次为渗透。

2. 平方根

第1课时

数学模型：

（1）算术平方根，属于概念原理类的数学模型，教学层次为渗透。

（2）例2，将自由落体下落距离与下落时间的关系抽象为二次函数，当距离确定时，利用算术平方根的概念求解出时间，属于数学模型的建模，教学层次为渗透。

特殊与一般：

（1）例1，运用算术平方根的概念，求一组数的算术平方根，体现从一般到特殊的思想，教学层次为渗透。

（2）例2，运用算术平方根的概念，求出从某一高度自由下落的铁球到达地面所需的时间，体现从一般到特殊的思想，教学层次为渗透。

字母表示数：如果一个正数 x 的平方等于 a，即 $x^2 = a$，那么这个正数 x 就叫作 a 的算术平方根，记作 $\sqrt{a}$。用字母表示数，使得算术平方根的概念清晰明确，体现字母表示数的概括性，教学层次为渗透。

第 2 课时

数学模型：

（1）平方根、开平方，属于概念原理类的数学模型，教学层次为渗透。

（2）求一个数的平方根的法则，属于概念原理类的数学模型，教学层次为渗透。

特殊与一般：

（1）"想一想"环节，分析平方等于 9、$\dfrac{4}{25}$、0.64 的数，归纳出平方根的概念，体现从特殊到一般的思想，教学层次为渗透。

（2）例 3，运用开平方的概念，解决具体的求数的平方根的问题，体现从一般到特殊的思想，教学层次为渗透。

（3）第二个"想一想"环节，思考特殊情况 $(\sqrt{64})^2$、$\left(\sqrt{\dfrac{49}{121}}\right)^2$、$(\sqrt{7.2})^2$ 的结果，归纳出一般结论：对于正数 a，$(\sqrt{a})^2 = a$。体现从特殊到一般的思想，教学层次为渗透。

分类讨论："议一议"环节，分析一个实数的平方根，以实数的符号为标准，可分成正数、零、负数三类，并分别讨论它们的平方根情况，体现分类讨论，教学层次为显化。

字母表示数：如果一个数 x 的平方等于 a，即 $x^2 = a$，那么这个数 x 就叫作 a 的平方根。用字母表示数，使得平方根的概念清晰明确，教学层次为渗透。

3. 立方根

数学模型：

（1）立方根，属于概念原理类的数学模型，教学层次为渗透。

（2）一个数的立方根的情况，属于概念原理类的数学模型，教学层次为渗透。

（3）引例，将求球形储气罐体积增大时半径如何变化的实际问题抽象为求球体半径的数学问题，并引入立方根的概念解决，属于数学模型的建模，教学层次为渗透。

特殊与一般：

（1）"做一做"环节，分析具体数字如8、－27的立方根；"议一议"环节，推广至研究正数、负数、零的立方根，并归纳出一般性规律，体现从特殊到一般的思想，教学层次为显化。

（2）例1，运用立方根的概念求一组数的立方根，体现从一般到特殊的思想，教学层次为显化。

（3）例2，运用 $(\sqrt[3]{a})^3=a$、$\sqrt[3]{a^3}=a$，求解如 $\sqrt[3]{-8}$、$\sqrt[3]{0.064}$ 等的结果，体现从一般到特殊的思想，教学层次为渗透。

分类讨论：把实数分成正数、零、负数三种情况来研究它们的立方根的个数，属于由数学原理的限制条件引起的分类讨论，教学层次为显化。

类比：

（1）类比上一节平方根的学习方法研究立方根，首先借助现实情境引出立方根的实例，抽象出立方根的概念，接着研究立方根的一般结论，属于综合类比，教学层次为显化。

（2）"想一想"环节，类比上一节 $(\sqrt{a})^2=a$ 的结论，类比猜想可得 $(\sqrt[3]{a})^3=a$、$\sqrt[3]{a^3}=a$，属于简单共存类比，教学层次为显化。

字母表示数：如果一个数 x 的立方等于 a，即 $x^3=a$，那么这个数 x 就叫作 a 的立方根。用字母表示数，使得立方根的概念清晰明确，教学层次为渗透。

4. 估算

数学模型：

（1）引例，已知长方形荒地的面积和长宽的倍数关系，估算宽的长度，抽象为平方根、立方根的估算问题，属于数学模型的建模，教学层次为渗透。

（2）例题，将梯子摆放能达到最大高度的实际问题抽象为求直角三角形直角边的数学问题，并利用勾股定理和平方根估算解决问题，属于数学模型的建模，教学层次为显化。

5. 用计算器开方

没有明显体现某种数学思想方法。

6. 实数

数形结合：每一个实数都可以用数轴上的一个点来表示；数轴上的每一个

点都表示一个数，即实数与数轴上的点是一一对应关系；由数找点体现以形助数思想，由点找数体现以数助形思想，综合体现数形结合的数形互助思想，使学生对数轴认识，从数轴上的点与整数一一对应，到与有理数一一对应，再发展至与实数一一对应，并结合勾股定理利用直角三角形画出一些无理数的点，通过这种简单地运用使学生对数形结合思想方法有进一步的理解，为后续认知直角坐标系上的点与有序数对一一对应做准备，此处教学层次为显化。

分类讨论：实数有两个不同的分类标准，即以是否有限不循环为标准，实数可分为有理数和无理数；以符号正负为标准，可分为正数、零和负数，属于由数学原理的限制条件引起的分类，教学层次为显化。

类比：

（1）类比有理数的分类，实数有两个不同的标准，根据符号的正负及是否为有理数，可分为有理数和无理数；也可分为正数、零和负数，简单共存类比，教学层次为显化。

（2）"想一想"环节，类比有理数的相反数、绝对值和倒数等概念，运算法则和运算律等，理解实数也一样可以进行这些运算，并且有完全一样的运算法则和运算律，属于综合类比，教学层次为显化。

字母表示数："想一想"环节，用字母 a 表示一个实数，则它的相反数为 $-a$，绝对值为 $|a|$，若 $a \neq 0$，则它的倒数为 $\frac{1}{a}$，体现字母表示数的概括性，教学层次为渗透。

集合与对应：

（1）引例，实数可分为有理数、无理数两类，将给出的各数分别填入相应的集合，体现集合思想，教学层次为渗透。

（2）"议一议"环节，非零实数可分为正数、负数两类，将给出的各数分别填入相应的集合，体现集合思想，教学层次为渗透。

（3）第二个"议一议"环节，每一个实数都可以用数轴上的一个点来表示；数轴上的每一个点都表示一个数，即实数与数轴上的点是一一对应关系。体现对应思想，教学层次为显化。

7. 二次根式

第 1 课时

教学模型：

（1）二次根式、最简二次根式，属于概念原理类的数学模型，教学层次为渗透。

（2）积和商的算术平方根结论，属于概念原理类的数学模型，教学层次为渗透。

特殊与一般：

（1）观察一些具体的代数式，发现其共同特征是都含有开平方运算，并且被开方数都是非负数，归纳出二次根式的概念，体现从特殊到一般的思想，教学层次为渗透。

（2）"做一做"环节，计算几组具体的如 $\sqrt{4 \times 9}$、$\sqrt{4} \times \sqrt{9}$ 的数式，发现每组的两个式子是相等的，归纳出一般性规律：积和商的算术平方根结论，体现从特殊到一般的思想，教学层次为显化。

（3）例 1，观察化简结果 $5\sqrt{6}$、$\sqrt{\dfrac{5}{3}}$，发现其共同特征是被开方数中都不含分母，也不含能开得尽方的因数，归纳出最简二次根式的概念，体现从特殊到一般的思想，教学层次为渗透。

（4）例 1，运用积和商的算术平方根结论，解决具体的二次根式化简问题，体现从特殊到一般的思想，教学层次为渗透。

（5）例 2，运用积和商的算术平方根结论，解决具体的二次根式化简问题，体现从特殊到一般的思想，教学层次为渗透。

数形结合：

（1）习题 2.9 题 3，借助两个面积分别为 8 和 2 的正方形，解释 $\sqrt{8} = 2\sqrt{2}$，体现数形结合的以形助数思想，教学层次为运用。

（2）习题 2.9 题 4，借助每个小方格边长都是 1 的方格纸，画一条长为 $\sqrt{20}$ 的线段，体现数形结合的以形助数思想，教学层次为运用。

字母表示数：

（1）用含有字母的式子 $\sqrt{a}$ 表示二次根式，a 叫作被开方数，教学层次为显化。

(2) 积和商的算术平方根结论，$\sqrt{ab} = \sqrt{a} \cdot \sqrt{b}$ ($a \geq 0$, $b \geq 0$)，$\sqrt{\dfrac{a}{b}} = \dfrac{\sqrt{a}}{\sqrt{b}}$ ($a \geq 0$, $b > 0$)，教学层次为显化。

第 2 课时

数学模型：二次根式的乘法和除法法则，属于概念原理类的数学模型，教学层次为渗透。

特殊与一般：

(1) 例 3，运用二次根式的乘法和除法法则，解决具体的二次根式运算问题，体现从一般到特殊的思想，教学层次为渗透。

(2) 例 4，运用二次根式的运算法则和运算公式，解决具体的二次根式运算问题，体现从一般到特殊的思想，教学层次为渗透。

(3) 例 5，运用二次根式的运算法则和运算公式，解决具体的二次根式运算问题，体现从一般到特殊的思想，教学层次为渗透。

类比：例 5，类比整式的合并同类项，当某些最简二次根式被开方数相同时，能够进行适当的合并，从而简化结果，属于综合类比，教学层次为显化。

第 3 课时

转换与化归："议一议"环节，为求方格纸中不规则图形的面积，可通过割或补的方法，转化为规则图形面积的和或差，从而较简便地计算出面积，把不规则转化为规则，体现化归思想，教学层次为显化。

特殊与一般：例 6，运用二次根式的运算法则解决具体的二次根式的加、减、乘、除运算，体现从一般到特殊的思想，教学层次为显化。

第三章　位置与坐标

1. 确定位置

数学模型：

(1) 引例，将电影院里确定一个位置的实际问题抽象为平面中一个点定位的数学问题，并运用直角坐标定位方法解决，属于数学模型的建模，教学层次为渗透。

(2) 例题，将表示海战中敌我双方舰艇的位置的实际问题抽象为平面中一个点定位的数学问题，并运用极坐标定位的方法解决，属于数学模型的建模，教学层次为渗透。

（3）"做一做"环节，将确定地图中某城市或建筑位置的实际问题抽象为平面中一个点定位的数学问题，并运用直角坐标定位方法解决，属于数学模型的建模，教学层次为渗透。

数形结合：

（1）引例，利用"排数和座数"两个数据，即可表示电影院里的每一个位置，体现数形结合的以数助形思想，教学层次为显化。

（2）例题，利用"方位角和距离"两个数据，即可表示海战中敌我双方舰艇的位置，体现数形结合的以数助形思想，教学层次为显化。

（3）"做一做"环节，利用"经度和纬度"两个数据，确定地图中某城市或建筑的位置，体现数形结合的以数助形思想，教学层次为显化。

2. 平面直角坐标系

第1课时

数学模型：

（1）平面直角坐标系、x 轴、y 轴、原点、象限、第一象限、第二象限、第三象限、第四象限等，属于概念原理类的数学模型，教学层次为渗透。

（2）平面直角坐标系中，平面上的点与有序实数对一一对应，属于概念原理类的数学模型，教学层次为渗透。

（3）引例，将表示旅游示意图中风景点位置的实际问题，抽象为在平面中表示点的位置的数学问题，并引入平面直角坐标系等相关概念加以解决，属于数学模型的建模，教学层次为渗透。

数形结合：

（1）"做一做"环节，利用一组有序实数对来表示旅游地图上某个景点的位置，体现数形结合的以数助形思想，教学层次为渗透。

（2）例1，写出平面直角坐标系中多边形各个顶点的坐标，是从形到数的过程，体现数形结合的以数助形思想，教学层次为渗透。

（3）第二个"做一做"环节，给出点的坐标，在平面直角坐标系中描出各点，是从数到形的过程，体现数形结合的以形助数思想，教学层次为渗透。

（4）在平面直角坐标系中，可用横、纵坐标组成的一组有序实数对表示平面内任意一个的点；而根据给出的有序实数对，可在平面直角坐标系中找到唯一对应的点。体现数形结合的数形互助思想，教学层次为显化。

集合与对应：平面直角坐标系的引入把有序实数对与平面内的点建立起一一对应关系，体现对应思想，教学层次为渗透。

第 2 课时

特殊与一般：

（1）例 2，在直角坐标系中描出给定坐标的几个点，分析所连线段的特点，归纳出一般性结论：当两个点的纵（横）坐标相同而横（纵）坐标不同时，这两个点所确定的线段与 x 轴（y 轴）平行，体现从特殊到一般的思想，教学层次为显化。

（2）"议一议"环节，运用归纳出的一般性规律，分析得出 x 轴上的点纵坐标相同且为 0，y 轴上的点横坐标相同且为 0，体现从一般到特殊的思想，教学层次为渗透。

（3）"做一做"环节，分析直角坐标系中一个笑脸图的各点坐标，发现处于不同象限的点的坐标的符号的特点，归纳出不同象限上点的坐标的符号特点的结论，体现从特殊到一般的思想，教学层次为渗透。

数形结合：

（1）例 2，根据给出的点的坐标确定这些点在平面内的位置，并根据连出的线段发现：当两个点的纵（横）坐标相同而横（纵）坐标不同时，这两个点所确定的线段与 x 轴（y 轴）平行。从有序数对到点的位置，从坐标的数量关系到点的位置关系，体现数形结合的以形助数思想，教学层次为显化。

（2）"做一做"环节，分析直角坐标系中点的坐标，发现处于不同象限的点的坐标的符号各有特点，从点的位置到坐标的符号特点，体现数形结合的以数助形思想，教学层次为显化。

第 3 课时

数学模型："议一议"环节，将寻找一个有具体坐标的宝藏的游戏抽象为建立直角坐标系，并在其中找出已知坐标的点的数学问题，属于数学模型的建模，教学层次为渗透。

数形结合：

（1）例 3，建立直角坐标系，用有序实数对表示一个矩形各个顶点的坐标，体现数形结合的以数助形思想，教学层次为渗透。

（2）例 4，建立直角坐标系，用有序实数对表示一个等边三角形各个顶点的坐标，体现数形结合的以数助形思想，教学层次为显化。

（3）"议一议"环节，根据给出的两个点的坐标，建立适当的直角坐标系，并在建立的坐标系中确定所要求的点，体现数形结合的以形助数思想，教学层次为显化。

3. 轴对称与坐标变化

特殊与一般：

（1）引例，观察平面直角坐标系中两面小旗子的轴对称关系，并分析其对应点的坐标，归纳出一般性结论：关于 y 轴对称的点的坐标，纵坐标相同，横坐标互为相反数。体现从特殊到一般的思想，教学层次为渗透。

（2）例题，"做一做"环节，具体点的坐标的变化，所得的图形与原图形成轴对称性，归纳出一般结论：关于 x 轴对称的两个点的坐标，横坐标相同，纵坐标互为相反数；关于 y 轴对称的两个点的坐标，纵坐标相同，横坐标互为相反数。体现从特殊到一般的思想，教学层次为渗透。

数形结合：

（1）引例，观察平面直角坐标系中两面小旗子的轴对称关系，发现对应点的坐标特征：关于 y 轴对称的点的坐标，纵坐标相同，横坐标互为相反数。体现数形结合的以形助数思想，教学层次为渗透。

（2）例题，平面直角坐标系中的图形各点的纵坐标保持不变，横坐标分别乘以 -1，发现所得的新图形与原图形关于 y 轴成轴对称关系，是坐标数的变化引起图形的变化，体现数形结合的以数助形思想，教学层次为显化。

（3）"做一做"环节，平面直角坐标系中的图案各点的横坐标保持不变，纵坐标分别乘以 -1，发现所得的新图形与原图形关于 x 轴对称，是坐标数的变化引起图形的变化，体现数形结合的以数助形思想，教学层次为显化。

第四章　一次函数

1. 函数

数学模型：

（1）函数，属于概念原理类的数学模型，教学层次为渗透。

（2）引例，将摩天轮上一点的高度随着旋转时间变化的实际问题抽象为两个变量之间关系的数学问题，并利用图像和表格表示两个变量的变化关系，属于数学模型的建模，教学层次为渗透。

（3）"做一做"环节，将圆柱形随着堆放层数的增加，总数如何变化的实际问题抽象为两个变量之间关系的数学问题，并利用表格表示两个变量的变化关系，属于数学模型的建模，教学层次为渗透。

数形结合：引例，利用图像直观表示摩天轮上一点的高度与旋转时间两个变量之间的关系，体现数形结合的以形助数思想，教学层次为显化。

方程与函数：

（1）引例，通过图像和表格，反映摩天轮上一点的高度与旋转时间两个变量之间的关系，且对于每一个时间，都有唯一的高度与之对应，体现函数思想，教学层次为渗透。

（2）"做一做"环节，通过表格反映圆柱形堆放层数和总数两个变量之间的关系，且对于每一个堆放层数，都有唯一的总数与之对应，体现函数思想，教学层次为渗透。

（3）"做一做"环节，通过关系式反映热力学温度和摄氏温度两个变量之间的关系，且对于每一个摄氏温度，都有唯一的热力学温度与之对应，体现函数思想，教学层次为渗透。

2. 一次函数与正比例函数

数学模型：

（1）一次函数 $y = kx + b(k \neq 0)$、正比例函数 $y = kx(k \neq 0)$，属于概念原理类的数学模型，教学层次为渗透。

（2）引例，把弹簧所挂重物的质量和弹簧的长度之间关系的实际问题抽象为两个变量之间关系的数学问题，并利用函数关系式表示，属于数学模型的建模，教学层次为渗透。

（3）"做一做"环节，将汽车行驶路程与耗油量之间关系的实际问题抽象为两个变量之间关系的数学问题，并利用函数关系式表示，属于数学模型的建模，教学层次为渗透。

（4）例1，将汽车行驶路程与行驶时间的关系、圆的面积与半径的关系、水池的水与进水速度的关系等实际问题抽象为两个变量之间关系的数学问题，并利用函数关系式表示，属于数学模型的建模，教学层次为显化。

（5）例2，将所得税与月收入之间关系的实际问题抽象为两个变量之间关系的数学问题，并利用函数关系式表示，属于数学模型的建模，教学层次为渗透。

特殊与一般：

（1）分析弹簧长度与所挂重物的关系、耗油量与行驶路程的关系，列出变量之间的函数关系式，分析所得关系式的数字和指数特征，归纳出一次函数和正比例函数的概念，体现从特殊到一般的思想，教学层次为显化。

（2）一次函数的一般形式 $y = kx + b(k \neq 0)$，特别地，当 $b = 0$ 时，得正比例函数 $y = kx(k \neq 0)$，即正比例函数是一次函数的特殊情况，体现从一般到特殊的思想，教学层次为显化。

（3）例1，运用一次函数和正比例函数的概念，判断所列出的函数关系式是否为一次函数，体现从一般到特殊的思想，教学层次为显化。

方程与函数：

（1）引例，弹簧的长度随着弹簧所挂重物的质量变化而变化，且对于每一个重物质量，都有唯一的弹簧长度与之对应，两者成一次函数关系，体现函数思想，教学层次为渗透。

（2）"做一做"环节，汽车耗油量随着行驶路程的变化而变化，且对于每一个行驶路程，都有唯一的耗油量与之对应，两者成一次函数关系，体现函数思想，教学层次为渗透。

（3）例1，汽车行驶路程随着行驶时间的变化而变化，且对于每一个行驶时间，都有唯一的行驶路程与之对应，两者成一次函数关系，体现函数思想，教学层次为显化。

（4）例2，所得税随着月收入的变化而变化，且对于每一个月收入，都有唯一的所得税与之对应，两者成一次函数关系，体现函数思想。经过之前变量之间的关系的学习的提前渗透、函数概念学习的反复渗透，本节课归纳小结时应明确提出函数思想方法的名称、内涵及作用，使学生领悟函数思想方法在对应变化问题中普遍存在，而且是解决对应变化问题的首选策略，此处教学层次为显化。

3. 一次函数的图像

第 1 课时

教学模型：

(1) 函数图像，属于概念原理类的数学模型，教学层次为渗透。

(2) 正比例函数图像的增减性质，属于概念原理类的数学模型，教学层次为渗透。

特殊与一般：

(1) 为研究正比例函数图像，将系数特殊化为 $k=2$，首先研究 $y=2x$ 的函数图像，接着研究 $y=-3x$ 的函数图形，分析其图像都为一条过原点的直线，归纳出一般性结论：正比例函数 $y=kx(k\neq0)$ 的图像是一条经过原点 $(0,0)$ 的直线。体现从特殊到一般的思想，教学层次为显化。

(2) "做一做" 环节，在同一直角坐标系中画出四个正比例函数的图像，并观察这四个函数，随着 x 的值的增大，y 的值如何变化，归纳出正比例函数 $y=kx(k\neq0)$ 的增减性：当 $k>0$ 时，y 的值随着 x 的值的增大而增大；当 $k<0$ 时，y 的值随着 x 的值的增大而减小。体现从特殊到一般的思想，教学层次为显化。

(3) "想一想" 环节，分析四个具体函数中 k 的绝对值的大小对函数值的变化的影响，归纳出一般性结论：当 k 的绝对值越大时，y 的值随着 x 的值的变化越快。体现从特殊到一般的思想，使学生领悟函数图像与性质探究的一般策略与方法，从具体的、特殊的函数开始，利用描点法画出其图像，分析其所处象限、增减性、对称性等性质，并抽象、推广至函数的一般式，分析其一般性结论，为后续其他函数图像与性质的学习做准备，使特殊与一般思想方法外显化、清晰化，教学层次为显化。

数形结合：

(1) 例 1，列出正比例函数 $y=2x$ 的若干对 x 与 y 的对应的值，作为点的横坐标与纵坐标，描画出函数的图像，体现以数助形思想；所得函数图像，能直观呈现变量之间的对应变化关系，体现以形助数思想。整体体现数形结合思想，教学层次为显化。

(2) "做一做" 与 "议一议" 环节，在所画正比例函数图像上取点的坐标，代入函数关系式，验证坐标是否都满足关系式，体现数形结合的数形互助思想，教学层次为渗透。

（3）第二个"议一议"环节，在正比例函数 $y = kx(k \neq 0)$ 中，k 值的正负决定了正比例函数的增减性，且 k 值的绝对值的大小反映图像的变化趋势，体现数形结合的以数助形思想，教学层次为显化。

分类讨论：第二个"议一议"环节，分析正比例函数 $y = kx(k \neq 0)$ 的增减性，以 k 值的正负为标准，可分为 $k > 0$ 和 $k < 0$ 两种情况，并分别讨论其函数的增减性，属于由数学原理的限制条件引起的分类讨论，教学层次为显化。

集合与对应：函数关系式中，自变量的一个值及其对应的函数值，与函数图像上对应的点的横坐标和纵坐标存在着对应的关系，体现对应思想，教学层次为渗透。

第 2 课时

特殊与一般：

（1）为研究一次函数 $y = kx + b(k \neq 0)$ 的图像，首先研究一次函数 $y = -2x + 1$ 的图像，归纳出一般性结论：一次函数 $y = kx + b$ 的图像是一条直线。体现从特殊到一般的思想，教学层次为显化。

（2）"做一做"环节，在同一象限内画出四个一次函数的图像。"议一议"环节，观察画出的图像，归纳出一般性结论：k 值的正负对函数增减性的影响；直线 $y = kx + b(k \neq 0)$ 与 $y = kx(k \neq 0)$ 的位置关系；系数 b 的几何意义。体现从特殊到一般的思想，教学层次为显化。

（3）通过分析几个具体的一次函数，发现当 k 的取值不同时，导致 y 的值随着 x 的值的变化情况也不同，归纳出一般性结论：当 $k > 0$ 时，y 的值随着 x 的值的增大而增大；当 $k < 0$ 时，y 的值随着 x 的值的增大而减小。体现从特殊到一般的思想，教学层次为显化。

数形结合：

（1）例 2，把函数关系式 $y = -2x + 1$ 的若干对 x 与 y 的对应值作为点的横坐标与纵坐标，描画出函数的图像，体现以数助形思想；所得函数图像，能直观呈现变量之间的对应变化关系，体现以形助数思想。整体体现数形结合的数形互助思想，教学层次为显化。

（2）"做一做"环节，在同一象限内画出四个一次函数的图像。"议一议"环节，分析画出的函数图像，并探究几个问题：k 值的正负对函数增减性的影响；直线 $y = kx + b(k \neq 0)$ 与 $y = kx(k \neq 0)$ 的位置关系；系数 b 的几何意义。从一次函数的图像，即形的角度认识一次函数，体现数形结合的以形助数思想，教学层次为显化。

分类讨论："议一议"环节，分析一次函数 $y = kx + b(k \neq 0)$ 的增减性，以 k 值的正负为标准，可分为 $k > 0$ 和 $k < 0$ 两种情况，并分别讨论其函数的增减性，属于由数学原理的限制条件引起的分类讨论，教学层次为显化。

类比：类比上一节研究正比例函数图像的方法，研究一次函数图形的性质，先画出一个具体的一次函数图像，分析图像，归纳出一次函数图像的形状；再画出几个具体的一次函数图像，分析其函数图像的增减性。属于综合类比，教学层次为显化。

集合与对应：一次函数一组自变量与因变量的值，与函数图像上一个点的横坐标和纵坐标存在着对应的关系。体现对应思想，教学层次为渗透。

4. 一次函数的应用

第1课时

数学模型：

（1）引例，将物体沿斜坡下滑时的速度与下滑时间变化的关系的实际问题抽象为两个变量之间的关系，并用函数图像和函数关系式表示，属于数学模型的建模，教学层次为渗透。

（2）例1，将弹簧长度与所挂物体质量之间变化关系的实际问题抽象为两个变量之间的关系，并用待定系数法求出函数关系式，属于数学模型的建模，教学层次为渗透。

数形结合：引例，在函数图像上找到两个点的坐标，再代入假设的一次函数表达式中，求出函数的关系式，从形到数，体现数形结合的以形助数思想，教学层次为显化。

方程与函数：

（1）引例，物体沿斜坡下滑时，速度随着下滑时间的变化而变化，且对于每一个下滑时间，都有唯一的下滑速度与之对应，两个变量成一次函数关系，体现函数思想，教学层次为渗透。

（2）例1，弹簧长度随着所挂物体质量的变化而变化，且对于每一个所挂物体质量，都有唯一的弹簧长度与之对应，两个变量成一次函数关系，体现函数思想，教学层次为渗透。

(3) 例1，运用待定系数法确定一次函数关系式，先用字母表示待求的系数，则所求的一次函数为 $y=kx+b(k\neq0)$，再代入两组变量的数据，得到一个二元一次方程组，通过方程组的求解，解得待定的系数，从而确定所求的一次函数。体现方程思想，教学层次为显化。

第2课时

数学模型：

(1) 引例，将蓄水量与干旱持续时间之间变化关系的实际问题，利用函数图像表示和解决，属于数学模型的建模，教学层次为渗透。

(2) 例2，将油箱中剩余油量与摩托车行驶路程之间变化关系的实际问题，利用函数图像表示和解决，属于数学模型的建模，教学层次为渗透。

特殊与一般："做一做"环节，结合图像分析，当 $y=0$ 时其横坐标的值。"议一议"环节，探究一元一次方程 $0.5x+1=0$ 与一次函数 $y=0.5x+1$ 的联系，归纳出一般性结论：一次函数 $y=kx+b(k\neq0)$ 的函数值为 0 时，相应的自变量就是方程的解。体现从特殊到一般的思想，教学层次为显化。

数形结合：

(1) 引例，利用函数图像表示蓄水量与干旱持续时间之间的变化关系，并利用图像分析、解决相关求蓄水量、干旱时间等数量问题，体现数形结合的以形助数思想，教学层次为运用。

(2) 例2，利用函数图像表示油箱中剩余油量与摩托车行驶路程之间的变化关系，并利用图像分析、解决油箱储油量、可行驶路程等数量问题，体现数形结合的以形助数思想，教学层次为运用。

(3) "做一做"环节，根据函数图像上的两个点坐标，确定函数的表达式，体现数形结合的以形助数思想，教学层次为运用。

(4) 从图像上看，一次函数 $y=kx+b(k\neq0)$ 的图像与 x 轴交点的横坐标就是方程 $kx+b=0(k\neq0)$ 的解，反映数与形之间的联系，体现数形结合的数形互助思想，教学层次为显化。

方程与函数：

(1) 引例，利用函数图像表示蓄水量与干旱持续时间之间的变化关系，两个变量之间成一次函数关系，体现函数思想，教学层次为渗透。

(2) 例2，利用函数图像表示油箱中剩余油量与摩托车行驶路程之间的变化关系，两个变量之间成一次函数关系，体现函数思想，教学层次为显化。

（3）"做一做"环节，观察函数图像，当 $y=0$ 时，找到对应的图像上的点，得出其横坐标，并利用待定系数法求出函数的表达式，体现方程思想，教学层次为显化。

第 3 课时

数学模型：

（1）引例，销售问题中销售量与成本以及销售量与收入之间的变化关系，利用函数图像表示并解决，属于数学模型的建模，教学层次为渗透。

（2）例 3，行程中的有关追赶时间与两船相对于海岸的距离之间的变化关系，利用函数图像表示并解决，属于数学模型的建模，教学层次为显化。

数形结合：

（1）引例，利用函数图像表示销售量与成本以及销售量与收入之间的变化关系，并结合图像分析、解决销售的数量问题，求出其对应的函数解析式，体现数形结合的以形助数思想，教学层次为运用。

（2）"想一想"环节，结合函数图像，分析一次函数 $y=kx+b(k\neq0)$ 中，k 和 b 的实际意义，体现数形结合的以形助数思想，教学层次为运用。

（3）例 3，利用函数图像表示行程中的有关追赶时间与两船相对于海岸的距离之间的变化关系，结合图像分析、解决速度比较、能否追上等问题，体现数形结合的以形助数思想，教学层次为运用。

方程与函数：

（1）引例，利用函数图像表示销售问题中销售量与成本以及销售量与收入之间的变化关系，体现函数思想，教学层次为渗透。

（2）例 3，利用函数图像表示行程中的有关追赶时间与两船相对于海岸的距离之间的变化关系，体现函数思想，教学层次为显化。

第五章　二元一次方程组

1. 认识二元一次方程组

数学模型：

（1）二元一次方程、二元一次方程组、二元一次方程的一个解、二元一次方程组的解，属于概念原理类的数学模型，教学层次为渗透。

（2）引例，将老牛和小马驮包裹的实际问题，利用二元一次方程组的方法表示和解决，属于数学模型的建模，教学层次为渗透。

（3）引例，将求公园门票价格的实际问题，利用二元一次方程组的方法表示和解决，属于数学模型的建模，教学层次为渗透。

特殊与一般：

（1）"想一想"环节，分析前面得到的几个方程的特征，有两个未知数，且未知数的次数都是1，归纳出二元一次方程的概念，体现从特殊到一般的思想，教学层次为显化。

（2）"议一议"环节，将前面得到的二元一次方程联立，分析其特征，归纳出二元一次方程组的概念，体现从特殊到一般的思想，教学层次为渗透。

（3）"做一做"环节，从具体的方程和方程组中归纳出二元一次方程组的一个解，以及二元一次方程组的解的概念，体现从特殊到一般的思想，教学层次为渗透。

方程与函数：

（1）引例，为求解老牛和小马驮包裹数量的问题，用字母分别表示老牛驮的包裹为 x 个，小马驮的包裹为 y 个，根据等量关系列出两个方程，将两个方程联立，得到一个二元一次方程组，体现方程思想，教学层次为显化。

（2）引例，为求解公园门票价格的问题，用字母分别表示成人有 x 个，儿童有 y 个，根据等量关系列出两个方程，将两个方程联立，得到一个二元一次方程组，体现方程思想，教学层次为显化。

2. 求解二元一次方程组

第1课时

数学模型：代入消元法（代入法），属于概念原理类的数学模型，教学层次为渗透。

转换与化归：

（1）引例，通过代入消元法，把二元一次方程组转化成一元一次方程，从而运用之前一元一次方程的解法求得未知数的值，即将二元转化为一元，将未知转化为已知，体现化归思想，教学层次为显化。

（2）例1，通过代入消元法，把二元一次方程组转化成一元一次方程，体现化归思想，教学层次为显化。

（3）例2，通过代入消元法，把二元一次方程组转化成一元一次方程，体现化归思想，教学层次为显化。

（4）"议一议"环节，明确提出解方程组的基本思路是"消元"——把"二元"变为"一元"，归纳代入消元法的一般解题步骤，体现化归思想，使学生领悟到解方程和方程组必然涉及转换与化归思想，而求解二元一次方程组正是代数知识中体现化归思想的最典型例子，化归思想是解方程组的策略，转化为一元一次方程是化归的目标，消元法是化归的方法，化归的作用是使二元一次方程的新知转化为一元一次方程的旧知，此处教学层次为显化。

第2课时

数学模型：加减消元法（加减法），属于概念原理类的数学模型，教学层次为渗透。

转换与化归：

（1）引例，通过加减消元法把二元一次方程组转化成一元一次方程，从而运用之前一元一次方程的解法求得未知数的值，即将二元转化为一元，将未知转化为已知，体现化归思想，教学层次为显化。

（2）例3，通过加减消元法把二元一次方程组转化成一元一次方程，体现化归思想，教学层次为显化。

（3）例4，通过加减消元法把二元一次方程组转化成一元一次方程，体现化归思想，教学层次为显化。

（4）"议一议"环节，归纳加减消元法的一般解题步骤，体现化归思想，教学层次为显化。

3. 应用二元一次方程组——鸡兔同笼

数学模型：

（1）引例，将"鸡兔同笼"的实际问题通过建立二元一次方程组的方法来解决，属于数学模型的建模，教学层次为渗透。

（2）例题，将"以绳测井"的实际问题通过建立二元一次方程组的方法来解决，属于数学模型的建模，教学层次为显化。

方程与函数：

（1）引例，为求解鸡、兔各有多少的问题，用字母分别表示鸡和兔的数量，根据等量关系列出两个方程，联立得到一个二元一次方程组，并运用消元法求得未知数的值，从而解决问题，体现方程思想，教学层次为渗透。

（2）例题，为求解绳长、井深的问题，用字母分别表示绳长和井深，根据等量关系列出两个方程，联立得到一个二元一次方程组，并运用消元法求得未知数的值，从而解决问题，体现方程思想，教学层次为渗透。

4. 应用二元一次方程组——增收节支

教学模型：

（1）引例，将求工厂的总支出、总利润的实际问题通过建立二元一次方程组的方法来解决，属于数学模型的建模，教学层次为渗透。

（2）例题，将求营养餐原料分量的实际问题通过建立二元一次方程组的方法来解决，属于数学模型的建模，教学层次为显化。

转换与化归：

（1）引例，利用表格把"增收节支"问题中的已知条件、待求的量直观地表示出来，有助于寻找等量关系，体现转换思想，教学层次为渗透。

（2）引例，利用表格把"配制营养品"问题中的已知条件、待求的量直观地表示出来，有助于寻找等量关系，体现转换思想，教学层次为渗透。

方程与函数：

（1）引例，为求工厂的总支出、总利润的问题，用字母分别表示总支出、总利润的数量，根据等量关系列出两个方程，联立得到一个二元一次方程组，并运用消元法求得未知数的值，从而解决问题，体现方程思想，教学层次为渗透。

（2）例题，为求营养餐原料分量的问题，用字母分别表示甲原料、乙原料的重量，根据等量关系列出两个方程，联立得到一个二元一次方程组，并运用消元法求得未知数的值，从而解决问题，体现方程思想，教学层次为显化。

5. 应用二元一次方程组——里程碑上的数

教学模型：

（1）引例，将求"里程碑上的数"的实际问题通过建立二元一次方程组的方法来解决，属于数学模型的建模，教学层次为渗透。

（2）例题，将求"两个两位数"的实际问题通过建立二元一次方程组的方法来解决，属于数学模型的建模，教学层次为显化。

（3）"议一议"环节，通过归纳利用二元一次方程组解决实际问题的步骤，建立出二元一次方程组解题的模型，教学层次为显化。

方程与函数：

（1）引例，为解决"里程碑上的数"的问题，用字母分别表示两个里程碑上的数字，根据等量关系列出两个方程，联立得到一个二元一次方程组，并运用消元法求得未知数的值，从而解决问题，体现方程思想，教学层次为渗透。

（2）例题，为解决"两个两位数"的问题，用字母分别表示这两个两位数，根据等量关系列出两个方程，联立得到一个二元一次方程组，并运用消元法求得未知数的值，从而解决问题，体现方程思想，教学层次为显化。

字母表示数：

（1）引例，将三个"里程碑上的数"分别用三个代数式来表示，为建立方程组带来了方便，教学层次为显化。

（2）例题，将两个"两位数"和两个"四位数"分别用代数式来表示，为建立方程组带来了方便。在前面方程学习中，虽然反复利用字母表示未知数，但由于字母表示数思想是方程思想的上位思想，所以教学中一般强调方程思想，对字母表示数思想隐而不提，而本节应对字母表示数思想加以显化，一方面用字母表示一个几位数是一种较特殊的运用；另一方面借助字母表示数使得问题的表示变得简单、清晰、可运算，充分体现字母表示数的优越性，教学层次为显化。

6. 二元一次方程与一次函数

特殊与一般：

（1）通过研究几个具体的二元一次方程与相应的一次函数的关系，归纳出以二元一次方程的解为坐标的点组成的图像与相应的一次函数的图像相同，是一条直线，体现从特殊到一般的思想，教学层次为显化。

（2）通过研究一次函数 $y = 5 - x$ 和 $y = 2x - 1$ 的交点坐标与二元一次方程组 $\begin{cases} x + y = 5 \\ 2x - y = 1 \end{cases}$ 的解之间的关系，归纳出二元一次方程组的解就是相应的两个一次函数的图像的交点坐标，体现从特殊到一般的思想，教学层次为显化。

（3）通过研究两直线 $y = x + 1$ 和 $y = x - 2$ 的位置关系为平行（即没有交点），得出一元二次方程组 $\begin{cases} x - y = -1 \\ x - y = 2 \end{cases}$ 没有解，归纳出当两直线平行时，相应的二元一次方程组没有解，体现从特殊到一般的思想，教学层次为显化。

数形结合：

（1）引例，从数的角度看，方程与函数描述的是同样的关系；从形的角度看，它们对应的解（点）组成的图像相同，即以一个二元一次方程的解为坐标的点组成的图像与相应的一次函数的图像相同，都是一条直线。体现数形结合的数形互助思想，教学层次为显化。

（2）"做一做"环节，两个一次函数的图像的交点坐标，即所对应的二元一次方程组的解，既可以根据交点坐标得到方程组的解，也可以通过解方程组求得函数图像的交点坐标，体现数形结合的数形互助思想，教学层次为显化。

（3）"想一想"环节，同一直角坐标系内，两个一次函数图像平行，则对应的二元一次方程组无解。既可以通过函数图像是否平行，判断二元一次方程组解的情况，也可以根据二元一次方程组解的情况，判断两个一次函数图形是否平行。体现数形结合的数形互助思想，教学层次为显化。

集合与对应：

（1）一个二元一次方程组的解 $\begin{cases} x = a \\ y = b \end{cases}$ 与相应的一次函数图像上的点的坐标 (a, b) 对应，体现对应思想，教学层次为显化。

（2）二元一次方程组的解与相应的两个一次函数的图像的交点坐标对应，体现对应思想，教学层次为显化。

7. 用二元一次方程组确定一次函数表达式

数学模型：

（1）待定系数法，属于概念原理类的数学模型，教学层次为渗透。

（2）引例，将甲、乙两人骑自行车相遇的实际问题抽象为两人的距离随时间变化的数学问题，并通过画出函数图像求交点，或建立二元一次方程组的方法解决，属于数学模型的建模，教学层次为显化。

（3）例题，乘客携带行李的重量与相应费用关系的实际问题，通过建立一次函数模型，并利用待定系数法求出一次函数关系式，再通过代入求值解决，属于数学模型的建模，教学层次为显化。

方程与函数：

（1）引例，小明把"甲乙相遇"的实际问题通过画出函数图像求交点的方法解决，体现函数思想，教学层次为渗透。

（2）引例，小颖把"甲乙相遇"的实际问题通过建立二元一次方程组的方法解决，体现方程思想，教学层次为渗透。

（3）例题，通过把一次函数的系数设为 k 和 b，从而建立二元一次方程组求出它们的值，体现方程思想，教学层次为显化。

（4）"做一做"环节，通过一次函数 $y = 2x + b$ 图像经过点 $(a, 7)$ 和 $(-2, a)$ 的条件来建立二元一次方程组，从而求出 a 和 b 的值，体现方程思想。待定系数法的应用，即建立方程组求函数的表达式是方程思想与函数思想的重要联系，此处应将方程思想显化、明晰化，使学生明确待定系数法的上位策略是方程思想。具体而言，由于所求的待定系数是未知而确定的，可用字母表示，根据函数经过的点寻找等量关系可建立方程组，利用消元法解之即可得待定系数，作为后续利用待定系数法求反比例函数、二次函数解析式的策略基础。此处教学层次为显化。

8. 三元一次方程组

数学模型：

（1）三元一次方程、三元一次方程组、三元一次方程组的解，属于概念原理类的数学模型，教学层次为渗透。

（2）解三元一次方程组的基本思路为：三元一次方程组消元为二元一次方程组，再消元为一元一次方程，构建出解三元一次方程组的数学模型。教学层次为渗透。

转换与化归：

（1）引例，利用代入消元或加减消元，把三元一次方程组转化为二元一次方程组，再消元为一元一次方程，从而运用之前的一元一次方程的求解方法解决问题，即三元转化为二元，再转化为一元，未知转化为已知，体现化归思想，教学层次为显化。

（2）例题，利用代入消元或加减消元，把三元一次方程组转化为二元一次方程组，再转化为一元一次方程，体现化归思想，教学层次为显化。

（3）"议一议"环节，明确提出解三元一次方程组的基本思路仍然是消元，把三元转化为二元，再转化为一元，体现化归思想，教学层次为显化。

类比：类比解二元一次方程组的"消元"的方法来解三元一次方程组，属于因果类比，教学层次为显化。

第六章　数据的分析

1. 平均数

第 1 课时

数学模型：

（1）算术平均数、加权平均数，属于概念原理类的数学模型，教学层次为渗透。

（2）引例，提出要比较的两支球队队员身高、年龄的实际问题；"想一想"环节，用平均数来反映平均身高、年龄情况，属于数学模型的建模，教学层次为显化。

（3）例题，为解决公司招聘比较候选人素质的问题，利用表格呈现三项测试的成绩，并计算算术平均数和加权平均数，从而根据数据决定录取人选，属于数学模型的建模，教学层次为显化。

或然与必然：

（1）引例，提出要比较的两支球队队员身高、年龄的实际问题，在日常生活中常用平均数来描述一组数据的集中趋势，即用平均数来估计数据的集中趋势，体现或然与必然思想中统计思想的估计思想，教学层次为显化。

（2）例题，通过计算 A、B、C 三名候选人的平均成绩来确定谁将被录用，体现或然与必然思想中统计思想的估计思想，教学层次为显化。

第 2 课时

数学模型：

（1）引例，为解决三个班广播体操哪个班成绩最高的问题，利用表格呈现三个班的各项得分，并通过计算加权平均数，从而得到哪个班成绩最高的结果，属于数学模型的建模，教学层次为显化。

（2）"议一议"环节，将求小明骑自行车和步行的平均速度的问题抽象为求算术平均数或加权平均数的数学问题，属于数学模型的建模，教学层次为显化。

2. 中位数与众数

数学模型：

（1）中位数、众数，属于概念原理类的数学模型，教学层次为渗透。

（2）引例，利用平均数、中位数和众数等数学方法，分析某公司员工的月工资情况，属于数学模型的建模，教学层次为显化。

（3）"做一做"环节，利用平均数、中位数和众数等数学方法，刻画北京金隅队队员身高的平均数及调查的男同学运动鞋尺码的情况，属于数学模型的建模，教学层次为显化。

或然与必然：

（1）"议一议"环节，用哪个数据描述该公司员工收入的集中趋势更加合适，体现或然与必然思想中统计思想的估计思想，教学层次为显化。

（2）"做一做"环节，用众数来估计学校商店应多进哪种尺码的运动鞋，体现或然与必然思想中统计思想的估计思想，教学层次为显化。

3. 利用统计图分析数据的集中趋势

数学模型：

（1）引例，用众数、中位数反映面包质量情况，属于数学模型的建模，教学层次为显化。

（2）"议一议"环节，用众数、中位数反映队员的年龄情况，属于数学模型的建模，教学层次为显化。

（3）"做一做"环节，用平均数反映20名学生购买课外书的花费情况，属于数学模型的建模，教学层次为显化。

（4）例题，用众数、平均数反映某地10天内最高气温的情况，属于数学模型的建模，教学层次为显化。

数形结合：

（1）引例，利用散点图所表示的点的数据，估计一批面包的平均质量，体现数形结合的以形助数思想，教学层次为显化。

（2）"议一议"环节，用条形统计图表示三支青年排球队队员的年龄状况，体现数形结合的以形助数思想，教学层次为显化。

（3）"做一做"环节，用扇形统计图表示20名同学购买课外书的情况，体现数形结合的以形助数思想，教学层次为显化。

（4）例题，用扇形统计图反映某地10天最高气温的情况，体现数形结合的以形助数思想，教学层次为运用。

或然与必然：

（1）引例，为了检查面包的质量是否达标，随机抽取了同种规格的面包10个，然后通过这10个面包的质量情况去估计这种面包的平均质量，体现或然与必然思想中统计思想的抽样思想和估计思想，教学层次为显化。

（2）"议一议"环节，通过甲、乙、丙三支球队的年龄情况的条形统计图，要求学生去估计三支球队的平均年龄哪个大，哪个小，体现或然与必然思想中统计思想的估计思想，教学层次为显化。

4. 数据的离散程度

第1课时

数学模型：

（1）方差、标准差、极差，属于概念原理类的数学模型，教学层次为渗透。

（2）引例，用平均数、方差等数学方法反映甲、乙两厂鸡腿质量的情况，属于数学模型的建模，教学层次为显化。

（3）"做一做"环节，用平均数、方差等数学方法反映丙厂鸡腿质量的情况，属于数学模型的建模，教学层次为显化。

数形结合：

（1）引例，通过散点图反映甲、乙两厂鸡腿质量的情况，体现数形结合的以形助数思想，教学层次为运用。

（2）"做一做"环节，通过散点图反映丙厂鸡腿质量的情况，体现数形结合的以形助数思想，教学层次为运用。

或然与必然：

（1）引例，通过分别从甲厂、乙厂的产品中抽样调查20只鸡腿质量的情况，去估计甲、乙两厂抽取的鸡腿的平均质量，体现或然与必然思想中统计思想的抽样思想和估计思想，教学层次为显化。

（2）"做一做"环节，通过计算从甲、丙两厂抽取的20只鸡腿的质量的方差来估计哪个厂的鸡腿更符合要求，体现或然与必然思想中统计思想的抽样思想和估计思想，教学层次为显化。

类比：方差概念的学习，可以类比平均数概念的学习方法，属于简单共存类比，教学层次为渗透。

第 2 课时

数学模型：

（1）引例，用方差与平均数反映 A、B 两地气温特点，教学层次为显化。

（2）"议一议"环节，用平均数与方差反映运动员跳远成绩的情况，教学层次为显化。

（3）"做一做"环节，用平均数与方差反映安静环境与吵闹环境下的估计结果，教学层次为显化。

数形结合：引例，用折线图描述 A、B 两地气温特点，体现数形结合的以形助数思想，教学层次为运用。

或然与必然：

（1）"议一议"环节，用甲、乙两个运动员成绩的平均数与方差来估计谁夺冠的可能性更大，谁能打破纪录，体现或然与必然思想中统计思想的估计思想，教学层次为显化。

（2）"做一做"环节，两人一组估计 1 分钟的时间有多长，将全班的结果汇总，分别计算安静和吵闹环境下的估计结果的平均值和方差，体现或然与必然思想中统计思想的估计思想，教学层次为显化。

第七章　平行线的证明

1. 为什么要证明

没有明显体现某种数学思想方法。

2. 定义与命题

第 1 课时

数学模型：定义、命题、条件、结论、真命题、假命题、反例，属于概念原理类的数学模型，教学层次为渗透。

第 2 课时

数学模型：

（1）公理、证明、定理，属于概念原理类的数学模型，教学层次为渗透。

（2）八大基本事实、同角（等角）的补角相等、同角（等角）的余角相等、三角形的任意两边之和大于第三边、对顶角相等，属于概念原理类的数学模型，教学层次为渗透。

转换与化归：

（1）证明定理时，将命题的条件转化为八大基本事实的条件，从而使定理得证，体现化归思想，教学层次为渗透。

（2）例题，将证明两对顶角相等的问题转化为定理"同角的补角相等"的条件，从而使命题得证，即将未知转化为已知，体现化归思想，教学层次为渗透。

特殊与一般： 例题，运用"同角的补角相等"证明"两对顶角相等"，体现从一般到特殊的思想，教学层次为渗透。

公理化： 八大基本事实，体现公理化思想，教学层次为渗透。

3. 平行线的判定

数学模型： 内错角相等，两直线平行；同旁内角互补，两直线平行。属于概念原理类的数学模型，教学层次为渗透。

转换与化归：

（1）证明"内错角相等，两直线平行"，把内错角相等的条件转化为同位角相等，从而运用定理"同位角相等，两直线平行"解决证明，即将未知转化为已知，体现化归思想，教学层次为显化。

（2）证明"同旁内角互补，两直线平行"，把内错角相等的条件转化为同位角相等，从而运用定理"同位角相等，两直线平行"解决证明，即将未知转化为已知，体现化归思想，教学层次为显化。

特殊与一般： "想一想"环节，利用定理"内错角相等，两直线平行"，拼接两个直角三角形，可作出平行线，并说明其中的道理，体现从特殊到一般的思想，教学层次为渗透。

4. 平行线的性质

数学模型： 两直线平行，同位角相等；两直线平行，内错角相等；两直线平行，同旁内角互补；平行于同一直线的两条直线平行。属于概念原理类的数学模型，教学层次为渗透。

转换与化归：

（1）定理"两直线平行，同位角相等"的证明采用反证法，当从正面证明困难时，转换为反面求证"同位角不相等，两直线不平行"，从而证明原结论，正难则反，体现转换思想，教学层次为渗透。

（2）证明"两直线平行，内错角相等"时，将条件转化为同位角、对顶角的条件，体现化归思想，教学层次为显化。

（3）证明"两直线平行，同旁内角互补"时，将条件转化为同位角、对顶角的条件，从而运用定理"两直线平行，同位角相等"及"对顶角相等"证明，将未知转化为已知，体现化归思想，教学层次为显化。

特殊与一般：例题，通过一组具体的平行线的证明，归纳出定理"平行于同一直线的两条直线平行"，体现从特殊到一般的思想，教学层次为渗透。

类比：类比证明"两直线平行，内错角相等"的方法，证明"两直线平行，同旁内角互补"，属于综合类比，教学层次为显化。

5. 三角形内角和定理

第 1 课时

教学模型：

（1）三角形内角和定理，属于概念原理类的数学模型，概念定理类模型教学目标一般设定为渗透，使学生感受概念定理的稳定性、可应用性即可，不明确提出思想方法。然而由于三角形内角和定理是几何中重要的定理模型，是后续四边形内角和定理探究的模型基础，应在此明确提出模型思想，使学生对三角形内角和定理有更深入的理解，教学层次为显化。

（2）习题 7.6 题 2，"双垂直模型"基本图形，属于模型的已解决问题，教学层次为渗透。

转换与化归：

（1）引例，三角形内角和定理的证明，通过作平行辅助线把三角形的三个内角和转化拼成一个平角去证明，体现化归思想，教学层次为显化。

（2）"想一想"环节，三角形内角和定理的证明的其他方法，也是通过作平行辅助线把三角形的三个内角和转化拼成一个平角去证明，体现化归思想，教学层次为显化。

特殊与一般：

（1）引例，通过证明具体的三角形的三个内角的和为 180°，归纳出一般三角形的内角和都为 180°，即三角形内角和定理，体现从特殊到一般的思想，教学层次为显化。

（2）例1，运用三角形内角和定理，求三角形中角的度数，体现从一般到特殊的思想，教学层次为显化。

类比：引例，之前采用剪角的方法把三角形三个内角拼成一个平角，从而验证三角形内角和为180°。在证明时，类比拼平角的方法，通过作平行辅助线把三角形的三个内角和转化拼成一个平角，从而完成证明，属于简单共存类比，教学层次为显化。

第2课时

数学模型：

（1）外角、推论，属于概念原理类的数学模型，教学层次为渗透。

（2）三角形外角和定理、外角定理的推论，属于概念原理类的数学模型，教学层次为渗透。

转换与化归：

（1）证明三角形外角定理、三角形外角定理的推论时，把三角形外角的问题转化成三角形内角和的问题解决，将未知转化为已知，体现化归思想，教学层次为显化。

（2）例2，把证明线段平行的问题转化成证明角相等，体现化归思想，教学层次为显化。

（3）例3，通过作辅助线转化为三角形的外角，再利用三角形外角的性质，解决证明角的大小问题，体现化归思想，教学层次为显化。

特殊与一般：

（1）例2，运用三角形外角定理解决具体的求证直线平行的问题，体现从一般到特殊的思想，教学层次为显化。

（2）例3，运用三角形外角定理解决具体的比较角度大小的问题，体现从一般到特殊的思想，教学层次为显化。

·八年级 下册·

第一章　三角形的证明

1. 等腰三角形

第 1 课时

数学模型：全等三角形判定定理（AAS）、全等三角形性质定理、等边对等角、等腰三角形三线合一，属于概念原理类的数学模型，教学层次为渗透。

转换与化归：

（1）为证明等腰三角形的两个底角相等，通过作辅助线，把原等腰三角形分成两个全等三角形，从而运用全等三角形的性质定理来证明。将未知转化为已知，体现化归思想，教学层次为显化。

（2）证明等边对等角，文字语言、图形语言、数学语言三种语言相互转换，体现转换思想，教学层次为显化。

类比：证明等边对等角时，回顾曾经用折叠的方法验证两个底角相等，实际上，折痕将等腰三角形分成了两个全等三角形。类比这个方法，通过作辅助线，把等腰三角形分成两个全等三角形。属于简单共存类比，教学层次为显化。

第 2 课时

数学模型：等边三角形性质定理，属于概念原理类的数学模型，教学层次为渗透。

转换与化归：

（1）例 1，证明等腰三角形两底角的平分线相等，文字语言、图形语言、数学语言相互转换，体现转换思想，教学层次为渗透。

（2）例 1，将证明线段相等问题转化为证明全等三角形对应边相等，体现化归思想，教学层次为渗透。

（3）证明等边三角形性质定理，文字语言、图形语言、数学语言相互转换，体现转换思想，教学层次为渗透。

特殊与一般：

（1）例 1，运用等边对等角、角平分线的定义、三角形全等判定与性质等一般性结论，解决具体的证明线段相等的问题，体现从一般到特殊的思想，教学层次为渗透。

（2）例1，探究等腰三角形两底边的平分线；"议一议"环节，探究两底角的三等分线、四等分线，再研究等腰三角形两边的中线、三等分线等，归纳得出一般性结论：等腰三角形的对应线段相等，体现从特殊到一般的思想，教学层次为显化。

（3）"想一想"环节，提出等边三角形是特殊的等腰三角形，可得等边三角形具有等腰三角形的所有性质，又由于其三边相等的特殊性，进一步研究其特殊化的性质，体现从一般到特殊的思想，教学层次为显化。

类比：例1，证明等腰三角形两底角的平分线相等，转化为运用全等三角形对应边相等来解决问题。在探究等腰三角形上的中线、高是否相等时，可类比得出结论，完成证明。属于简单共存类比，教学层次为显化。

第3课时

数学模型：

（1）反证法，属于概念原理类的数学模型，教学层次为渗透。

（2）等角对等边，属于概念原理类的数学模型，教学层次为渗透。

转换与化归：

（1）证明等角对等边，文字语言、符号语言、图形语言互换，体现转换思想，教学层次为显化。

（2）例2，将证明线段相等的问题转化为证明三角形全等，教学层次为显化。

（3）"想一想"环节，为证明一个三角形中，如果两个角不相等，那么这两个角所对的边也不相等，可先探究问题的反面，假设两个角不相等，但这两个角所对的边相等，并经过推理计算，得出矛盾的结论，即假设不成立，原问题得证。正难则反，体现转换思想，教学层次为渗透。

（4）例3，证明一个三角形中不能有两个角是直角，因为正面证明比较困难，先探究问题的反面，假设三角形中有两个角是直角，再经过推理，得出的结论与已知的三角形内角和定理矛盾，即三角形中有两个角是直角的假设是不成立的，也就是一个三角形中不能有两个角是直角，问题得证。正难则反，体现转换思想，教学层次为显化。

特殊与一般：

（1）例 2，运用全等三角形的判定和性质等一般性结论，解决具体的证明线段相等的问题，体现从一般到特殊的思想，教学层次为渗透。

（2）例 3，运用三角形内角和定理解决具体的角度证明问题，体现从一般到特殊的思想，教学层次为渗透。

第 4 课时

数学模型： 等边三角形的判定定理；30°锐角所对的直角边等于斜边的一半。属于概念原理类的数学模型，教学层次为渗透。

转换与化归：

（1）证明定理"在直角三角形中，如果一个锐角等于 30°，那么它所对的直角边等于斜边的一半"，通过构造等边三角形，从而将直角三角形中的问题转化为"半个"等边三角形中的问题。体现转换思想，教学层次为显化。

（2）例 3，通过作辅助线，把等腰三角形问题化归为直角三角形问题，并根据外角性质，将题目的条件转换为已知的条件，从而利用 30°锐角所对的直角边等于斜边的一半解决证明。体现转换思想，教学层次为显化。

特殊与一般：

（1）运用全等三角形的判定和性质定理、等边三角形判定定理等，解决具体的线段长度关系的证明，体现从一般到特殊的思想，教学层次为显化。

（2）例 3，运用等边对等角、30°锐角所对的直角边等于斜边的一半等，解决具体的线段长度关系的证明，体现从一般到特殊的思想，教学层次为显化。

分类讨论： 证明定理"有一个角等于 60°的三角形是等腰三角形"，以 60°的角所在的位置为标准，分为 60°的角是等腰三角形的顶角，或者是等腰三角形的底角两种情况，再分别证明，并整合结论。属于由图形变化引起的分类讨论，教学层次为显化。

2. 直角三角形

第 1 课时

数学模型：

（1）互逆命题、逆命题、逆定理等，属于概念原理类的数学模型，教学层次为渗透。

（2）直角三角形的性质和判定定理、勾股定理及其逆定理，属于概念原理类的数学模型，概念定理类模型教学目标一般设定为渗透，即使学生感受概念定理的稳定性、可应用性即可，不明确提出思想方法。然而直角三角形的性质和定理是几何中重要的定理模型，是后续特殊平行四边形、垂径定理等探究的模型基础，应在此明确提出模型思想，使学生对其有更深入的理解，教学层次为显化。

转换与化归：

（1）"想一想"环节，将证明直角三角形的性质和判定定理的问题转化为三角形内角和定理解决，体现化归思想，教学层次为显化。

（2）证明勾股定理的逆定理，文字语言、符号语言、图形语言互换，体现转换思想，教学层次为渗透。

特殊与一般：

（1）运用三角形内角和定理，证明直角三角形的性质和判定定理，体现从一般到特殊的思想，教学层次为渗透。

（2）运用全等三角形判定和性质、勾股定理等，证明勾股定理的逆定理，体现从一般到特殊的思想，教学层次为渗透。

（3）"想一想"环节，观察几组命题，发现每组中两个命题的条件和结论是互换的，归纳出互逆命题的概念，体现从特殊到一般的思想，教学层次为渗透。

数形结合：

（1）勾股定理，已知直角三角形的形状性质，可以得知三角形三边长的数量关系，由形到数，体现数形结合的以形助数思想，教学层次为显化。

（2）勾股定理逆定理，通过三角形三边长的数量关系，可以得知三角形的形状性质，由数到形，体现数形结合的以数助形思想，教学层次为显化。

第 2 课时

数学模型：

（1）直角三角形的判定定理（HL），属于概念原理类的数学模型，教学层次为渗透。

（2）例题，将判断两个滑梯倾斜角数量关系的实际问题抽象出几何图形，并运用相关的定理、性质解决，属于数学模型的建模，教学层次为渗透。

转换与化归：

（1）"做一做"环节，尺规作出一个直角三角形，从作法到图示，是文字语言到几何语言的转换，体现转换思想，教学层次为显化。

（2）证明直角三角形判定定理时，转化为三角形判定定理解决问题，将未知转化为已知，体现化归思想，教学层次为显化。

特殊与一般：

（1）运用勾股定理、全等三角形判定定理，解决证明直角三角形判定定理的问题，体现从一般到特殊的思想，教学层次为显化。

（2）例题，运用全等三角形性质、直角三角形性质等，解决具体的求几何图形中两个角度关系的问题，体现从一般到特殊的思想，教学层次为显化。

3. 线段的垂直平分线

第 1 课时

教学模型：线段垂直平分线的性质定理及其逆定理，属于概念原理类的数学模型，教学层次为渗透。

转换与化归：

（1）线段垂直平分线的性质定理的证明，文字语言、图形语言、符号语言三种语言互相转换，体现转换思想，教学层次为渗透。

（2）证明线段垂直平分线的性质定理，将证明两线段相等的问题转化为证明三角形全等的问题解决，体现化归思想，教学层次为显化。

（3）线段垂直平分线的判定定理的证明，文字语言、图形语言、符号语言三种语言互相转换，体现转换思想，教学层次为渗透。

特殊与一般：

（1）运用三角形全等的判定和性质解决具体的证明线段相等的问题，体现从一般到特殊的思想，教学层次为渗透。

（2）运用线段垂直平分线的逆定理解决具体的证明问题，体现从一般到特殊的思想，教学层次为渗透。

第 2 课时

转换与化归：

（1）例 2，命题证明，文字语言、图形语言、符号语言三种语言互相转换，体现转换思想，教学层次为渗透。

（2）例2，将命题证明转化为垂直平分线的性质定理，体现化归思想，教学层次为显化。

（3）例3，尺规作出一个等腰三角形，从作法到图示，是文字语言到图形语言的转换，体现转换思想，教学层次为渗透。

4. 角平分线

第1课时

数学模型：角平分线性质定理和判定定理，属于概念原理类的数学模型，教学层次为渗透。

转换与化归：

（1）证明角平分线的性质定理，文字语言、图形语言、符号语言三种语言相互转换，体现转换思想，教学层次为渗透。

（2）证明角平分线的性质定理，把证明线段相等的问题转化为证明直角三角形全等问题，教学层次为显化。

（3）证明角平分线和判定定理，文字语言、图形语言、符号语言三种语言相互转换，体现转换思想，教学层次为渗透。

（4）证明角平分线和判定定理，把证明角相等的问题转化为证明直角三角形全等问题，教学层次为显化。

特殊与一般：

（1）运用全等三角形的判定和性质定理解决角平分线的性质定理的证明问题，体现从一般到特殊的思想，教学层次为渗透。

（2）运用全等三角形的判定和性质定理解决角平分线的判定定理的证明问题，体现从一般到特殊的思想，教学层次为渗透。

（3）例1，运用角平分线的判定定理以及直角三角形的性质解决具体的求线段长度的问题，体现从一般到特殊的思想，教学层次为显化。

第2课时

转换与化归：

（1）例2，命题证明，文字语言、图形语言、符号语言三种语言相互转换，体现转换思想，教学层次为渗透。

（2）例2，将证明一点到三角形三边距离相等的问题转化为证明这一点到角的两边距离相等的问题，体现化归思想，教学层次为显化。

特殊与一般：

（1）例 2，运用角平分线的性质和判定定理解决命题的证明，体现从一般到特殊的思想，教学层次为渗透。

（2）例 3，运用勾股定理等解决计算线段的长度的问题，运用全等三角形判定和性质定理解决线段长度关系的证明问题，体现从一般到特殊的思想，教学层次为显化。

数形结合：例 3，运用勾股定理计算线段的长度，从形到数，属于数形结合的以形助数思想，教学层次为显化。

第二章 一元一次不等式与一元一次不等式组

1. 不等关系

数学模型：

（1）不等式，属于概念原理类的数学模型，教学层次为渗透。

（2）引例，将用同样长度的两根绳子分别围成一个正方形和圆形，并分析满足具体面积要求时，绳子长度的范围的实际问题抽象为建立不等式表示，并求解不等式取值范围的数学问题。属于数学模型的建模，教学层次为渗透。

（3）"做一做"环节，将随身行李的长、宽、高要求和超过某个树围时的树龄等实际问题抽象为建立不等式表示，属于数学模型的建模，教学层次为渗透。

特殊与一般："议一议"环节，观察由实际问题列出的关系式，分析其数字和符号的特征，归纳出不等式的概念，体现从特殊到一般的思想，教学层次为显化。

类比："议一议"环节，将所列出的不等式与等式进行比较，并类比等式概念得出不等式概念，属于简单共存类比，教学层次为显化。

2. 不等式的基本性质

数学模型：不等式的三个基本性质，属于概念原理类的数学模型，教学层次为渗透。

转换与化归：例题，运用不等式的基本性质，将几个不等式进行变形，转化成 $x > a$ 或 $x < a$ 的基本形式，体现化归思想，教学层次为显化。

特殊与一般："做一做"环节，通过几个具体的例子，分析不等式两边同时乘以一个正数或负数时，不等号方向是否改变，归纳出不等式的基本性质，体现从特殊到一般的思想，教学层次为显化。

类比：类比等式的基本性质得出不等式基本性质，属于简单共存类比，使学生领悟类比思想是在新知探究、学习中，除了从特殊到一般以外，另一种重要的途径，明确类比思想的名称、内涵及作用，并通过类比方法建立等式和不等式的知识结构，教学层次为显化。

字母表示数：尝试引导学生运用字母表示不等式的基本性质，使性质的表述更为简洁，教学层次为显化。

3. 不等式的解集

数学模型：

（1）不等式的解、不等式的解集、解不等式等，属于概念原理类的数学模型，教学层次为渗透。

（2）引例，将求烟花引火线的长度条件的实际问题抽象为建立不等式表示，并求解不等式取值范围的数学问题，属于数学模型的建模，教学层次为渗透。

特殊与一般："想一想"环节，分析存在一些具体的未知数的值，能使不等式成立，归纳出不等式的解、解集等概念，体现从特殊到一般的思想，教学层次为渗透。

数形结合："议一议"环节，将不等式的解集表示在数轴上，是从数到形；根据数轴的表示，可以看出不等式的解集，是从形到数。整体体现数形结合的数形互助思想，教学层次为运用。

4. 一元一次不等式

第1课时

数学模型：一元一次不等式，属于概念原理类的数学模型，教学层次为渗透。

转换与化归：

（1）例1，解不等式的过程，体现化归思想，教学层次为显化。

（2）例2，解不等式的过程，是对不等式形式进行转换，并最终转化成基本形式的过程，体现化归思想，教学层次为显化。

特殊与一般：

（1）引例，观察具体的几个不等式，分析其未知数和符号的特征，归纳出一元一次不等式的概念，体现从特殊到一般的思想，教学层次为渗透。

（2）例1，运用不等式的基本性质，解一个具体的不等式，体现从一般到特殊的思想，教学层次为渗透。

（3）例2，运用不等式的基本性质，解一个具体的不等式，体现从一般到特殊的思想，教学层次为渗透。

数形结合：

（1）例1，用数轴直观表示不等式解集，从数到形，体现数形结合的以形助数思想，教学层次为显化。

（2）例2，用数轴直观表示不等式解集，从数到形，体现数形结合的以形助数思想，教学层次为渗透。

类比：

（1）例1，类比解一元一次方程的方法，运用不等式的基本性质解一元一次不等式，属于因果类比，教学层次为显化。

（2）例2，类比解一元一次方程的方法，运用不等式的基本性质解一元一次不等式，属于因果类比，教学层次为渗透。

第2课时

数学模型：

（1）"做一做"环节，将销售最多打几折的实际问题抽象为建立不等式表示，并求解不等式取值范围的数学问题，属于数学模型的建模，教学层次为显化。

（2）例3，将探究答题比赛中至少答对了多少题的实际问题抽象为建立不等式表示，并求解不等式取值范围的数学问题，属于数学模型的建模，教学层次为显化。

特殊与一般：

（1）"做一做"环节，运用不等式的基本性质解决一个具体的不等式问题，体现从一般到特殊的思想，教学层次为渗透。

（2）例3，运用不等式的基本性质解决一个具体的不等式问题，体现从一般到特殊的思想，教学层次为显化。

5. 一元一次不等式与一次函数

第1课时

数学模型："做一做"环节，将兄弟俩比赛谁在前的实际问题抽象为建立函数关系式表示，并画出函数图像，属于数学模型的建模，教学层次为显化。

数形结合：

（1）引例，观察一次函数图像，可得到相应方程的解、不等式的解集，是从形到数，属于数形结合的以形助数，教学层次为运用。

（2）"做一做"环节，列出函数关系式并画出函数图像，观察图像解决相应的数量问题，由关系式到图像是由数到形，根据图像解决问题是由形到数，属于数形结合的数形互助思想，教学层次为运用。

方程与函数：

（1）引例，函数表示两个变量之间的变化关系，当其中一个变量确定时，求另一个变量，则转换为方程问题；当给出一个变量的范围时，求另一个变量的范围，则转换为不等式问题。而求方程的解可以转换为求函数图像的交点，求不等式的取值范围可以转换为求函数的取值范围，即方程和不等式问题都可以转化为函数问题。体现函数思想，教学层次为显化。

（2）"想一想"环节，根据不等式与函数的关系，将不等式问题转化为函数问题，体现函数思想，教学层次为显化。

（3）"做一做"环节，哥哥、弟弟所跑的距离随着时间的变化而变化，两者成一次函数关系。对于不等式的关系可以转化为函数解决，体现函数思想，教学层次为渗透。

第2课时

数学模型：

（1）引例，将判断甲、乙两种旅游费哪个更合算的实际问题抽象为建立一次函数和一元一次不等式表示和解决，属于数学模型的建模，教学层次为显化。

（2）例题，将判断甲、乙两种旅游费哪个更合算的实际问题抽象为建立一次函数和一元一次不等式表示并解决，属于数学模型的建模，教学层次为显化。

方程与函数：

（1）引例，每月的电话收费随着通话时间的变化而变化，两者成一次函数关系，体现函数思想，教学层次为渗透。

（2）例题，旅游费用随着参加人数的变化而变化，两者成一次函数关系，体现函数思想，教学层次为显化。

（3）明确提出：一次函数刻画了问题中两个变量之间存在的一种相互依赖的关系，而一元一次不等式则描述了问题中这两个变量满足某些特定条件时的状态。因此，可以从一次函数的角度解决一元一次不等式的问题，也可以利用一元一次不等式解决一次函数的相关问题。体现函数思想，教学层次为显化。

6. 一元一次不等式组

第 1 课时

数学模型：

（1）一元一次不等式组、一元一次不等式组的解集、解不等式组等，属于概念原理类的数学模型，教学层次为渗透。

（2）引例，将求冬季烧煤数量满足的条件的实际问题抽象为一元一次不等式组表示和解决，属于数学模型的建模，教学层次为渗透。

特殊与一般：根据列出的不等式组，分析其未知数的个数和指数特征以及不等式的形式特征，归纳出一元一次不等式组的概念，体现从特殊到一般的思想，教学层次为渗透。

数形结合：例 1，解不等式组，在数轴上表示每一个不等式的解集，是从数到形；观察图形得出公共的解集部分，从而确定不等式组的解集，是从形到数，体现数形结合的数形互助思想，教学层次为运用。

第 2 课时

数学模型："做一做"环节，给出两条线段长度，求出可以围成三角形时第三条线段的长度范围，将实际问题抽象为建立不等式组表示和解决，属于数学模型的建模，教学层次为渗透。

特殊与一般：

（1）例 2，运用不等式的基本性质和解不等式组的步骤求解具体的不等式组，体现从一般到特殊的思想，教学层次为显化。

（2）例 3，运用不等式的基本性质和解不等式组的步骤求解具体的不等式组，体现从一般到特殊的思想，教学层次为渗透。

数形结合：

（1）例 2，解不等式组，在数轴上表示每一个不等式的解集，是从数到形；

观察图形得出公共的解集部分，从而确定不等式组的解集，是从形到数，体现数形结合的数形互助思想，教学层次为运用。

（2）例3，解不等式组，在数轴上表示每一个不等式的解集，是从数到形；观察图形得出公共的解集部分，从而确定不等式组的解集，是从形到数，体现数形结合的数形互助思想，教学层次为运用。

第三章　图形的平移与旋转

1. 图形的平移

第 1 课时

数学模型：

（1）平移、对应点、对应线段、对应角等，属于概念原理类的数学模型，教学层次为渗透。

（2）平移的性质，属于概念原理类的数学模型，教学层次为渗透。

特殊与一般：

（1）引例，列举出日常生活中物体运动的一些场景，分析这种现象的共性，归纳出平移的概念，体现从特殊到一般的思想，教学层次为渗透。

（2）"做一做"环节，画出一个四边形平移后的图形，观察其对应线段、对应角、对应点连线的特征，归纳出平移的性质，体现从特殊到一般的思想，教学层次为渗透。

（3）例1，根据平移的性质，画出三角形平移后的图形，并指出平移的距离，体现从一般到特殊的思想，教学层次为渗透。

第 2 课时

特殊与一般：引例，向右平移引起横坐标的变化。"想一想"环节，向上平移引起纵坐标的变化。"做一做"环节，横坐标的变化引起向左或右的平移，纵坐标的变化引起向上或下的平移。"议一议"环节，归纳出平移的性质：在直角坐标系中，一个图形沿 x 轴方向平移 a（$a>0$）个单位长度，则平移后的图形与原图形对应点的坐标相比，纵坐标不变，横坐标增加 a；沿 y 轴方向平移 a（$a>0$）个单位长度，则平移后的图形与原图形对应点的坐标相比，横坐标不变，纵坐标增加 a。体现从特殊到一般的思想，教学层次为显化。

数形结合：

（1）引例，图形的向右平移引起点的横坐标变化，是从形到数，属于数形结合的以数助形，教学层次为显化。

（2）"想一想"环节，图形的向上平移引起点的纵坐标变化，是从形到数，属于数形结合的以数助形，教学层次为显化。

（3）"做一做"环节，点的横坐标的变化引起图形左右平移，纵坐标的变化引起图形上下平移，是从数到形，属于数形结合的以形助数，教学层次为显化。

（4）"议一议"环节，归纳直角坐标系中图形的平移与点的坐标变化的关系，属于数形结合的数形互助，教学层次为显化。

分类讨论： 研究直角坐标系中图像平移的性质，以平移的方向为标准，可分为沿 x 轴平移和沿 y 轴平移两类，并分别探究平移后坐标的变化情况，属于由图形变化引起的分类讨论，教学层次为显化。

类比：

（1）引例，类比图形向右平移后坐标变化的规律，研究向左平移的坐标变化，属于简单共存类比，教学层次为显化。

（2）"想一想"环节，类比图形左右平移后坐标变化的规律，研究图形上下平移后点的坐标变化规律，属于简单共存类比，教学层次为显化。

第 3 课时

数学模型： 直角坐标系中图形平移的性质，属于概念原理类的数学模型，教学层次为渗透。

特殊与一般：

（1）引例，在具体背景中研究图形变化引起坐标变化的规律；"做一做"环节，在具体背景中研究坐标变化引起图形变化的规律；"议一议"环节，归纳出直角坐标系中图形平移的性质。体现从特殊到一般的思想，教学层次为渗透。

（2）例 2，运用图形平移的性质分析平移图形与原图形坐标之间的关系，并写出平移方向、平移距离等，体现从一般到特殊的思想，教学层次为渗透。

（3）前一节探究在坐标系中，图形一次平移（横向或纵向）后坐标的变化规律；这一节探究图形两次平移（一次横向，一次纵向）后坐标的变化规律，并归纳出直角坐标系中图形平移的性质，体现从特殊到一般的思想，教学层次为显化。

数形结合：

（1）引例，图形的左右平移、上下平移引起点的坐标变化，是从形到数，属于数形结合的以数助形，教学层次为显化。

（2）"做一做"环节，点的横坐标的变化引起图形左右平移，纵坐标的变化引起图形上下平移，是从数到形，属于数形结合的以形助数，教学层次为显化。

（3）例2，画出平移后的图像，分析其对应点的横坐标和纵坐标的变化，是从形到数，属于数形结合的以形助数，教学层次为显化。

2. 图形的旋转

第 1 课时

数学模型：

（1）旋转、旋转中心、旋转角等，属于概念原理类的数学模型，教学层次为渗透。

（2）图形的旋转性质，属于概念原理类的数学模型，教学层次为渗透。

特殊与一般：

（1）引例，观察日常生活中物体运动的一些场景，分析这种现象的共性，归纳出旋转的概念，体现从特殊到一般的思想，教学层次为渗透。

（2）"做一做"环节，观察旋转后的四边形与原四边形，分析有哪些相等的线段和相等的角；画出对应点与旋转中心的连线，分析有哪些相等的线段和相等的角，归纳出图形的旋转性质，体现从特殊到一般的思想，教学层次为显化。

（3）"想一想"环节，运用图形的平移和旋转性质，判断哪些三角形不能经过原三角形的平移或旋转得到，体现从一般到特殊的思想，教学层次为显化。

第 2 课时

特殊与一般：

（1）例题，运用图形的旋转性质画出线段旋转后的图形，体现从一般到特殊的思想，教学层次为渗透。

（2）"做一做"环节，运用图形的旋转性质指出旋转角，画出三角形旋转后的图形，体现从一般到特殊的思想，教学层次为渗透。

（3）"做一做"环节，运用图形的旋转性质判断两个图形通过平移或旋转变化后是否能够重合，体现从一般到特殊的思想，教学层次为渗透。

数形结合：例题，根据给出的旋转方向和旋转角，画出旋转后的线段，是从数到形，属于数形结合的以形助数，教学层次为渗透。

3. 中心对称

数学模型：

（1）中心对称、对称中心、中心对称图形等，属于概念原理类的数学模型，教学层次为渗透。

（2）中心对称的性质，属于概念原理类的数学模型，教学层次为渗透。

特殊与一般：

（1）引例，观察几组具体的图形，分析其运动变化特征，归纳出中心对称的概念，体现从特殊到一般的思想，教学层次为渗透。

（2）"做一做"环节，画一个图形，并将图形绕着某个点旋转$180°$，连接旋转前后的一组对应点，分析其图形特征，归纳出中心对称的性质，体现从特殊到一般的思想，教学层次为显化。

（3）例题，运用中心对称的性质，画出与已知五边形成中心对称的图形，体现从一般到特殊的思想，教学层次为显化。

（4）"议一议"环节，观察一组图形的几何特征，归纳出中心对称图形的概念，体现从特殊到一般的思想，教学层次为渗透。

4. 简单的图案设计

特殊与一般：

（1）引例，运用平移、旋转和轴对称的性质分析一些图案的形成过程，体现从一般到特殊的思想，教学层次为显化。

（2）例题，运用平移、旋转和轴对称的性质分析一个图案的形成过程，体现从一般到特殊的思想，教学层次为显化。

（3）"做一做"环节，运用平移、旋转和轴对称的性质设计一个标志图案，体现从一般到特殊的思想，教学层次为显化。

第四章　因式分解

1. 因式分解

数学模型：因式分解，属于概念原理类的数学模型，教学层次为渗透。

转换与化归：

（1）引例，为解决判断一个算式能否被整除的问题，把一个代数式转换为几个数的积的形式，体现转换思想，教学层次为渗透。

（2）"议一议"环节，将 $a^3 - a$ 转换成几个整式的乘积的形式，体现转换思想，教学层次为渗透。

（3）"做一做"环节，根据拼图写出相应的数式，是从和的形式转换为乘积的形式，体现转换思想，教学层次为渗透。

（4）第二个"做一做"环节，先计算一些算式，再根据算式的结果进行因式分解，计算是将几个整式的积的形式转换成多项式，因式分解是把一个多项式转换成几个整式的积的形式，体现转换思想，教学层次为显化。

特殊与一般：引例，把一个代数式化成了几个数的积的形式；"议一议"环节，把 $a^3 - a$ 转换成几个整式的乘积的形式；"做一做"环节，根据拼图列出一些从多项式到几个整式的乘积的形式，归纳出因式分解的概念，体现从特殊到一般的思想，教学层次为显化。

数形结合："做一做"环节，观察拼图过程，写出相应的关系式，并根据拼图前后面积不变，形象地说明因式分解是整式的恒等变形，以几何直观解释因式分解的意义，从形到数，体现数形结合的以形助数思想，教学层次为显化。

方程与函数：观察拼图过程，写出相应的关系式，由于拼图前后面积不变，根据等量关系可以列出方程，体现方程思想，教学层次为渗透。

类比：因式分解的概念，可以类比因数分解的概念学习和理解，属于简单共存类比，教学层次为显化。

2. 提公因式

第 1 课时

教学模型：

（1）公因式，属于概念原理类的数学模型，教学层次为渗透。

（2）提公因式法，属于概念原理类的数学模型，教学层次为渗透。

转换与化归：

（1）例 1，因式分解是把多项式转换为积的形式，体现转换思想，教学层次为渗透。

（2）例 1，当多项式第一项的系数是负数时，通常先提出"–"，使括号内第一项的系数成为正数。在提出"–"时，多项式的各项都要变号，将正转化为负，将负转化为正，体现化归思想，教学层次为显化。

（3）"想一想"环节，思考提公因式分解与单项式乘多项式的关系，体会因式分解与整式乘法互为逆变形，体现转换思想，教学层次为渗透。

特殊与一般：

（1）引例，观察几个具体的多项式，分析其各项含有相同因式的特征，归纳出公因式的概念；尝试提取公因式，将其写成几个因式的乘积，归纳出提公因式法，体现从特殊到一般的思想，教学层次为渗透。

（2）例 1，运用提公因式法则，解决具体的因式分解问题，体现从一般到特殊的思想，教学层次为显化。

（3）"想一想"环节，分析具体的因式分解例子，归纳出因式分解与整式乘法互为逆变形，体现从特殊到一般的思想，教学层次为渗透。

第 2 课时

转换与化归：

（1）例 2，把多项式转换为积的形式，体现转换思想，教学层次为渗透。

（2）例 3，把多项式转换为积的形式，体现转换思想，教学层次为渗透。

（3）"做一做"环节，通过填符号使得等式成立，体现转换思想，教学层次为运用。

特殊与一般：

（1）例 2，运用提公因式法解决具体的因式分解，体现从一般到特殊的思想，教学层次为显化。

（2）例 3，运用提公因式法解决具体的因式分解，体现从一般到特殊的思想，教学层次为渗透。

3. 公式法

第 1 课时

数学模型：平方差公式的因式分解，属于概念原理类的数学模型，教学层次为渗透。

转换与化归：

（1）将平方差公式逆向变形，得出平方差因式分解的公式，体现转换思想，教学层次为显化。

（2）例 1，把多项式转换为积的形式，体现转换思想，教学层次为渗透。

（3）例 2，把多项式转换为积的形式，体现转换思想，教学层次为渗透。

特殊与一般：

（1）引例，观察两个具体的多项式，分析其形式特征，尝试分别写成两个因式的乘积的形式，归纳出平方差公式的因式分解，体现从特殊到一般的思想，教学层次为显化。

（2）例 1，利用平方差公式因式分解解决具体的因式分解问题，体现从一般到特殊的思想，教学层次为显化。

（3）例 2，利用平方差公式因式分解解决具体的因式分解问题，体现从一般到特殊的思想，教学层次为渗透。

字母表示数：平方差公式的因式分解方法用字母表示为 $a^2 - b^2 = (a + b)(a - b)$，其中的字母 a、b 不仅可以表示具体的数，而且可以表示其他代数式，如一个单项式或一个多项式，教学层次为显化。

第 2 课时

数学模型：

（1）公式法，属于概念原理类的数学模型，教学层次为渗透。

（2）完全平方公式的因式分解，属于概念原理类的数学模型，教学层次为渗透。

转换与化归：

（1）将完全平方公式逆向变形，得出完全平方公式因式分解的公式，体现转换思想，教学层次为显化。

（2）例 3，把多项式转换为积的形式，体现转换思想，教学层次为渗透。

（3）例 4，把多项式转换为积的形式，体现转换思想，教学层次为渗透。

特殊与一般：

（1）例3，利用完全平方公式因式分解解决具体的因式分解问题，体现从一般到特殊的思想，教学层次为显化。

（2）例4，利用完全平方公式因式分解解决具体的因式分解问题，体现从一般到特殊的思想，教学层次为渗透。

字母表示数：完全平方公式的因式分解方法用字母表示为 $a^2 \pm 2ab + b^2 = (a \pm b)^2$，其中的字母 a、b 不仅可以表示具体的数，而且可以表示其他代数式，如一个单项式或一个多项式，教学层次为显化。

第五章　分式与分式方程

1. 认识分式

第 1 课时

数学模型：

（1）分式，属于概念原理类的数学模型，教学层次为渗透。

（2）引例，将求完成造林任务的时间的实际问题抽象为用字母表示数，并用分式进一步表示结果，属于数学模型的建模，教学层次为渗透。

（3）"做一做"环节，将求世博会每天的参观人数、图书库存量等实际问题抽象为用字母表示数，并用分式进一步表示结果，属于数学模型的建模，教学层次为渗透。

特殊与一般：

（1）"议一议"环节，观察根据实际问题列出的几个代数式，观察其共同特征，与整式的不同，归纳出分式的概念，体现从特殊到一般的思想，教学层次为渗透。

（2）例1，根据分式有意义的要求，解决求一个分式有意义时字母的取值问题，体现从一般到特殊的思想，教学层次为渗透。

（3）分数是分式的特殊情况，当分式的分子和分母都是整数时，分式即特殊化为分数，所以可根据分数的特征推理分式的特征，如分子、分母都是整式，分母不能为 0 等。分数适用的运算法则，分式也同样适用，体现从特殊到一般的思想，教学层次为运用。

类比："议一议"环节，类比分数的概念和性质，理解分式的概念和性质，使学生领悟类比思想是在新知探究、学习中，除了从特殊到一般以外，另一种重要的途径，明确类比思想的名称、内涵及作用，教学层次为显化。

字母表示数：用 A、B 表示两个整式，则称 $\dfrac{A}{B}$ 为分式，其中 $B \neq 0$，教学层次为显化。

第 2 课时

数学模型：

（1）约分、最简分式，属于概念原理类的数学模型，教学层次为渗透。

（2）分式的基本性质，属于概念原理类的数学模型，教学层次为渗透。

转换与化归：分式的约分，把一个分式的分子和分母的公因式约去，使得分式化简为最简分式，从复杂到简单，体现化归思想，教学层次为显化。

特殊与一般：

（1）引例，比较两个分式是否相等，归纳出分式的基本性质，体现从特殊到一般的思想，教学层次为渗透。

（2）例 2，运用分式的基本性质解释恒等变形，体现从一般到特殊的思想，教学层次为渗透。

（3）例 3，利用分式基本性质化简分式，体现从一般到特殊的思想，教学层次为渗透。

（4）例 3，通过几个具体例子的化简，归纳出约分的概念，体现从特殊到一般的思想，教学层次为渗透。

（5）"做一做"环节，运用约分概念化简分式，体现从一般到特殊的思想，教学层次为渗透。

（6）"议一议"环节，根据小颖和小明的分歧，归纳出最简分式的概念，体现从特殊到一般的思想，教学层次为渗透。

类比：类比分数约分、最简分数、分数的基本性质，可得到分式的约分、最简分式、分式的基本性质，属于简单共存类比，教学层次为运用。

字母表示数：分式的基本性质可用符号表示为 $\dfrac{b}{a} = \dfrac{b \cdot m}{a \cdot m}$、$\dfrac{b}{a} = \dfrac{b \div m}{a \div m}$（$m \neq 0$），教学层次为显化。

2. 分式的乘除法

数学模型：

（1）分式乘除法的法则，属于概念原理类的数学模型，教学层次为渗透。

（2）"做一做"环节，将求西瓜瓤与整个西瓜体积比的问题抽象为两个整式的比值，可得到一个分式，再利用分式的乘除法则化简的比例结果，属于数学模型的建模，教学层次为渗透。

转换与化归：

（1）分式除法的法则，把除式的分子和分母颠倒位置后再与被除式相乘，即把除法运算统一为乘法运算，体现化归思想，教学层次为显化。

（2）"想一想"环节，可得 $\left(\dfrac{b}{a}\right)^n = \dfrac{b^n}{a^n}$，即将分式的乘方转换为分子的乘方除以分母的乘方，体现转换思想，教学层次为显化。

特殊与一般：

（1）例1，运用分式乘法的法则进行分式乘法计算，体现从一般到特殊的思想，教学层次为渗透。

（2）例2，运用分式除法的法则进行分式除法计算，体现从一般到特殊的思想，教学层次为渗透。

（3）"做一做"环节，运用分式乘除法的法则解决具体的应用问题，体现从一般到特殊的思想，教学层次为渗透。

类比： 类比分数乘除法的法则，推理出分式乘除法的法则，属于简单共存类比，教学层次为运用。

字母表示数： 运用符号表示分式乘除法则：$\dfrac{b}{a} \cdot \dfrac{d}{c} = \dfrac{bd}{ac}$，$\dfrac{b}{a} \div \dfrac{d}{c} = \dfrac{b}{a} \cdot \dfrac{c}{d} = \dfrac{bc}{ad}$，教学层次为显化。

3. 分式的加减法

第1课时

数学模型： 同分母分式加减法法则，属于概念原理类的数学模型，教学层次为渗透。

转换与化归： 例2，通过改变分母的符号，把异分母转化为同分母，再运用同分母分式加减法的法则进行分式计算，体现化归思想，教学层次为运用。

特殊与一般:

(1) 例1,运用同分母分式加减法的法则进行分式计算,体现从一般到特殊的思想,教学层次为渗透。

(2) 例2,把异分母转化为同分母,再运用同分母分式加减法的法则进行分式计算,体现从一般到特殊的思想,教学层次为渗透。

类比:类比同分母分数加减法的法则,推理出同分母分式加减法的法则,属于简单共存类比,教学层次为运用。

字母表示数:运用符号表示同分母分式乘除法则:$\dfrac{b}{a} \pm \dfrac{c}{a} = \dfrac{b \pm c}{a}$,教学层次为显化。

第2课时

数学模型:

(1) 通分、最简公分母,属于概念原理类的数学模型,教学层次为渗透。

(2) 异分母的分式加减法则,属于概念原理类的数学模型,教学层次为渗透。

(3) 例4,将求行走路程所需时间的实际问题抽象为用分式表示,并用分式的加减运算解决的数学问题,属于数学模型的建模,教学层次为显化。

转换与化归:异分母的分式相加减,先通分,转化为同分母的分式,再按同分母分式的加减法则进行计算,即将未知转化为已知,体现化归思想,教学层次为运用。

特殊与一般:

(1)"议一议"环节,通过两种异分母加减方法的对比,归纳出通分、最简公分母的概念,体现从特殊到一般的思想,教学层次为渗透。

(2) 例3,运用异分母的分式加减法则进行异分母的分式加减计算,体现从一般到特殊的思想,教学层次为渗透。

(3) 例4,运用异分母的分式加减法则解决由实际问题抽象出的异分母分式的加减和比较问题,体现从一般到特殊的思想,教学层次为显化。

类比:类比异分母分数加减法则,推理出异分母的分式的加减法则,属于简单共存类比,教学层次为运用。

字母表示数:运用符号表示异分母分式加减法则:$\dfrac{b}{a} \pm \dfrac{d}{c} = \dfrac{bc}{ac} \pm \dfrac{ad}{ac} =$

$\dfrac{bc \pm ad}{ac}$，教学层次为显化。

第 3 课时

数学模型："做一做"环节，将求修建盲道需要多少天的实际问题抽象为用分式表示，并通过分式计算解决的数学问题，属于数学模型的建模，教学层次为渗透。

转换与化归：

（1）例 5，先利用通分把异分母分式转化为同分母分式，再运用分式加减法则进行计算，体现化归思想，教学层次为运用。

（2）例 6，将原式计算简化，并将 $\dfrac{x}{y} = 2$ 转换为 $x = 2y$，将比例式转换为用一个未知函数表示另一个未知数，使得代入计算成为可能，体现转换思想，教学层次为显化。

特殊与一般：

（1）例 5，整式是分式的特殊情况，当分式的分母为 1 时，分式就特殊化为整式，所以分式与整式的加减，同样可以利用通分转换为同分母分式，再进行加减运算，体现从特殊到一般的思想，教学层次为显化。

（2）"做一做"环节，运用分式的概念和相关运算法则解决具体的实际问题，体现从一般到特殊的思想，教学层次为渗透。

类比：例 5，计算分式与整式加减运算时，可类比分数与整数的加减运算，猜想整式是否可以看成分母为 1 的分式，再思考如何进行通分，属于因果类比，教学层次为显化。

字母表示数：例 6，由 $\dfrac{x}{y} = 2$ 得 $x = 2y$，此时 x 表示代数式，教学层次显化。

4. 分式方程

第 1 课时

数学模型：

（1）分式方程，属于概念原理类的数学模型，教学层次为渗透。

（2）引例，提出高铁列车的问题情境，引入分式方程表达问题中的数量关系，属于数学模型的建模，教学层次为渗透。

（3）"做一做"环节，提出救灾捐款的问题情境，引入分式方程表达问题中的数量关系，属于数学模型的建模，教学层次为渗透。

特殊与一般："议一议"环节，观察由实际问题得出的三个方程，观察其具有的共同特征，即方程里都含有分式，且分母中含有未知数，归纳出分式方程的概念，体现从特殊到一般的思想，教学层次为显化。

方程与函数：

（1）引例，设置高铁列车的问题情境，用字母表示速度或时间等未知量，根据题目表述读取相关等量关系，根据等量关系列出的等式即是方程，体现方程思想，教学层次为渗透。

（2）"做一做"环节，设置救灾捐款的问题情境，通过字母表示待求解的未知量，寻找等量关系建立方程，体现方程思想，教学层次为渗透。

第2课时

数学模型：增根，属于概念原理类的数学模型，教学层次为渗透。

转换与化归：

（1）例1，等式两边同时乘以最简公分母，将分式方程转化为一元一次方程，从而运用一元一次方程的求解方法解出分式方程的解，将未知转化为已知，体现化归思想，教学层次为显化。

（2）"议一议"环节，把分式方程转化为一元一次方程再求解，体现化归思想，教学层次为显化。

（3）例2，把分式方程转化为一元一次方程再求解，体现化归思想，教学层次为显化。

特殊与一般：

（1）"议一议"环节，通过一个具体例子，发现解出的未知数的值使得原分式方程的分母为0，归纳出增根的概念，体现从特殊到一般的思想，教学层次为渗透。

（2）例2，运用增根的概念检验分式方程的根，体现从一般到特殊的思想，教学层次为渗透。

（3）"想一想"环节，根据前面解具体分式方程的经验，总结解分式方程的一般步骤，体现从特殊到一般的思想，教学层次为渗透。

第3课时

数学模型:

（1）引例，提出房屋出租的实际问题，用分式方程或整式方程表示和解决，属于数学模型的建模，教学层次为显化。

（2）例3，提出居民用水的实际问题，用分式方程或整式方程表示和解决，属于数学模型的建模，教学层次为显化。

方程与函数:

（1）引例，提出房屋出租的实际问题，用字母表示待求解的未知量寻找等量关系，建立分式方程或整式方程，运用方程解法解得未知量的值，并根据实际情境检验解的情况。体现方程思想，教学层次为显化。

（2）例3，提出居民用水的实际问题，通过设置未知量寻找等量关系，建立方程，体现方程思想，教学层次为显化。

第六章　平行四边形

1. 平行四边形的性质

第1课时

数学模型:

（1）平行四边形、对角线，属于概念原理类的数学模型，教学层次为渗透。

（2）平行四边形中心对称性质、平行四边形的性质定理，属于概念原理类的数学模型，教学层次为渗透。

转换与化归:

（1）"做一做"环节，为证明平行四边形对边相等，通过作辅助线连接对角线，将平行四边形问题转化为三角形问题，并利用全等三角形的判定和性质定理解决，体现化归思想。将四边形问题转化为三角形问题是解决四边形问题重要而常用的方法，其策略是转换与化归思想，应在此处明确提出，作为后续解决四边形问题的策略方法，并在不断运用中加深对转化与化归思想方法的理解，教学层次为显化。

（2）例1，将证明线段长度的问题转化为平行四边形的问题和三角形的问题，体现化归思想，教学层次为显化。

特殊与一般

（1）"做一做"环节，运用全等三角形的判定与性质解决具体的证明问题，体现从一般到特殊的思想，教学层次为渗透。

（2）例1，运用平行四边形性质、全等三角形的判定与性质解决具体的证明问题，体现从一般到特殊的思想，教学层次为显化。

第2课时

数学模型：平行四边形对角线互相平分，属于概念原理类的数学模型，教学层次为渗透。

转换与化归：

（1）引例，将证明平行四边形对角线互相平分转化为证明线段相等，再转化为证明三角形全等的问题，并利用全等三角形的判定和性质解决，体现化归思想，教学层次为显化。

（2）例2，将证明线段长度的问题转化为平行四边形的问题和三角形的问题，体现化归思想，教学层次为运用。

特殊与一般：

（1）引例，运用平行四边形性质、三角形全等的判定与性质解决具体的证明问题，体现从一般到特殊的思想，教学层次为渗透。

（2）例2，运用平行四边形性质、三角形全等的判定与性质解决具体的证明问题，体现从一般到特殊的思想，教学层次为显化。

（3）"做一做"环节，运用平行四边形性质、勾股定理解决求线段长度的问题，体现从一般到特殊的思想，教学层次为渗透。

2. 平行四边形的判定

第1课时

数学模型：平行四边形的两个判定定理，属于概念原理类的数学模型，教学层次为渗透。

转换与化归：

（1）证明"两组对边分别相等的四边形是平行四边形"时，通过连接对角线，将四边形问题转换为三角形问题，并利用三角形全等证得角相等，并转化为平行四边形的定义解决证明，即将未知转化为已知，体现化归思想，教学层次为显化。

（2）证明"一组对边平行且相等的四边形是平行四边形"时，通过连接对角线，将四边形问题转换为三角形问题，并利用三角形全等证得边相等，之后转化为定理"两组对边分别相等的四边形是平行四边形"解决证明，即将未知转化为已知，体现化归思想，教学层次为显化。

（3）例1，为证明四边形是平行四边形，将问题的条件转化为平行四边形判定定理的条件，从而使问题得证，体现化归思想，教学层次为运用。

特殊与一般：

（1）引例，通过用两组长度分别相等的细木条拼摆平行四边形，观察其对边的关系，归纳出平行四边形判定定理：两组对边分别相等的四边形是平行四边形。体现从特殊到一般的思想，教学层次为渗透。

（2）引例，运用平行四边形定义、全等三角形的判定与性质解决具体的证明问题，体现从一般到特殊的思想，教学层次为渗透。

（3）"议一议"环节，通过用两组长度分别相等的细木条拼摆四边形，观察其对边的位置关系，归纳出平行四边形判定定理：一组对边平行且相等的四边形是平行四边形。体现从特殊到一般的思想，教学层次为显化。

（4）"议一议"环节，运用平行四边形的判定定理、全等三角形的判定与性质解决具体的证明问题，体现从一般到特殊的思想，教学层次为显化。

（5）例1，运用平行四边形性质定理、定义，中点的定义，平行四边形判定定理解决问题，体现从一般到特殊的思想，教学层次为运用。

类比：证明定理"一组对边平行且相等的四边形是平行四边形"，可以类比定理"两组对边分别相等的四边形是平行四边形"的证明方法，属于简单共存类比，教学层次为渗透。

第2课时

数学模型：对角线互相平分的四边形是平行四边形，属于概念原理类的数学模型，教学层次为渗透。

转换与化归：

（1）引例，为证明四边形是平行四边形，将问题条件转化为平行四边形判定定理的条件，并通过证明三角形全等得到对边平行且相等的条件，从而完成证明，将未知转化为已知，体现化归思想，教学层次为渗透。

（2）例2，为证明四边形是平行四边形，将问题条件转化为定理——对角线互相平分的四边形是平行四边形的条件，并通过作辅助线，运用平行四边形的性质得到相关条件，从而完成证明，将未知转化为已知，体现化归思想，教学层次为运用。

特殊与一般：

（1）引例，通过证明一条对角线互相平分的四边形是平行四边形，归纳出平行四边形判定定理，体现从特殊到一般的思想，教学层次为渗透。

（2）引例，运用全等三角形的判定与性质、平行四边形的判定定理解决具体的命题证明，体现从一般到特殊的思想，教学层次为渗透。

（3）例2，运用平行四边形的判定定理证明一个具体的四边形是平行四边形，体现从一般到特殊的思想，教学层次为显化。

第3课时

数学模型：

（1）平行线之间的距离，属于概念原理类的数学模型，教学层次为渗透。

（2）引例，将判断平行铁轨之间枕木是否一样长的实际问题抽象为两条平行线之间的距离是否相等的数学问题，并通过几何证明解决，属于数学模型的建模，教学层次为渗透。

转换与化归：

（1）例3，将要证明相等的两条线段转化为平行四边形对边，从而根据平行四边形对边相等得证，将未知转化为已知，体现化归思想，教学层次为显化。

（2）例4，将证明四边形是平行四边形，转化为证明定理"一组对边平行且相等的四边形是平行四边形"的条件，从而完成证明，体现化归思想，教学层次为显化。

特殊与一般：

（1）例3，运用平行四边形的定义、性质定理解决问题，体现从一般到特殊的思想，教学层次为显化。

（2）例3，研究平行线之间的垂线段相等；"想一想"环节，进一步研究夹在两条平行线之间的平行线段是否相等，体现从特殊到一般的思想，教学层次为显化。

（3）例4，运用平行四边形定义、性质定理、判定定理解决问题，体现从一般到特殊的思想，教学层次为显化。

3. 三角形的中位线

教学模型：

（1）三角形的中位线，属于概念原理类的数学模型，教学层次为渗透。

（2）三角形中位线定理，属于概念原理类的数学模型，教学层次为渗透。

转换与化归：

（1）引例，通过剪拼的方式（旋转），将一个三角形拼成一个与其面积相等的平行四边形，是几何图形形式的转换，体现转换思想，教学层次为渗透。

（2）为证明三角形中位线定理，通过添加辅助线，将三角形问题转换为平行四边形问题，并通过三角形全等解决证明，体现转换思想，教学层次为运用。

（3）"议一议"环节，探究中点四边形的形状，通过连接对角线，将四边形问题转化为三角形问题，并利用三角形中位线定理解决，体现化归思想，教学层次为运用。

特殊与一般：

（1）引例，通过剪拼的方式（旋转），将一个三角形拼成一个与其面积相等的平行四边形，猜想三角形两边中点的连线与第三边的关系，归纳出三角形中位线定理，体现从特殊到一般的思想，教学层次为渗透。

（2）运用平行四边形的定义、性质及判定定理证明三角形中位线定理，体现从一般到特殊的思想，教学层次为显化。

（3）"议一议"环节，运用三角形中位线定理，探究中点四边形的形状，体现从一般到特殊的思想，教学层次为运用。

分类讨论："想一想"环节，猜想三角形两边中点连线与第三边有怎样的关系，以数形为标准，分为数量关系和位置关系两种，并分别讨论其结论，属于由数学原理的限制条件引起的分类讨论，教学层次为显化。

4. 多边形内角和与外角和

第1课时

教学模型：多边形内角和定理，属于概念原理类的数学模型，教学层次为渗透。

转换与化归：引例，为求出五边形的内角和，通过作辅助线，把五边形转化为三角形，并利用三角形内角和定理解决问题，将多边形问题转化为三角形问题，体现化归思想。探究多边形内角和定理是转换与化归思想在几何知识学习中的最典型例子，通过之前三角形内角和定理模型、四边形问题转化为三角形问题策略的铺垫，此处学生应自觉运用转换与化归思想方法，探究多边形内角和定理，并在问题解决之后，内化为一种将新知转化为旧知进行分析、解决问题的模式，教学层次为运用。

特殊与一般：

（1）引例，通过转化为三角形问题，探究五边形的内角和；"想一想"环节，运用同样转化的方法探究六边形的内角和；进一步探究多边形的内角和；归纳出多边形的内角和定理，体现从特殊到一般的思想，教学层次为运用。

（2）例1，应用多边形内角和定理解决求两角关系的问题，体现从一般到特殊的思想，教学层次为渗透。

（3）"想一想"环节，应用多边形内角和定理，解决求正多边形内角度数的问题，体现从一般到特殊的思想，教学层次为显化。

分类讨论："议一议"环节，剪掉长方形纸片的一个角，由于剪的位置不同，剩下的多边形的形状也不相同，多边形的内角和也不相同，所以需要分情况讨论。以余下角的数量为标准，分为剩下5个角、4个角、3个角三类，分别求出所得多边形的内角和，属于由图形的变化引起的分类讨论，教学层次为运用。

第2课时

数学模型：

（1）外角、外角和，属于概念原理类的数学模型，教学层次为渗透。

（2）多边形外角和定理，属于概念原理类的数学模型，教学层次为渗透。

（3）引例，将求沿着五边形广场跑一圈后，改变的角的度数和的问题抽象为求五边形的外角和，并利用几何推理解决，属于数学模型的建模，教学层次为显化。

转换与化归：引例，将求五边形外角和的问题，根据平角的关系转化为五边形的内角和问题，并利用 n 边形的内角和公式求解，将未知转化为已知，体现化归思想，教学层次为显化。

特殊与一般：

（1）引例，先探究五边形的外角和；"想一想"环节，探究六边形、八边形的外角和，归纳出多边形的外角和定理，体现从特殊到一般的思想，教学层次为渗透。

（2）例2，应用多边形内角和定理与外角和定理解决求多边形的边数问题，体现从一般到特殊的思想，教学层次为显化。

方程与函数：例2，用字母表示待求解边数，则可以表示出多边形的内角和与外角和，再根据题目的等量关系建立方程，最后解得未知数的值，使问题得解，体现了方程思想，教学层次为显化。

·九年级 上册·

第一章　特殊的平行四边形

1. 菱形的性质与判定

第1课时

数学模型：

（1）菱形，属于概念原理类的数学模型，教学层次为渗透。

（2）菱形的性质定理，属于概念原理类的数学模型，教学层次为渗透。

转换与化归：菱形性质定理的证明；四边形问题往往转化为三角形问题解决；对角线将菱形分解为等腰三角形，再运用等腰三角形的三线合一定理使命题得证。体现化归思想，教学层次为显化。

特殊与一般：

（1）观察几个特殊的平行四边形，发现其共同特征是有一组邻边相等，归纳得出菱形的概念，体现从特殊到一般的思想，教学层次为渗透。

（2）"想一想"环节，由菱形是特殊的平行四边形，可知菱形具有平行四边形的所有性质；根据菱形邻边相等的特殊性，进一步思考其特殊性质，体现从一般到特殊的思想，教学层次为显化。

（3）"做一做"环节，对具体的菱形做折叠操作，感受其对称性质，发现其对称轴，提炼出菱形的对称性质和对称轴概念，体现从特殊到一般的思想，教学层次为显化。

（4）通过一个菱形 ABCD 的证明，得出菱形的两个性质定理，体现从特殊到一般的思想，教学层次为渗透。

（5）例1，运用菱形的性质定理进行演绎推理解决问题，体现从一般到特殊的思想，教学层次为显化。

第2课时

数学模型：菱形的判定定理，属于概念原理类的数学模型，教学层次为渗透。

转换与化归：

（1）证明"对角线互相垂直的平行四边形是菱形"，把文字语言转化为符号语言和图形语言，体现转换思想，教学层次为渗透。

（2）证明"对角线互相垂直的平行四边形是菱形"，将条件转化为菱形定义解决，体现化归思想，教学层次为显化。

（3）例2，将菱形的证明问题转化为菱形的判定定理解决，体现化归思想，教学层次为显化。

特殊与一般：

（1）通过证明一个具体的对角线互相垂直的平行四边形是菱形，得出菱形判定定理，体现从特殊到一般的思想，教学层次为渗透。

（2）"议一议"环节，用圆规截取定长为边长画出四边形，经过证明，可得其为菱形，归纳出菱形的判定定理，体现从特殊到一般的思想，教学层次为显化。

（3）"做一做"环节，运用菱形的判定定理指导折纸，并说明所得的四边形是菱形，体现了从一般到特殊的思想，教学层次为显化。

（4）例2，运用菱形的判定定理解决具体的菱形证明问题，体现从一般到特殊的思想，教学层次为渗透。

第3课时

转换与化归：

（1）例3，将菱形的面积问题转化为两个三角形面积之和的问题，也是习题1.3题2的证明思路，体现化归思想，教学层次为运用。

（2）"做一做"环节，将菱形证明问题化归为菱形定义解决，教学层次为运用。

特殊与一般：

（1）例3，运用菱形的性质定理解决具体的问题，体现了从一般到特殊的思想，教学层次为显化。

（2）"做一做"环节，运用菱形的定义证明一个具体的四边形是菱形，体现了从一般到特殊的思想，教学层次为显化。

方程与函数："做一做"环节，运用等积法解决菱形的证明问题，以两组不同的底边和高表示同一个平行四边形的面积，根据所表示的面积相等的这一等量关系，即可列出方程，体现方程思想，教学层次为运用。

2. 矩形的性质与判定

第 1 课时

数学模型：

（1）矩形，属于概念原理类的数学模型，教学层次为渗透。

（2）矩形的性质定理、直角三角形的性质定理，属于概念原理类的数学模型，教学层次为渗透。

转换与化归：直角三角形斜边上的中线等于斜边一半的证明，通过把三角形的问题转换为特殊四边形的问题来解决，体现转换思想，教学层次为运用。

特殊与一般：

（1）观察几个特殊的平行四边形，发现其共同特征是有一个角是直角，归纳出矩形的概念，体现从特殊到一般的思想，教学层次为渗透。

（2）"想一想"环节，由矩形是特殊的平行四边形，可知矩形具有平行四边形的一般性质，又由于矩形有一个角是直角的特殊性，进一步思考其特殊性质，体现从一般到特殊的思想，教学层次为显化。

（3）通过具体的矩形，证明其四个角都是直角、对角线相等，得到矩形的性质定理，体现从特殊到一般的思想，教学层次为渗透。

（4）例 1，综合运用矩形的性质定理解决问题，体现从一般到特殊的思想，教学层次为渗透。

类比：类比上一节菱形的学习思路"概念—性质—判定—应用"，学习矩形的性质和判定，属于简单共存类比。进一步分析，在菱形性质学习中，通过连接对角线将四边形问题转化为三角形问题，并分析对角线的长度和位置的关系，也是矩形性质探究可类比的方法和方向，在具体的类比学习中，使学生内化类比思想是研究、解决类似问题模式的认识，教学层次为运用。

第 2 课时

数学模型：矩形的判定定理，属于概念原理类的数学模型，教学层次为渗透。

特殊与一般：

（1）"做一做"环节，拉动一个平行四边形活动框架的顶点，两条对角线的长度发生变化，$\angle \alpha$ 随之而变化，当两条对角线相等时，$\angle \alpha = 90°$，此时的平行四边形为矩形，由此归纳出矩形的判定定理，体现从特殊到一般的思想，教学层次为显化。

（2）"议一议"环节，运用矩形的判定定理解决检查门框是否是矩形的问题，体现从一般到特殊的思想，教学层次为渗透。

（3）例 2，综合运用矩形的性质和判定定理解决具体的问题，体现从一般到特殊的思想，教学层次为显化。

第 3 课时

转换与化归：

（1）例 3，利用对角线将矩形转化为等腰（等边）三角形解决问题，将未知转化为已知，体现化归思想，教学层次为运用。

（2）例 4，将矩形的证明问题转化为矩形的判定定理，教学层次为显化。

（3）习题 1.6 题 5，连接 OP，将 $\triangle AOD$ 转换为 $\triangle AOP$ 和 $\triangle DOP$，进而运用等积法解决问题，体现转换思想，教学层次为运用。

特殊与一般：

（1）例 3，运用矩形的性质解决求线段长的问题，体现从一般到特殊的思想，教学层次为显化。

（2）例 4，运用矩形的判定定理解决矩形的证明问题，体现从一般到特殊的思想，教学层次为渗透。

3. 正方形的性质与判定

第 1 课时

数学模型：

（1）正方形，属于概念原理类的数学模型，教学层次为渗透。

（2）正方形的性质定理，属于概念原理类的数学模型，教学层次为渗透。

特殊与一般：

（1）观察几个特殊平行四边形，发现其共同特征是有一组邻边相等，并且有一个角是直角，归纳得出正方形的概念，体现从特殊到一般的思想，教学层次为渗透。

（2）"议一议"环节，因为正方形既是矩形，又是菱形，所以它具有矩形和菱形的所有性质，体现从一般到特殊的思想，教学层次为运用。

（3）例1，运用正方形的性质解决具体正方形证明问题，体现从一般到特殊的思想，教学层次为渗透。

（4）"议一议"环节，梳理几种特殊平行四边形之间的关系，一般的平行四边形将角特殊化为直角得到矩形，将边特殊化为邻边相等得到菱形；一般平行四边形将角和边同时特殊化，或矩形将邻边特殊化，或菱形将角特殊化，均可得到正方形。矩形和菱形具有平行四边形的所有性质，正方形具有平行四边形、矩形、菱形的所有性质。体现从一般到特殊的思想，教学层次为运用。

第2课时

模型思想：正方形的判定定理，属于概念原理类的数学模型，教学层次为渗透。

特殊与一般：

（1）正方形的判定定理，体现正方形与矩形、菱形的关系，体现从一般到特殊的思想，教学层次为显化。

（2）例2，运用正方形的判定定理解决四边形 $BECF$ 是正方形的证明问题，体现从一般到特殊的思想，教学层次为渗透。

（3）"做一做"环节，任意画一个正方形，研究以其四边中点为顶点组成的四边形的形状，并归纳出一般性的结论：正方形的中点四边形是正方形，体现从特殊到一般的思想，教学层次为渗透。

（4）第二个"议一议"环节，研究菱形、矩形以及平行四边形的中点四边形的形状，通过分析、概括得到一般性结论：所得的中点四边形的形状取决于原四边形两条对角线的位置关系和数量关系。体现从特殊到一般的思想，教学层次为显化。

（5）习题1.8题4，求两个正方形重叠部分的面积与原正方形的面积关系，由于阴影是不规则四边形，直接求解比较困难，因此正方形 $A'B'C'O$ 绕点 O 旋转，考虑其特殊情况，使 OA' 与 OB，OC' 与 OC 重合，则重叠部分转换为 $\triangle OBC$，容易得出重叠部分是正方形面积的 $\frac{1}{4}$，体现从特殊到一般的思想，教学层次为运用。

类比：第二个"议一议"环节，类比"做一做"环节使用的方法，提出和解决以菱形、矩形以及平行四边形各边中点为顶点所组成图形的形状问题，属于综合类比，教学层次为显化。

第二章 一元二次方程

1. 认识一元二次方程

第 1 课时

数学模型：

（1）一元二次方程，属于概念原理类的数学模型，教学层次为渗透。

（2）引例，提出地毯四周有多宽、梯子底端滑动多少米等实际问题，运用数学的方程方法表示和解决，属于数学模型的建模，教学层次为显化。

特殊与一般："议一议"环节，观察、分析所建立的方程实例，得出其有一个未知数，且未知数的次数为 2 的特征，归纳得出一元二次方程的概念，体现从特殊到一般的思想，教学层次为显化。

方程与函数：通过多个实际问题的分析，归结为用方程表达其中的等量关系，突出方程是刻画现实世界数量关系的有效的数学模型，体现方程思想，教学层次为显化。

类比：类比学习研究一元二次方程的方法，首先借助现实情境引出一元二次方程的实例，抽象出一元二次方程的概念，这种概念学习的方式属于概念的同化，属于因果类比，教学层次为运用。

字母表示数：

（1）引例，用字母 x 表示未知量，可以根据等量关系直观地建立方程并参与运算，教学层次为显化。

（2）一元二次方程可表示为 $ax^2 + bx + c = 0(a \neq 0)$，字母可以表示未知数，也可以表示待定的系数，字母表示数具有一般性，呈现了一元二次方程的主要特征，教学层次为显化。

第 2 课时

数学模型：

（1）引例，运用所列方程解决地毯四周有多宽的问题，属于数学模型的建模，教学层次为显化。

（2）"做一做"环节，运用所列方程解决梯子底端滑动多少米的问题，属于数学模型的建模，教学层次为显化。

方程与函数：

（1）引例，进一步运用所列方程解决地毯四周有多宽的问题，体会方程是反映现实世界数量关系的重要数学模型，教学层次为显化。

（2）"做一做"环节，进一步运用所列方程解决梯子底端滑动多少米的问题，体会方程是反映现实世界数量关系的重要数学模型，教学层次为显化。

2. 用配方法解一元二次方程

第 1 课时

数学模型： 配方法，属于概念原理类的数学模型，教学层次为渗透。

转换与化归：

（1）"议一议"环节，运用完全平方公式将一元二次方程 $ax^2 + bx + c = 0$ $(a \neq 0)$ 转化成 $(x+m)^2 = n(n \geq 0)$ 的形式，是方程形式的转换，两边再同时开方，转化为一元一次方程，即可求出方程的根，将二次方程降次为一次方程，体现化归思想，教学层次为运用。

（2）例 1，运用配方法求解具体方程，将二次方程降次为一次方程，体现化归思想，教学层次为运用。

特殊与一般：

（1）"议一议"环节，将具体的方程转化为平方形式，再将两边开方得到两个一次方程，从而使方程得解，分析其求解过程，归纳解一元二次方程的配方法，体现从特殊到一般的思想，教学层次为显化。

（2）"做一做"环节，完成并分析几个具体的等式填空，分析其等式左边常数项和一次项系数的关系，可得一般性规律，配完全平方公式，加上的常数项应为一次项系数一半的平方，体现从特殊到一般的思想，教学层次为显化。

（3）例 1，运用配方法解决具体的方程求解问题，体现从一般到特殊的思想，教学层次为渗透。

第 2 课时

数学模型："做一做"环节，通过一个物理问题的解决，使学生感受方程是解决实际问题的重要模型，属于数学模型的建模，教学层次为显化。

转换与化归：例 2，通过方程两边同时除以二次项系数，将二次项系数不为 1 的方程转化为二次项系数为 1 的方程，从而可按照上一课时的方法解决，体现化归思想，教学层次为运用。

特殊与一般：例 2，运用配方法解具体方程，体现从一般到特殊的思想，教学层次为渗透。

方程与函数：

（1）"做一做"环节，小球以某一初始速度竖直向上弹出，其高度与时间满足二次函数关系，将求小球何时到达某一高度的问题转化为一元二次方程问题，体现了二次函数与一元二次方程之间的关系，教学层次为显化。

（2）运用方程的方法表示和解决实际问题，进一步体会方程是反映现实世界数量关系的重要数学模型，教学层次为显化。

3. 用公式法解一元二次方程

第 1 课时

数学模型：

（1）公式法、根的判别式，属于概念原理类的数学模型，教学层次为渗透。

（2）一元二次方程的求根公式，属于概念原理类的数学模型，教学层次为渗透。

（3）根的判别式与根的关系，属于概念原理类的数学模型，教学层次为渗透。

转换与化归：一元二次方程的求根公式 $x = \dfrac{-b \pm \sqrt{b^2 - 4ac}}{2a}$，将方程中的未知转化为已知，体现化归思想，教学层次为显化。

特殊与一般：

（1）引例，利用配方法可解系数为具体数字的一元二次方程，也可以解一般形式的一元二次方程 $ax^2 + bx + c = 0 (a \neq 0)$，从而得到求根公式，呈现了方程的一般解法，体现从特殊到一般的思想，教学层次为运用。

（2）例题，运用公式法解具体方程，体现从一般到特殊的思想，教学层次为显化。

（3）"议一议"环节，由具体的一元二次方程无解，思考对于一元二次方程 $ax^2 + bx + c = 0 (a \neq 0)$，当 $b^2 - 4ac < 0$ 时根的情况，再进一步归纳判别式与方程解的关系，体现从特殊到一般的思想，教学层次为显化。

分类讨论：对于一元二次方程 $ax^2 + bx + c = 0 (a \neq 0)$，以判别式的正数、负数或零为标准进行分类，并分别讨论其实数根的情况，属于由数学原理的限制条件引起的分类讨论。在之前分类讨论的多次显化和运用的基础上，此处学生面对求根公式 $x = \dfrac{-b \pm \sqrt{b^2 - 4ac}}{2a}$，对于其中判别式 $\Delta = b^2 - 4ac$，应主动运用分类讨论思想方法，分析判别式对于方程是否有实数根的影响，内化一种分析、解决问题的模式，即自觉思考问题是否是由原理限制或图形变化而引起分类讨论，教学层次为运用。

字母表示数：

（1）在公式法的推导过程中用字母表示未知量和待定系数，使用配方法将一元二次方程问题一般化，教学层次为运用。

（2）求根公式用字母表示未知量和待定系数，教学层次为显化。

（3）判别式是用字母表示待定系数的整式，具有一般性，教学层次为显化。

第 2 课时

数学模型：运用一元二次方程解决建造花园的实际问题，属于数学模型的建模，教学层次为运用。

转换与化归：习题 2.6 题 4，通过作辅助线把一般三角形转换为直角梯形、直角三角形、特殊四边形等能计算面积的图形来解决，体现转换思想，教学层次为运用。

方程与函数：以字母表示未知数，以建造花园面积为荒地面积一半的等量关系建立方程，再通过方程的求解得到实际问题的结果，体现方程思想，教学层次为运用。

4. 用因式分解法解一元二次方程

数学模型：因式分解法，属于概念原理类的数学模型，教学层次为渗透。

转换与化归：用因式分解法将一元二次方程转化成两个一元一次方程，将二次方程降次为一次方程，从而转化为一次方程的求解方法来解决问题，体现化归思想，教学层次为显化。

特殊与一般：

（1）通过一个具体方程 $x^2 = 3x$ 的求解，归纳出当一元二次方程一边为 0，而另一边易于分解成两个一次因式的乘积时，可采用因式分解法，体现从特殊到一般的思想，教学层次为显化。

（2）例题，运用因式分解法解具体方程，体现从一般到特殊的思想，教学层次为显化。

5. 一元二次方程根与系数的关系

数学模型：一元二次方程根与系数的关系，属于概念原理类的数学模型，教学层次为渗透。

特殊与一般：

（1）"做一做"环节，通过解几个具体的一元二次方程，思考方程的根与系数的关系问题，在此基础上，通过字母表示方程、判别式和方程的根，使问题一般化，得到一元二次方程的根与系数的关系，体现从特殊到一般的思想，教学层次为运用。

（2）例题，运用根与系数的关系解决具体问题，体现从一般到特殊的思想，教学层次为显化。

字母表示数：在根与系数的关系的推导过程中，通过字母表示方程、判别式和方程的根，使问题一般化。此处字母表示数具有不同的意义，需要学生明确和辨析，字母既可以表示未知数，也可以表示待定的系数，两种字母都可以参与运算，用字母表示数有助于探究和一般化，教学层次为运用。

6. 应用一元二次方程

第1课时

数学模型：

（1）引例，运用方程方法解决梯子滑动距离的实际问题，属于数学模型的建模，教学层次为显化。

（2）例1，将军舰航行问题抽象为几何模型，并利用方程方法加以解决，属于数学模型的建模，教学层次为运用。

转换与化归：例1，通过作辅助线把一般三角形问题转化为直角三角形问题，体现化归思想，教学层次为运用。

数形结合：引例，将军舰航行路线等抽象为几何图形，结合图形分析并解决问题，体现数形结合的以形助数思想，教学层次为运用。

方程与函数：

(1) 引例，由于梯子滑动过程中梯子长度保持不变，以此作为等量关系建立方程，体现方程思想，教学层次为显化。

(2) 例1，用字母表示未知量，在表示运动的图形中寻找等量关系建立方程，再解出方程从而解决问题，体现方程思想，教学层次为运用。

第2课时

数学模型：

(1) 例2，将冰箱销售利润的实际问题，运用数学方程的方法表示和解决，属于数学模型的建模，教学层次为运用。

(2) "做一做"环节，将台灯销售利润的实际问题，运用数学方程的方法表示和解决，属于数学模型的建模，教学层次为显化。

方程与函数：

(1) 例2，通过用字母表示待求解的未知量，寻找等量关系建立方程，再通过方程的变形求解，从而解决冰箱销售利润的实际问题，体现方程思想，使学生内化一种分析、解决问题的模式，即当问题所要求的是确定的未知数的值时，优先考虑方程思想策略，能根据方程思想方法的三个步骤解决具体问题。教学层次为运用。

(2) "做一做"环节，通过用字母表示待求解的未知量，寻找等量关系建立方程，再通过方程的变形求解，从而解决台灯销售利润的实际问题，体现方程思想，教学层次为显化。

第三章　概率的进一步认识

1. 用树状图或表格求概率

第1课时

数学模型：

(1) 古典概型，属于已解决问题类的数学模型，教学层次为渗透。

（2）引例，为解决三人决定一张电影票的实际问题，建立古典概型的概率模型，让学生知道数学来源于现实生活实践，属于数学模型的建模，教学层次为显化。

转换与化归：将游戏是否公平的问题转化为对试验结果概率的比较问题，体现化归思想，教学层次为显化。

或然与必然：

（1）"做一做"环节，每次抛硬币试验的结果可能是不一样的，事先无法确定结果，体现试验结果的或然性；当试验的次数足够多时，试验的频率会稳定在某一个常数附近，体现概率的必然性；同时，知道概率也不可能知道每一次试验的结果，又体现了或然性，教学层次为显化。

（2）"议一议"环节，抛硬币试验，体现或然与必然，教学层次为显化。

第2课时

数学模型：运用古典概型求出在玩"石头、剪刀、布"游戏时双方胜、平、负的概率，让学生进一步体会"数学就在我们身边"，发展"用数学"的意识与能力，属于数学模型的建模，教学层次为运用。

转换与化归：将游戏是否公平的问题转化为对试验结果概率的比较问题，体现化归思想，教学层次为显化。

或然与必然：

（1）例1，双方做这三种手势的结果是不确定的，体现或然性，但其出现的概率根据古典概型的概率计算公式，理论上是可以求出的，体现必然性，教学层次为显化。

（2）"做一做"环节，掷骰子游戏中掷得的点数的结果是不确定的，体现或然性，但掷得的点数之和根据古典概型的概率计算公式，理论上是可以求出的，体现必然性，教学层次为显化。

第3课时

数学模型：运用古典概型解决"配紫色"的胜负问题，属于数学模型的建模，教学层次为显化。

转换与化归：将转盘的不同颜色区域划分为相等的面积区域，使指针落在每一区域的可能性相等，使转盘问题转化为古典概型问题，体现化归思想，教学层次为显化。

或然与必然：

（1）引例和"想一想"环节，转盘游戏中，指针落在哪个区域是不确定的，体现试验结果的或然性，但其中结果的概率根据古典概型理论是可以求出的，体现必然性，教学层次为显化。

（2）例2，随机摸出一个球的结果是不确定的，体现试验结果的或然性，但其中两次摸到的球的颜色相同的概率根据古典概型理论是可以求出的，体现必然性，教学层次为显化。

2. 用频率估计概率

或然与必然：对于难以用古典概型理论计算概率的试验，可以通过多次试验，用频率估计概率。随机事件在每次试验时结果是不确定的，体现或然性；而当试验次数足够多时，随机事件发生的频率具有稳定性，并据此可以估计某一随机事件发生的概率，体现必然性。在反复感受和应用概率知识解决实际问题的基础上，学生逐步领悟蕴含在概率知识中的或然与必然思想，理解其中或然性与必然性之间对立统一的辩证关系，教学层次为显化。

第四章　图形的相似

1. 成比例线段

第 1 课时

数学模型：

（1）两条线段的比、成比例线段，属于概念原理类的数学模型，教学层次为渗透。

（2）比例的基本性质，属于概念原理类的数学模型，教学层次为渗透。

（3）例1，运用比例的基本性质解决裁矩形彩旗的实际问题，属于数学模型的建模，教学层次为渗透。

特殊与一般：

（1）引例，提出两条线段的比的概念，通过两个五边形的对应边的比值，具体说明线段的比的意义，体现从一般到特殊的思想，教学层次为渗透。

（2）"做一做"环节，通过方格纸上两个四边形对应边比值的计算，发现这四组对应线段的比相等，归纳出成比例线段的概念，体现从特殊到一般的思想，教学层次为渗透。

（3）例1，运用比例的基本性质解决求线段长度的问题，体现从一般到特殊的思想，教学层次为渗透。

数形结合：两条线段的比转换为线段长度的比，从形的角度转换为数的角度，体现数形结合的以数助形思想，教学层次为显化。

字母表示数：用字母来表示四个线段的长度，从而表示出比例的基本性质，教学层次为显化。

第2课时

数学模型：等比公式，属于概念原理类的数学模型，教学层次为渗透。

特殊与一般：

（1）引例，具体的矩形对应边成比例，其周长的比等于对应边的比。"议一议"环节，六个数成比例，其分子之和与分母之和的比等于原比例，这是从"形"到"数"；再将六个数的比例式推广至无穷个数的情况，这是从"有限"到"无限"，归纳出等比性质，体现从特殊到一般的思想，教学层次为显化。

（2）例2，运用等比性质求出三角形的周长，体现从一般到特殊的思想，教学层次为显化。

数形结合：引例，分析两个矩形对应边的比和周长比的关系；"议一议"环节，研究数的比例性质，从数和形两个角度理解等比性质，体现数形结合的数形互助思想，教学层次为显化。

字母表示数：

（1）等比性质的推导过程中，增加字母 k 表示比值，从而使问题得解，教学层次为显化。

（2）用字母来表示数，表示出比例的等比性质，教学层次为显化。

2. 平行线分线段成比例

数学模型：平行线分线段成比例及其推论，属于概念原理类的数学模型，教学层次为渗透。

特殊与一般：

（1）引例，通过计算方格纸中两条直线被三条平行线所截的线段的比例，逐步归纳出平行线分线段成比例的基本事实，其中问题（1）（2）是两种特殊情况——平行线与两条直线的交点都在格点上，问题（3）更一般化，但可根据特殊情况进行归纳和猜想，体现从特殊到一般的思想，教学层次为显化。

（2）将平行线分线段成比例的基本事实特殊化，应用在三角形中，得到它的一个推论，体现从一般到特殊的思想，教学层次为显化。

（3）例题，运用平行线分线段成比例的推论解决求三角形边长的问题，体现从一般到特殊的思想，教学层次为渗透。

3. 相似多边形

教学模型：相似多边形、相似比，属于概念原理类的数学模型，教学层次为渗透。

特殊与一般：

（1）引例，分析两个具体的六边形的对应角相等，对应边成比例，归纳出相似多边形的概念，体现从特殊到一般的思想，教学层次为渗透。

（2）引例，运用相似多边形和相似比的概念分析相似五边形，体现从一般到特殊的思想，教学层次为渗透。

（3）"想一想"环节，运用相似多边形概念研究两个等边三角形是否相似，体现从一般到特殊的思想，教学层次为渗透。

（4）"想一想"环节，研究两个等边三角形是否相似之后，再到研究正方形、正多边形，体现从特殊到一般的思想，教学层次为显化。

类比：

（1）"想一想"环节，类比研究两个等边三角形相似的思路，研究任意两个菱形是否相似，属于综合类比，教学层次为运用。

（2）"做一做"环节，类比研究两个等边三角形相似的思路，研究任意两个矩形是否相似，属于因果类比，教学层次为运用。

4. 探索三角形相似的条件

第 1 课时

教学模型：

（1）相似三角形，属于概念原理类的数学模型，教学层次为渗透。

（2）相似三角形的判定定理，属于概念原理类的数学模型，教学层次为渗透。

特殊与一般：

（1）"做一做"环节，研究两个具体的三角形，当其有两个角的大小相等时，是否两个三角形相似，归纳验证得出三角形相似的判定定理：两角分别相等的两个三角形相似。体现从特殊到一般的思想，教学层次为显化。

（2）例 1，运用相似三角形的判定定理解决具体相似三角形中求线段长度的问题，体现从一般到特殊的思想，教学层次为显化。

分类讨论：三角形相似条件的探索过程，首先对条件的数量要求进行分类，即一个条件或两个条件。接着进行二级分类。一个条件，如一个角相等、两边成比例等，分析发现只有一个条件不足以得到两个三角形相似。两个条件，如两角分别相等、两边成比例且夹角相等、两边成比例且其中一边的对角相等、一边和另两边分别成比例等，经过研究发现其中一些条件能得到两个相似的三角形。体现分类讨论思想，教学层次为运用。

类比：类比探索三角形全等判定定理的方法，首先思考判定两个三角形相似是否一定需要相似三角形定义中的全部条件，接着类比三角形全等的条件，在分类的基础上由少到多逐步探索三角形相似的条件，属于因果类比，教学层次为运用。

第 2 课时

数学模型：相似三角形的判定定理，属于概念原理类的数学模型，教学层次为渗透。

特殊与一般：

（1）"做一做"环节，研究两个具体的三角形，当它们有一个角的大小相等时，这个角的夹边对应成比例，对比值 k 取一些特殊的数值，验证这两个三角形是否相似，归纳得出三角形相似的判定定理：两边成比例且夹角相等的两个三角形相似。体现从特殊到一般的思想，教学层次为显化。

（2）例 2，运用三角形相似的判定定理解决具体相似三角形中求线段长度的问题，体现从一般到特殊的思想，教学层次为显化。

分类讨论：继续三角形相似条件的探索，首先提出只有一个条件——两边成比例，分析可知不足以证明两个三角形相似，需要再增加一个条件，对于增加哪个条件需要进行分类讨论，以边或角为标准，可知增加的条件是一个角相等或另两边成比例。如果增加的条件是一个角相等，又需要以角的位置为标准做二级分类，即这个角既可以是成比例两边的夹角，也可以是其中一边的对角。体现由图形的不确定性引起的分类讨论，教学层次为运用。

类比："想一想"环节，为探索两边成比例且其中一边的对角相等时，两个三角形是否相似，类比探索三角形全等时画"边边角"反例图的方法，画图比较，得出结论，属于综合类比，教学层次为显化。

第 3 课时

数学模型：

（1）相似三角形判定定理，属于概念原理类的数学模型，教学层次为渗透。

（2）常见的三角形相似类型，属于已解决问题类的数学模型。根据三角形相似判定定理，总结出常见的三角形相似类型，包括其原理、性质、基本图形等，在解决三角形相似问题时，对模型加以识别、提取、转化，从而快速解决问题，使学生掌握已解决问题类数学模型的构建和运用方法，教学层次为运用。

转换与化归："做一做"环节，研究两个具体的三角形，当其有一组边对应成比例时，再增加一个条件——一组对应成比例，即综合为这两个三角形三边成比例，把问题转换为探索如果两个三角形三边成比例，那么这两个三角形是否相似的问题，体现转换思想，教学层次为显化。

特殊与一般：

（1）引例，提出三边成比例的两个三角形是否相似的问题；"做一做"环节，以具体的两个三角形进行探索和验证，体现从特殊到一般的思想，教学层次为显化。

（2）"做一做"环节，研究两个具体的三角形，这两个三角形对应边成比例，对对应比例 k 取一些特殊的数值来验证这两个三角形是否相似。归纳得出三角形相似的判定定理：三边成比例的两个三角形相似。体现从特殊到一般的思想，教学层次为显化。

（3）例 2，运用三角形相似的判定定理解决具体相似三角形中求线段长度的问题，体现从一般到特殊的思想，教学层次为渗透。

（4）"议一议"环节，综合运用相似三角形的判定定理，判断方格纸中两个三角形是否相似，体现从一般到特殊的思想，教学层次为显化。

第 4 课时

数学模型：黄金分割、黄金分割点、黄金分割比，属于概念原理类的数学模型，教学层次为渗透。

特殊与一般：

（1）在五角星中找特殊线段的比，根据线段的比例关系归纳出黄金分割的概念，体现从特殊到一般的思想，教学层次为渗透。

（2）例4，运用黄金分割的概念计算黄金分割比，体现从一般到特殊的思想，教学层次为渗透。

（3）"想一想"环节，运用黄金分割的定义判断具体矩形的宽与长的比是否为黄金分割比，体现从一般到特殊的思想，教学层次为渗透。

数形结合：

（1）引例，以黄金分割比的数值比例，分析描述具体的线段比例关系，体现数形结合的以数助形思想，教学层次为显化。

（2）随堂练习，运用尺规作图的方法作线段的黄金分割点，从几何图形的角度分析黄金分割，体现数形结合的以形助数思想，教学层次为显化。

方程与函数： 例4，计算黄金分割比，设 $AC = x$，表示出 $BC = 1 - x$，根据黄金分割比的概念列出等量关系，解方程得两个解，根据线段长的实际意义舍去负解，从而计算出黄金分割比，体现方程思想，教学层次为运用。

5. 相似三角形判定定理的证明

数学模型： 相似三角形的三个判定定理，属于概念原理类的数学模型，教学层次为渗透。

转换与化归：

（1）证明定理"两角分别相等的两个三角形相似"，利用平行线分线段成比例、平行四边形性质、三角形全等性质，将定理的条件转化为相似三角形的定义，从而完成证明，体现化归思想，教学层次为运用。

（2）证明定理"两边成比例且夹角相等的两个三角形相似"，利用平行线转化为比例和上一结论的问题，体现化归思想，教学层次为运用。

（3）证明定理"三边成比例的两个三角形相似"，利用平行线转化为比例和上一结论的问题，体现化归思想，教学层次为运用。

分类讨论： 习题4.9题4，P、Q 为两动点，何时 $\triangle QBP$ 与 $\triangle ABC$ 相似，因为点 B 为公共顶点，以不同对应边为标准，可分为 $\triangle QBP \backsim \triangle ABC$ 或 $\triangle BPQ \backsim \triangle ABC$ 两种情况，体现分类讨论，教学层次为运用。

6. 利用相似三角形测高

数学模型： 运用相似三角形的性质和判定，设计测量旗杆高度的方案，即运用数学方法解决实际问题，属于数学模型的建模，教学层次为显化。

7. 相似三角形的性质

第1课时

数学模型：相似三角形性质定理，属于概念原理类的数学模型，教学层次为显化。

特殊与一般：

（1）引例，研究相似比为1∶2的两个相似三角形，对应高的比例等于其相似比；"想一想"环节，进一步研究相似比为 k 的两个相似三角形对应高的比，再推广到研究对应角平分线的比和对应中线的比值，猜测并证明结论，归纳得出相似三角形的性质定理，体现从特殊到一般的思想，教学层次为显化。

（2）"议一议"环节，把相似三角形的性质推广到更一般的情况，如三等分角的线段、三等分边的线段，即相似三角形对应线段的比等于相似比，体现从特殊到一般的思想，教学层次为显化。

（3）例1，运用相似三角形的性质定理，求解两个相似三角形线段长，体现从一般到特殊的思想，教学层次为显化。

第2课时

数学模型：相似三角形性质定理，属于概念原理类的数学模型，教学层次为渗透。

转换与化归：推导相似四边形的周长比、面积比与相似比的关系，通过作辅助线把四边形问题转化为三角形问题来解决，体现化归思想，教学层次为运用。

特殊与一般：

（1）引例，研究相似三角形的周长比、面积比与相似比的关系，先从相似比为2的两个三角形开始，再推广至相似比为 k 的两个三角形，归纳相似三角形性质定理：相似三角形的周长比等于相似比，面积比等于相似比的平方。体现从特殊到一般的思想，教学层次为显化。

（2）"议一议"环节，把相似图形周长比和面积比的问题由相似三角形推广到相似四边形、相似五边形，以至相似 n 边形，体现从特殊到一般的思想，教学层次为显化。

（3）例2，利用相似三角形的性质定理解决求线段长度的问题，体现从一般到特殊的思想，教学层次为显化。

8. 图形的位似

第1课时

数学模型：位似多边形、位似中心，属于概念原理类的数学模型，教学层次为渗透。

特殊与一般：

（1）引例，分析两个具有特殊位置关系的相似五边形，发现其图形特征是对应点的连线经过同一点，且对应线段成比例，归纳出位似多边形概念，体现从特殊到一般的思想，教学层次为显化。

（2）例1，运用位似多边形的概念，画出一个位似三角形，体现从一般到特殊的思想，教学层次为渗透。

（3）位似图形是一种特殊的相似图形，具有相似图形的一切性质，因其特殊性，又具有特殊的位置关系，体现从一般到特殊的思想，教学层次为显化。

第2课时

数学模型：位似图形的性质，属于概念原理类的数学模型，教学层次为渗透。

特殊与一般：

（1）引例，在平面直角坐标系中，探究具体的$\triangle OAB$，将其顶点横坐标、纵坐标同时乘以2，发现所得三角形与原三角形相似，且相似比是2；再探究其顶点横坐标、纵坐标同时乘以-2的情况，为后面归纳结论提供具体的验证例子，体现从特殊到一般的思想，教学层次为显化。

（2）"做一做"环节，在平面直角坐标系中，探究具体的四边形$ABCD$，将其顶点横坐标、纵坐标同时乘以$\frac{1}{2}$，发现所得四边形与原四边形相似，且相似比是$\frac{1}{2}$，位似中心为原点；再探究其顶点横坐标、纵坐标同时乘以$-\frac{1}{2}$的情况，为后面归纳结论提供具体的验证例子，体现从特殊到一般的思想，教学层次为显化。

（3）引例，探究的是其中一个顶点在原点的三角形；"做一做"环节，探究的是顶点在非原点的一般四边形，是一个从特殊情况逐渐一般化的过程，体现从特殊到一般的思想，教学层次为显化。

（4）引例，探究具体的三角形，"做一做"环节，探究具体的四边形，再推广到多边形，总结归纳出在平面直角坐标系中位似图形的性质结论，体现从特殊到一般的思想，教学层次为显化。

（5）例2，运用坐标系中位似图形的性质，画出某具体四边形的位似图形，体现从一般到特殊的思想，教学层次为渗透。

数形结合：平面直角坐标系中两个图形的位似关系，可以用其顶点坐标扩大或缩小的倍数来描述，体现以数助形思想；将一个图形的各顶点坐标分别扩大或缩小相同倍数，可以得到其位似图形，体现数形结合的以形助数思想；研究图形位似既可以从形的角度，又可以从数的角度，体现数形结合的数形互助思想，教学层次显化。

分类讨论：例2，为了使画出的四边形与原四边形的相似比是2:3，即相似比的绝对值$|k| = \dfrac{2}{3}$，由绝对值的概念性质，可分为两种情况，相似比为$k = \dfrac{2}{3}$或$k = -\dfrac{2}{3}$，从而得到不同的位似图形，体现由数学原理的限制条件引起的分类讨论思想，教学层次为运用。

第五章　投影与视图

1. 投影

第 1 课时

数学模型：

（1）投影、中心投影，属于概念原理类的数学模型，教学层次为渗透。

（2）运用中心投影的概念解决实际生活中求灯泡位置、求人的影长的问题，属于数学模型的建模，教学层次为渗透。

特殊到一般：

（1）"做一做"环节，取一些长短不等的小棒和大小不一的三角形、矩形纸片，用手电筒去照射，观察它们的影子，分析其光源和影子变化关系的特征，归纳得出中心投影概念，体现从特殊到一般的思想，教学层次为渗透。

（2）运用中心投影的概念解决实际的求灯泡位置、求人的影长的问题，体现从一般到特殊的思想，教学层次为渗透。

第 2 课时

教学模型：

（1）平行投影、正投影，属于概念原理类的数学模型，教学层次为渗透。

（2）例 2，运用相似三角形的性质解决实际的求影长问题，属于数学模型的建模，教学层次为运用。

（3）"做一做"环节，运用平行投影的概念解决实际的判断光源是点光源还是平行光源的问题，属于数学模型的建模，教学层次为渗透。

分类讨论：

（1）投影，以光源是点光源或平行光源为标准，可分为中心投影和平行投影；平行投影，以平行光线与投影面是否垂直为标准，可再二级分类为正投影和斜投影，体现分类思想，教学层次为显化。

（2）习题 5.2 题 2，补充画完栏杆的影子，对于图（2）的栏杆影子，既可能是路灯这个点光源所产生的，也可能是太阳的平行光产生的，而两种光源下其他栏杆的影子是不同的，需要做分类讨论，教学层次为运用。

2. **视图**

第 1 课时

教学模型：视图、主视图、左视图、俯视图，属于概念原理类的数学模型，教学层次为渗透。

转换与化归：视图，将立体图形的研究转化为物体三视图的研究，即将立体图形转化为平面图形，体现化归思想，教学层次为显化。

特殊与一般：

（1）"议一议"环节，运用三视图的概念，画出圆柱、圆锥和球的三种视图，体现从一般到特殊的思想，教学层次为渗透。

（2）"想一想"环节，运用三视图的概念，画出蒙古包的三种视图，体现从一般到特殊的思想，教学层次为渗透。

第 2 课时

特殊与一般：画出一个正三棱柱的三视图，分析三视图中由哪些部分对应相等，归纳得出三视图的线段对应关系："长对正，宽相等，高平齐"。体现从特殊到一般的思想，教学层次为显化。

第 3 课时

转换与化归：

（1）引例，观察三视图，找到与之对应的几何体，是从平面到立体的转换，体现转换思想，教学层次为显化。

（2）"议一议"环节，根据给出的三视图，想象出对应几何体的形状，是从平面到立体的转换，体现转换思想，教学层次为显化。

第六章　反比例函数

1. 反比例函数

数学模型：

（1）反比例函数，属于概念原理类的数学模型，教学层次为渗透。

（2）引例，电路问题，当电压固定时，随着电阻的变化，有唯一的电流值与之对应；行程问题，当路程固定时，随着速度的变化，有唯一的到达时间与之对应。从这些具体问题中抽象出反比例函数模型，属于数学模型的建模，教学层次为显化。

（3）"做一做"环节，运用反比例函数表示矩形面积固定时两条边长的数量关系；运用反比例函数表示某村耕地面积固定时，人均占有耕地与人口数量的变化关系。属于数学模型的建模，教学层次为渗透。

转换与化归："做一做"环节，呈现函数表达式与函数表格之间的相互转化，体现转换思想，教学层次为显化。

特殊与一般：

（1）引例，根据实际问题列出两个具体的函数式，分析其数字和字母特征，归纳得出反比例函数的概念，体现从特殊到一般的思想，教学层次为显化。

（2）"做一做"环节，运用反比例函数表示出矩形面积固定时两条边长的数量关系以及某村耕地面积固定时人均占有耕地与人口数量的变化关系。体现从一般到特殊的思想，教学层次为显化。

方程与函数：

（1）引例，电路问题，当电压固定时，随着电阻的变化，有唯一的电流值与之对应；行程问题，当路程固定时，随着速度的变化，有唯一的到达时间与之对应，体现函数思想，教学层次为显化。

（2）"做一做"环节，矩形面积固定时，相邻两条边长成反比例函数关系；耕地面积固定时，人均耕地面积与人口数量成反比例函数关系，体现函数思想，教学层次为显化。

类比：类比学习一次函数的方法研究反比例函数，首先借助现实情境引出反比例函数的实例，抽象出反比例函数的概念，这种概念学习的方式属于概念的同化，属于简单共存类比，教学层次为运用。

2. 反比例函数的图像与性质

第 1 课时

教学模型：反比例函数图像性质，属于概念原理类的数学模型，教学层次为渗透。

特殊与一般：引例，在直角坐标系中画出反比例函数 $y = \dfrac{4}{x}$ 的图像；"做一做"环节，画出反比例函数 $y = -\dfrac{4}{x}$ 的图像，并比较两者的相同点和不同点，归纳得出反比例函数图像的性质，体现从特殊到一般的思想，教学层次为显化。

数形结合：通过认识反比例函数图像的形状特征，理解和掌握反比例函数的性质，反比例函数可以从"形"的角度（即函数图像）和"数"的角度（即表达式）去认识与表示，体现数形结合的数形互助思想。研究函数的图像与性质是数形结合思想在代数知识中最重要的运用，在一次函数学习时反复运用的基础上，此处学生应借助数形结合思想，突破反比例函数图像与性质的难点，如图像是曲线、有两支曲线、不经过坐标轴、无限接近坐标轴等，并形成函数的表达式与图像是等价的、是函数的数与形的两种表示的认识，教学层次为运用。

分类讨论："议一议"环节，以反比例函数 $y = \dfrac{k}{x}$ 中比例系数 k 的正负为标准，将反比例函数图像分为 $k > 0$ 和 $k < 0$ 两种情况，并研究其图像性质，体现由概念定义的限制条件引起的分类讨论，教学层次为运用。

类比：类比已学的画一次函数图像的方法，运用描点法画反比例函数图像，体现简单共存类比，教学层次为显化。

第 2 课时

教学模型：反比例函数图像的增减性质，属于概念原理类的数学模型，教学层次为渗透。

特殊与一般：引例，观察几个反比例函数 $y = \dfrac{2}{x}$、$y = \dfrac{4}{x}$、$y = \dfrac{6}{x}$ 的图像，分析其所处的象限以及每一个象限内的变化趋势；"议一议"环节，考察当 $k = -2$、-4、-6 时，反比例函数 $y = \dfrac{k}{x}$ 的图像特征，归纳得出反比例函数图像的性质，体现从特殊到一般的思想，教学层次为显化。

数形结合："想一想"环节，探究比例系数的几何意义，从数和形两个角度认识值，体现数形结合的数形互助思想，教学层次为显化。

分类讨论：

（1）"议一议"环节，以反比例函数 $y = \dfrac{k}{x}$ 中比例系数 k 的正负为标准，将反比例函数图像分为 $k > 0$ 和 $k < 0$ 两种情况，并分别研究其图像的增减性，体现由数学原理的限制条件引起的分类讨论，教学层次为运用。

（2）习题6.3题4，比较反比例函数 $y = \dfrac{1}{x}$ 图像上两点函数值的大小，因为两个点位于哪个象限不明确，以两点是否在同一象限为标准，可分为两个点都在第三象限或两个点都在第一象限，以及一个点在第三象限、另一个点在第一象限两种情况，并分别比较其函数值的大小，体现由图形变化引起的分类讨论，教学层次为运用。

类比："议一议"环节，类比引例中研究 $k > 0$ 时反比例函数图像的方法，研究 $k < 0$ 时反比例函数的图像，属于简单共存类比，教学层次为运用。

3. 反比例函数的应用

数学模型：

（1）引例，运用反比例函数解决铺垫木板减少压强的实际问题，属于数学模型的建模，教学层次为运用。

（2）"做一做"环节，运用反比例函数解决蓄电池的电流、电阻关系表达以及求可变电阻的范围问题，属于数学模型的建模，教学层次为运用。

数形结合：

（1）引例，列出压强和面积的函数关系式后，画出其函数图像，并利用函数图像直观地解决问题，体现数形结合的以形助数思想，教学层次为运用。

（2）"做一做"环节，根据给出的电流与电阻的函数图像，求出其函数表达式，是从形到数的过程，体现数形结合的以数助形思想；利用函数图像直观地解决可变电阻范围问题，体现以形助数思想；综合体现数形结合的数形互助思想，教学层次为运用。

（3）"做一做"环节，求反比例函数与正比例函数的图像交点坐标，可通过联立方程组解决，体现数形结合的以数助形思想，教学层次为运用。

方程与函数：

（1）引例，当压力固定时，随着木板面积的变化，对地面的压强有唯一的值与之对应，体现函数思想，教学层次为显化。

（2）"做一做"环节，当蓄电池的电压固定时，随着用电器电阻的变化，电流有唯一的值与之对应，体现函数思想。此处学生已明确函数思想方法的名称、内涵及作用，主要是通过简单运用加深对函数思想方法的主要核心（变量之间的对应变化）的理解，教学层次为显化。

（3）"做一做"环节，求反比例函数与正比例函数的图像交点坐标，可通过联立方程组进行解决，是用方程的方法解决函数的问题，体现方程与函数的关系，此处主要是体现方程思想，教学层次为运用。

·九年级 下册·

第一章　直角三角形的边角关系

1. 锐角三角函数

第 1 课时

数学模型：

（1）正切、坡度，属于概念原理类的数学模型，教学层次为渗透。

（2）tanA 的值越大，梯子越陡，属于概念原理类的数学模型，教学层次为渗透。

（3）将日常生活中梯子倾斜程度的问题抽象为用数学中正切的概念进行表示和解决，属于数学模型的建模，教学层次为显化。

特殊与一般：

(1) "想一想"环节，在梯子上取特殊点 B_1、B_2，比较∠A 的对边与相邻直角边的比值，发现两者是相等的，归纳得出一般性结论：如果锐角 A 确定，那么∠A 的对边与邻边的比值便随之确定，并进一步命名这个比值为∠A 的正切，体现从特殊到一般的思想，教学层次为显化。

(2) "议一议"环节，观察引例中梯子的倾斜程度与 tanA 的关系，从具体例子中归纳出一般性结论：tanA 的值越大，梯子越陡。体现从特殊到一般的思想，教学层次为渗透。

(3) 运用性质解决比较甲、乙两个自动扶梯哪一个比较陡的具体问题，体现从一般到特殊的思想，教学层次为渗透。

数形结合：

(1) 结合 $Rt\triangle ABC$ 的图形，说明∠A 正切值的概念，使三角函数的概念有直观的几何表示，体现数形结合的以形助数，教学层次为显化。

(2) 例1，结合甲、乙两个自动扶梯的几何图像，从图中读取数据，并用正切值的代数方法分析其倾斜程度，体现数形结合的以数助形思想，教学层次为显化。

方程与函数： 当锐角 A 变化时，tanA 的值也随之变化，并有唯一的值与之对应，体现函数思想，教学层次为显化。

字母表示数： tanA 是一个完整的数学符号（下节课的 sinA、cosA 相同），表示∠A 的正切函数，也表示∠A 所在直角三角形内相应边长的比值。从表示函数来看，教学层次为显化；从表示运算来看，这里的教学层次为渗透。

第2课时

数学模型：

(1) 正弦、余弦、三角函数，属于概念原理类的数学模型，教学层次为渗透。

(2) sinA 和 cosA 的值与梯子倾斜度的关系，属于概念原理类的数学模型，教学层次为渗透。

特殊与一般：

(1) "想一想"环节，观察前课引例中梯子的倾斜程度与 sinA 和 cosA 的关系，从具体例子中归纳得出一般性结论：sinA 的值越大，梯子越陡；cosA 的值越小，梯子越陡。体现从特殊到一般的思想，教学层次为渗透。

（2）例2，运用正弦函数概念，解决求对边长度的问题，体现从一般到特殊的思想，教学层次为渗透。

（3）"想一想"环节，运用正弦、余弦概念，解决求线段长和正弦值的问题，体现从一般到特殊的思想，教学层次为渗透。

数形结合：

（1）结合 Rt△ABC 的图形，说明正弦值、余弦值的概念，使三角函数的概念有直观的几何表示，体现数形结合的以形助数思想，教学层次为显化。

（2）"做一做"环节，结合 Rt△ABC 的图形，分析各边之间的数量关系，并求出其长度和三角函数值，体现数形结合的以形助数思想，教学层次为显化。

方程与函数：

（1）当锐角 A 变化时，相应的正弦、余弦和正切值也随之变化，且分别有唯一的值与之对应，体现函数思想，教学层次为显化。

（2）"做一做"环节，已知∠A 的余弦值和其相邻直角边，求斜边，可以斜边长为未知量，根据等量关系列出方程求解，体现方程思想，教学层次为显化。

类比：

（1）由正切函数的概念类比得到正弦、余弦函数概念，并仿照正切的学习方法来学习正弦和余弦，这种概念学习的方式属于概念的同化，属于简单共存类比，教学层次为运用。

（2）类比 $\tan A$ 的值与梯子倾斜度的关系，得出 $\sin A$ 和 $\cos A$ 的值与梯子倾斜度的关系，属于综合类比，教学层次为运用。

2. 30°、45°、60°角的三角函数值

数学模型：例2，将荡秋千的摆动轨迹抽象得出几何图形，并利用三角函数进行表示和解决，属于数学模型的建模，教学层次为运用。

转换与化归：例2，通过作辅助线将扇形转化为直角三角形，从而利用三角函数解决问题，体现化归思想，教学层次为运用。

特殊与一般："做一做"环节，运用三角函数概念分别求出特殊角30°、45°、60°的正弦、余弦和正切值，体现从一般到特殊的思想，教学层次为运用。

数形结合：例2，结合抽象所得的几何图形，分析解决摆动高度差的问题，体现数形结合的以形助数思想，教学层次为运用。

方程与函数：

（1）特殊角30°、45°、60°的正弦、余弦和正切值都是唯一对应的，体现函数思想，教学层次为显化。

（2）例2，根据线段之间的三角函数关系列出方程，通过求解未知数解决问题，体现方程思想，教学层次为显化。

3. 三角函数的计算

数学模型： 引例，把缆车行驶路线抽象为几何图形，根据已知条件通过三角函数计算解决问题，属于数学模型的建模，教学层次为运用。

方程与函数： 对于给出的任一角度，都有唯一的三角函数值与之对应，体现函数思想，教学层次为显化。

4. 解直角三角形

数形结合：

（1）例1，画出 Rt△ABC 的图形有助于清楚表示边角关系，从而求出三角形的其他元素；利用勾股定理、三角形内角和定理、锐角三角函数等，求解出直角三角形的未知元素，体现数形结合的数形互助思想，教学层次为运用。

（2）例2，画出 Rt△ABC 的图形有助于清楚表示边角关系，从而求出三角形的其他元素；利用勾股定理、三角形内角和定理、锐角三角函数等，求解出直角三角形的未知元素，体现数形结合的数形互助思想，教学层次为运用。

分类讨论： 解直角三角形，探究至少知道几个元素就可以求出其他的元素，以边长和角度为组合，可得当知道两个元素时，可能的组合是一边一角、两边或两角，当条件为一边一角或两边时可求出其他的元素，条件为两角时无法求出其他元素，体现由数学原理的限制条件引起的分类讨论，教学层次为运用。

5. 三角函数的应用

数学模型：

（1）引例，从航行的实际问题中抽象出几何图形转化为数学问题，再利用三角函数解决，并进一步对结果的意义进行说明，属于数学模型的建模，教学层次为运用。

（2）"想一想"环节，从测量塔高度的实际问题中抽象出几何图形转化为数学问题，再利用三角函数解决，并进一步对结果的意义进行说明，属于数学模型的建模，教学层次为运用。

（3）"做一做"环节，从改建楼梯的实际问题中抽象出几何图形转化为数学问题，再利用三角函数解决，并进一步对结果的意义进行说明，属于数学模型的建模，教学层次为运用。

数形结合：

（1）引例，从航行的实际问题中抽象出几何图形，结合图形能直观地分析边、角之间的关系，体现数形结合的以形助数思想，教学层次为运用。

（2）"想一想"环节，从测量塔高度的实际问题中抽象出几何图形，结合图形能直观地分析边、角之间的关系，体现数形结合的以形助数思想，教学层次为运用。

（3）"做一做"环节，从改建楼梯的实际问题中抽象出几何图形，结合图形能直观地分析边、角之间的关系，体现数形结合的以形助数思想，教学层次为运用。

6. 利用三角函数测高

数学模型：

（1）活动二，运用三角函数知识，设计一个测量底部可以到达的物体高度的方案，应用数学知识解决实际问题，属于数学模型的建模，教学层次为运用。

（2）活动三，运用三角函数知识，设计一个测量底部不可以到达的物体高度的方案，应用数学知识解决实际问题，属于数学模型的建模，教学层次为运用。

字母表示数：设计测量方案时，用字母表示相关的线段长度和角的度数，则待测量的物体高度可用含有字母的一般式表示，使测量方案具有一般性，教学层次为运用。

第二章　二次函数

1. 二次函数

数学模型：

（1）二次函数，属于概念原理类的数学模型，教学层次为渗透。

（2）引例，果园橙子的总产量随着果树增加而变化，可用二次函数表示这两个变量之间的关系，属于数学模型的建模，教学层次为运用。

（3）"做一做"环节，两年后的本息和随着年利率的变化而变化，可用二次函数表示这两个变量之间的关系，属于数学模型的建模，教学层次为运用。

（4）"想一想"环节，矩形周长固定时矩形的面积随着边长的变化而变化，两数之和固定时两数的乘积随着其中一个数的变化而变化，可用二次函数表示这两个变量之间的关系，属于数学模型的建模，教学层次为运用。

特殊与一般：

（1）"想一想"环节，观察从实际背景建立的几个具体的函数关系式，分析其未知数的数量和指数特征，归纳得出二次函数的一般形式 $y = ax^2 + bx + c(a \neq 0)$，体现从特殊到一般的思想，教学层次为显化。

（2）"想一想"环节，运用二次函数的概念分析几个具体的二次函数式子，体现从一般到特殊的思想，教学层次为显化。

方程与函数：

（1）引例，果园橙子的总产量随着果树的增加而变化，且对于每一个增加的果树数量，橙子的总产量都有唯一的值与之对应，体现函数思想，教学层次为显化。

（2）"做一做"环节，两年后的本息和随着年利率的变化而变化，且对于每一个年利率，本息和都有唯一的值与之对应，体现函数思想，教学层次为显化。

（3）"想一想"环节，矩形周长固定时矩形的面积随着边长的变化而变化，两数之和固定时两数的乘积随着其中一个数的变化而变化，体现函数思想，教学层次为显化。

类比： 类比八年级学习一次函数的方法研究二次函数，首先借助现实情境引出二次函数的实例，抽象出二次函数的概念，这种概念学习的方式属于概念的形成，通过类比形成函数主题的系列化学习；也可以直接提出二次函数的概念，对比一次函数在字母、指数、一般形式上的特征，类比学习二次函数，这种概念学习的方式属于概念的同化，使学生形成一种认识：类比是在新知学习、探究中，除了从特殊到一般以外，最重要的学习途径。教学层次为运用。

2. 二次函数的图像与性质

第1课时

数学模型： 抛物线，属于概念原理类的数学模型，教学层次为渗透。

特殊与一般：为分析二次函数 $y = ax^2 + bx + c(a \neq 0)$ 的图像，将系数特殊化，从 $y = x^2$ 开始研究，画出其函数图像，归纳得出二次函数图像为抛物线的一般结论，体现从特殊到一般的思想。本节四个课时很好地体现了从特殊到一般的问题研究策略，从最特殊的二次函数开始，逐渐增加待定系数使问题逐渐一般化，最后得出一般性的结论。应在本课时明确此研究策略，使四个课时的学习贯通且层层推进，使学生在问题解决中内化特殊与一般的思想方法，此处教学层次为运用。

数形结合：

（1）引例，在直角坐标系中描点、连线，画出函数 $y = x^2$ 的图像，能直观呈现函数的增减变化趋势，体现数形结合的以形助数思想，教学层次为运用。

（2）"议一议"环节，解决函数 $y = x^2$ 的最值问题，结合函数图像可直观看到，最小值即为图像最低点的纵坐标，体现数形结合的以形助数思想，教学层次为运用。

方程与函数：引例，函数式 $y = x^2$，选择适当的 x 值，并计算相应的 y 值，填写表格，可见对于任一 x 值，都有唯一的 y 值与之对应，体现函数思想，教学层次为显化。

分类讨论：研究 $y = x^2$ 图像的增减性时，由图像直观可得当 $x < 0$ 和 $x > 0$ 时增减性是不同的，需要进行分类讨论，教学层次为运用。

类比：类比之前画一次函数和反比例函数的方法，运用描点法画出二次函数 $y = x^2$ 的图像，属于方法的类比，教学层次为运用。

第 2 课时

特殊与一般：

（1）为分析二次函数 $y = ax^2 + bx + c(a \neq 0)$ 的图像，将系数特殊化，先研究 $y = ax^2$、$y = ax^2 + c$ 的图像，为方便切入，进一步特殊化为研究 $y = 3x^2$ 的图像，体现从特殊到一般的思想，教学层次为运用。

（2）"想一想"环节，画二次函数 $y = \frac{1}{2}x^2$ 的图像，与 $y = x^2$、$y = 2x^2$ 的图像比较，归纳得出系数 a 对二次函数图像开口大小的影响，体现从特殊到一般的思想，教学层次为运用。

（3）"议一议"环节，在同一直角坐标系中画出 $y = 2x^2 + 1$、$y = 2x^2$、$y =$

$2x^2 - 1$ 的函数图像，归纳得出二次函数图像的上下平移与系数 c 的关系，体现从特殊到一般的思想，教学层次为运用。

数形结合：

（1）引例，在直角坐标系中画出二次函数 $y = 2x^2$ 的图像，直观分析其与 $y = x^2$ 的图像的开口方向、对称轴和顶点坐标等有什么相同和不同，体现数形结合的以形助数思想，教学层次为运用。

（2）"想一想"环节，在同一直角坐标系中画出 $y = \frac{1}{2}x^2$、$y = x^2$、$y = 2x^2$ 的函数图像，分析图像有什么相同和不同，能直观看出系数 a 对函数值的增长速度的影响，即对图像开口大小的影响，体现数形结合的以形助数思想，教学层次为运用。

（3）"议一议"环节，在同一直角坐标系中画出 $y = 2x^2 + 1$、$y = 2x^2$、$y = 2x^2 - 1$ 的函数图像，归纳得出二次函数图像的上下平移与系数 c 的关系，体现数形结合的数形互助思想，教学层次为运用。

方程与函数：引例，函数式 $y = 2x^2$，选择适当的 x 值，并计算相应的 y 值，填写表格，可见对于任一 x 值，都有唯一的 y 值与之对应，体现函数思想，教学层次为显化。

第 3 课时

数学模型：二次函数 $y = a(x - h)^2 + k$ 的图像特征：开口方向、对称轴及顶点坐标，属于概念原理类的数学模型，教学层次为渗透。

转换与化归：由二次函数 $y = 2x^2$ 的图像，通过平移得到 $y = 2x^2 - \frac{1}{2}$、$y = 2(x + 3)^2$、$y = 2(x + 3)^2 - \frac{1}{2}$ 的图像，体现转换思想，教学层次为显化。

特殊与一般：

（1）为探索形如 $y = a(x - h)^2$、$y = a(x - h)^2 + k$ 的二次函数的图像和性质，引例以画二次函数 $y = 2(x - 1)^2$ 的图像切入，体现从特殊到一般的思想，教学层次为运用。

（2）"议一议"环节，在同一直角坐标系中画出 $y = 2x^2$、$y = 2(x - 1)^2$、$y = 2(x + 1)^2$ 的函数图像，归纳得出二次函数图像的左右平移与系数 h 的关系，体现从特殊到一般的思想，教学层次为运用。

（3）"想一想"环节，分析如何由二次函数 $y = 2x^2$ 的图像，通过平移得到 $y = 2x^2 - \dfrac{1}{2}$、$y = 2(x+3)^2$、$y = 2(x+3)^2 - \dfrac{1}{2}$ 的图像；"议一议"环节，归纳得出 $y = a(x-h)^2 + k$ 与 $y = ax^2$ 的图像关系，体现从特殊到一般的思想，教学层次为运用。

数形结合：

（1）在同一直角坐标系中画二次函数 $y = 2x^2$、$y = 2(x-1)^2$、$y = 2(x+1)^2$ 的图像，直观分析三者的关系，发现三者形状相同，开口方向也相同，但对称轴和顶点坐标不同，可通过平移得到，平移的单位长度与系数 h 有关，体现数形结合的以形助数思想，教学层次为运用。

（2）二次函数的表达式 $y = a(x-h)^2 + k$ 的系数决定函数图像的开口方向、对称轴、顶点坐标等，数形之间的转换，体现数形结合的数形互助思想，教学层次为运用。

方程与函数： 引例，对函数式 $y = 2x^2$、$y = 2(x-1)^2$ 选择适当的 x 值，并计算相应的 y 值，填写表格，可见对于任一 x 值，都有唯一的 y 值与之对应，体现函数思想，教学层次为显化。

类比： "议一议"环节，类比二次函数 $y = 2(x-1)^2$ 与 $y = 2x^2$ 的图像关系，研究二次函数 $y = 2(x+1)^2$ 与 $y = 2x^2$ 的图像关系，属于简单共存类比，教学层次为运用。

第 4 课时

模型思想：

（1）二次函数 $y = ax^2 + bx + c$ 的对称轴为 $x = -\dfrac{b}{2a}$，顶点坐标的公式为 $\left(-\dfrac{b}{2a},\ \dfrac{4ac - b^2}{4a} \right)$，属于概念原理类的数学模型，教学层次为渗透。

（2）"做一做"环节，将桥梁的两条钢缆抽象为抛物线形状，将最低点的问题转化为二次函数图像顶点的问题，并运用配方法或顶点坐标公式解决，属于数学模型的建模，教学层次为运用。

转换与化归：

（1）例1，运用配方法将 $y = 2x^2 - 8x + 7$ 转化为 $y = 2(x-2)^2 - 1$ 的形式，从而运用之前探究的 $y = a(x-h)^2 + k$ 的图像性质，得到其对称轴和顶点坐标，将未知转化为已知，体现化归思想，教学层次为运用。

（2）"做一做"环节，在确定函数 $y = 3x^2 - 6x + 7$ 和 $y = 2x^2 - 12x + 8$ 图像的对称轴和顶点坐标时，先将 $y = 3x^2 - 6x + 7$ 和 $y = 2x^2 - 12x + 8$ 转化为 $y = a (x - h)^2 + k$ 的形式，体现化归思想，教学层次为显化。

（3）例2，在求解函数 $y = ax^2 + bx + c$ 图像的对称轴和顶点坐标时，运用配方法将 $y = ax^2 + bx + c$ 转化为 $y = a\left(x + \dfrac{b}{2a}\right)^2 + \dfrac{4ac - b^2}{4a}$ 的形式，体现化归思想，教学层次为运用。

特殊与一般：

（1）例1与"做一做"环节，运用配方法将具体的几个二次函数转化为顶点式；例2运用配方法将二次函数的一般形式 $y = ax^2 + bx + c$ 转化成 $y = a\left(x + \dfrac{b}{2a}\right)^2 + \dfrac{4ac - b^2}{4a}$，体现从特殊到一般的思想，教学层次为运用。

（2）"做一做"环节，运用配方法或顶点坐标公式，解决具体的二次函数图像的对称轴和顶点坐标的问题，体现从一般到特殊的思想，教学层次为显化。

字母表示数：用字母表示二次函数 $y = ax^2 + bx + c$，则对称轴为 $x = -\dfrac{b}{2a}$，顶点坐标为 $\left(-\dfrac{b}{2a}, \dfrac{4ac - b^2}{4a}\right)$，所有具体的二次函数对称轴和顶点都可以通过公式求解，体现字母表示数的优越性，教学层次为运用。

3. 确定二次函数的表达式

第1课时

模型思想：引例，将学生推铅球的轨迹抽象为抛物线，运用二次函数表示其行进高度与水平距离之间的关系，属于数学模型的建模，教学层次为显化。

数形结合：引例，观察二次函数图像，寻找其经过的点，运用待定系数法求解函数的表达式，体现数形结合的以数助形思想，教学层次为运用。

方程与函数：

（1）引例，用字母表示二次函数 $y = ax^2 + c$，代入图像经过的两个点（2，3）和（-1，-3），得到一个二元一次方程组，解方程组得相关系数 a、c 的值，从而求出二次函数的表达式，体现方程思想，教学层次为运用。

（2）"做一做"环节，设出二次函数表达式，代入图像与 y 轴交点，得到一个三元一次方程组，解方程组得相关系数的值，从而求出二次函数的表达式，体现方程思想，教学层次为运用。

第2课时

转换与化归：

（1）例2，求解三元一次方程组，可通过加减消元法或代入消元法，转化为二元一次方程组，再进一步消元转化为一元一次方程，从而解出未知数的值，将三元转化为二元，二元转化为一元，体现化归思想，教学层次为运用。

（2）例2，运用配方法将二次函数表达式 $y=2x^2-3x+5$ 转化为顶点式 $y=2\left(x-\dfrac{3}{4}\right)^2+\dfrac{31}{8}$，从而得出函数的对称轴和顶点坐标，属于形式的转换，体现化归思想，教学层次为显化。

数形结合："议一议"环节，可以设二次函数的表达式为 $y=ax^2+bx+c$，将经过三点的坐标代入求解；也可以画出二次函数的草图，分析可得点 A（0，1），C（2，1）关于直线 $x=1$ 对称，则点 B（1，2）即为顶点，即可利用顶点式求解，体现数形结合的以形助数思想，教学层次为运用。

方程与函数：

（1）例2，设二次函数表达式为 $y=ax^2+bx+c$，代入图像经过的三个点的坐标，得到一个三元一次方程组，解方程组得相关系数的值，从而求出二次函数的表达式，体现方程思想，学生自觉从方程思想方法的高度看待待定系数法。根据待定系数的个数设置未知数的个数，寻找相应数量的等量关系，建立相应数量的方程，将方程思想方法内化为求解函数表达式问题的优先策略，教学层次为运用。

（2）"议一议"环节，可以设二次函数的表达式为 $y=ax^2+bx+c$，也可以设为顶点式 $y=a(x-h)^2+k$，再代入函数图像点坐标，列出方程组，解方程组求出待定系数，从而得出函数表达式，体现方程思想，教学层次为运用。

类比：类比一次函数、反比例函数，运用待定系数法，代入函数图像点坐标，列出方程组，解方程组求出待定系数，从而得出函数表达式，属于综合类比，教学层次为运用。

4. 二次函数的应用

第1课时

数学模型：例1，将窗户的形状抽象为几何图形，根据窗户的面积与半圆半径的变化关系，列出二次函数关系式，并利用二次函数求最值的方法，求解出窗户面积的最大值，属于数学模型的建模，教学层次为运用。

转换与化归：

（1）引例，求二次函数最值，将一般形式转化为顶点式，体现化归思想，教学层次为运用。

（2）"议一议"环节，求二次函数最值，将一般形式转化为顶点式，体现化归思想，教学层次为显化。

（3）例1，求二次函数最值，将一般形式转化为顶点式，体现化归思想，教学层次为运用。

数形结合：

（1）引例，结合几何图形直观分析线段长度之间的关系以及面积与线段长度之间的关系，有助于列出函数关系式，体现数形结合的以形助数思想，教学层次为运用。

（2）"议一议"环节，结合几何图形直观分析线段长度之间的关系以及面积与线段长之间的关系，有助于列出函数关系式，体现数形结合的以形助数思想，教学层次为运用。

（3）例1，结合几何图形直观分析线段长度之间的关系以及面积与线段长之间的关系，有助于列出函数关系式，体现数形结合的以形助数思想，教学层次为运用。

方程与函数：

（1）引例，直角三角形内部的矩形 $ABCD$ 面积，随着一边 AB 长度的变化而变化，对于每一个 AB 长度，都有唯一的面积和它对应，并利用函数求最值的方法，求解出面积的最大值，体现函数思想，教学层次为运用。

（2）"议一议"环节，当改变矩形 $ABCD$ 的位置时，同样其面积与 AB 长度也成函数关系，并利用二次函数求最值的方法，求解出面积的最大值，体现函数思想，教学层次为运用。

（3）例1，窗户的面积随着半圆半径的变化而变化，可列出二者的二次函数表达式，并利用二次函数求最值的方法，求解出面积的最大值，体现函数思想，教学层次为运用。

第 2 课时

模型思想：

（1）引例，将服装厂的获利随着单价变化的问题抽象为二次函数模型，并利用二次函数求最值的方法，确定利润的最大值，属于数学模型的建模，教学层次为运用。

（2）例 2，将旅馆日租金收入随着每间客房日租金变化的问题抽象为二次函数模型，并利用二次函数求最值的方法，确定利润的最大值，属于数学模型的建模，教学层次为运用。

（3）"议一议"环节，将橙子的总产量随着增种橙子树的变化问题抽象为二次函数模型，并利用二次函数图像求最值，属于数学模型的建模，教学层次为运用。

数形结合："议一议"环节，列出二次函数图像，进一步用图像反映橙子的总产量与增种橙子树之间的关系，并利用图像解决问题，体现数形结合的以形助数思想，教学层次为运用。

方程与函数：

（1）引例，服装厂的盈利随着单价下降而变化，两个变量成二次函数关系，利用二次函数求最值的方法，求解出盈利最大值，体现函数思想，教学层次为运用。

（2）例 2，旅馆日租金收入随着每间客房的日租金变化而变化，两个变量成二次函数关系，利用二次函数求最值的方法，求解出总收入的最大值，体现函数思想，教学层次为运用。

（3）"议一议"环节，橙子的总产量随着增种橙子树的变化而变化，两个变量成二次函数关系，利用函数图像可直接反映两个变量之间的变化关系，并解决相关问题，体现函数思想。在反复运用函数方法解决对应变化问题的基础上，使学生将函数思想方法内化为解决对应变化问题的首选策略，并熟练掌握运用函数方法解决实际问题的步骤，教学层次为运用。

5. 二次函数与一元二次方程

第 1 课时

教学模型：

（1）二次函数图像与 x 轴交点横坐标和对应一元二次方程根的关系，属于概念原理类的数学模型，教学层次为渗透。

（2）将竖直上抛物体的运动高度与时间的关系，抽象为二次函数模型，通过求函数图像与轴交点的横坐标，求出小球落地时间，属于数学模型的建模，教学层次为显化。

特殊与一般："议一议"环节，分析具体的三个二次函数图像与 x 轴交点的情况，归纳得到二次函数 $y = ax^2 + bx + c$ 的图像与 x 轴的交点情况的一般性结论，体现从特殊到一般的思想，教学层次为运用。

数形结合：

（1）引例，利用函数图像可直观解决小球何时落地的问题，体现数形结合的以形助数思想，教学层次为显化。

（2）二次函数 $y = ax^2 + bx + c$ 的图像与 x 轴的位置关系有三种情况：有两个交点、只有一个交点、没有交点。对应的一元二次方程 $ax^2 + bx + c = 0$ 的根的情况有三种：有两个不相等的实数根、有两个相等的实数根、没有实数根。而两者是等价的，即由图像交点情况可知方程根的情况，而由方程根的情况也可知图像的交点情况，体现数形结合的数形互助思想，教学层次为运用。

方程与函数：

（1）引例，当高度 $h = 0$ 时，二次函数 $y = -5t^2 + 40t$ 转换为一元二次方程 $-5t^2 + 40t = 0$，解方程求得时间 $t = 8s$，体现方程思想，教学层次为显化。

（2）"议一议"环节，当 $y = 0$ 时，二次函数转换为一元二次方程，通过求解方程，解得二次函数与 x 轴交点坐标的横坐标，体现方程与函数的关系，即函数思想，教学层次为显化。

分类讨论："议一议"环节，以二次函数图像与 x 轴交点个数为标准，把二次函数分成三类，分别讨论对应的一元二次方程根的情况，体现由图形变化而引起的分类讨论，教学层次为显化。

第 2 课时

特殊与一般：引例，二次函数 $y = x^2 + 2x - 10$ 与 x 轴交点的横坐标即为对应方程 $x^2 + 2x - 10 = 0$ 的解；"做一做"环节，一元二次方程 $x^2 + 2x - 10 = 3$ 的解，可看作二次函数 $y = x^2 + 2x - 10$ 与直线 $y = 3$ 交点的横坐标。归纳总结得出结论：一元二次方程的根就是二次函数的图像与直线 $y = h$ 交点的横坐标。体现从特殊到一般的思想，教学层次为显化。

数形结合：

（1）引例，利用二次函数图像与 x 轴交点的横坐标，求出对应一元二次方程的近似解，体现数形结合的以形助数思想，教学层次为运用。

（2）"做一做"环节，求一元二次方程 $x^2+2x-10=3$ 的根，可看作求二次函数 $y=x^2+2x-10$ 与直线 $y=3$ 交点的横坐标，体现数形结合的以形助数思想，教学层次为运用。

方程与函数：

（1）引例，利用二次函数与一元二次方程的关系估计一元二次方程的解，体现方程与函数的关系，即函数思想，教学层次为运用。

（2）"做一做"环节，利用二次函数与一元二次方程的关系估计一元二次方程的解，体现方程与函数的关系，即函数思想，教学层次为运用。

第三章　圆

1. 圆

数学模型：

（1）弦、直径、圆弧、半圆、等圆、等弧，属于概念原理类的数学模型，教学层次为渗透。

（2）点与圆的位置关系，属于概念原理类的数学模型，教学层次为渗透。

特殊与一般： "做一做"环节，运用点与圆的位置关系的结论，判断具体的点与圆的位置关系，体现从一般到特殊的思想，教学层次为渗透。

数形结合： 点与圆的位置关系是形，点到圆心的距离与圆的半径长度是数，可以根据形的位置关系判断数的大小关系，也可以借由数的大小关系判断形的位置关系，体现数形结合的数形互助思想，教学层次为显化。

分类讨论： "想一想"环节，以点与圆的位置关系为标准，分为点在圆内、点在圆上、点在圆外三类，讨论不同位置关系下，点到圆心距离与半径的关系，体现由图形变化引起的分类讨论，教学层次为运用。

2. 圆的对称性

数学模型： 圆的对称性，同圆或等圆中两个圆心角、两条弧、两条弦的数量关系等，属于概念原理类的数学模型，教学层次为渗透。

转换与化归： 例题，把证明圆中的两条弦相等转换为找对应的弧相等，体现转换思想，教学层次为运用。

特殊与一般：

（1）引例，折叠具体的圆，发现其对称轴有很多条，但其共同特征是都经过圆心，归纳得出一般性结论：圆是轴对称图形，其对称轴是任意一条过圆心的直线。体现从特殊到一般的思想，教学层次为显化。

（2）"想一想"环节，将一个具体的圆绕着圆心旋转任意一个角度，发现其还能与原来的图形重合，归纳得出一般性结论：圆是中心对称图形，对称中心为圆心。体现从特殊到一般的思想，教学层次为显化。

（3）"做一做"环节，观察具体的两个等圆之间存在着哪些等量关系，并通过旋转叠合证明，归纳得出一般性结论：在同圆或等圆中，相等的圆心角所对的弧相等，所对的弦相等。体现从特殊到一般的思想，教学层次为运用。

（4）例题，运用同圆或等圆中，两个圆心角、两条弧、两条弦的数量关系，求解具体的圆中线段长度的关系，体现从一般到特殊的思想，教学层次为显化。

3. 垂径定理

数学模型：

（1）垂径定理和垂径定理的逆定理，属于概念原理类的数学模型，教学层次为渗透。

（2）例题，将公路的弯曲部分抽象为圆弧与射线的组合，并利用垂径定理和直角三角形的性质求解出弯曲部分的半径，属于数学模型的建模，教学层次为运用。

转换与化归：

（1）垂径定理的证明，通过连接 OA、OB，将圆的问题转化为直角三角形解决，体现化归思想，教学层次为运用。

（2）例题，通过作出垂直于弦的半径，将圆的问题转化为直角三角形解决，体现化归思想，教学层次为运用。

特殊与一般：

（1）引例，在圆中作直径垂直于弦，分析其中的等量关系，归纳得出一般性结论，即垂径定理，体现从特殊到一般的思想，教学层次为显化。

（2）"想一想"环节，在圆中作一条平分弦的直径，分析其中的等量关系，归纳得出一般性结论，即垂径定理的逆定理，体现从特殊到一般的思想，教学层次为显化。

（3）例题，运用垂径定理求解具体的弯路半径问题，体现从一般到特殊的思想，教学层次为显化。

方程与函数：将弯路半径设为 R，通过作辅助线构建出直角三角形，根据勾股定理的等量关系列出方程，求解方程得到问题的解，体现方程思想，教学层次为运用。

4. 圆周角和圆心角的关系

第 1 课时

数学模型：

（1）圆周角，属于概念原理类的数学模型，教学层次为渗透。

（2）圆周角定理与圆周角定理推论，属于概念原理类的数学模型，教学层次为渗透。

转换与化归：圆周角定理的证明，首先证明圆心在圆周角的一条边上的情况，圆周角的度数等于其所对弧上圆心角度数的一半；再证明圆心在圆周角的内部、圆心在圆周角的外部两种情况，通过作辅助线转化为圆心在圆周角的一条边上的情况，从而使问题得到解决，将未知转化为已知，体现化归思想，教学层次为运用。

特殊与一般：

（1）引例，分析具体的圆中几个角的特征，发现其顶点都在圆上，两边分别与圆还有另一个交点，归纳出圆周角的概念，体现从特殊到一般的思想，教学层次为显化。

（2）"做一做"环节，在具体圆中，圆心角 $\angle AOB = 80°$，画出几个圆周角，分析其与 $\angle AOB$ 的数量关系；"议一议"环节，将圆心角 $\angle AOB$ 一般化，分析所得结论是否成立，最后归纳得出一般性结论，即圆周角定理。体现从特殊到一般的思想，教学层次为运用。

（3）为证明圆周角定理，先证明其特殊情况——圆心在圆周角的一条边上；再推广到圆心在圆周角的内部、圆心在圆周角的外部等情况，从而完成圆周角定理证明，体现从特殊到一般的思想，教学层次为运用。

分类讨论：圆周角定理证明，以圆心和圆周角的位置关系为标准，分为圆心在圆周角的一条边上、圆心在圆周角的内部、圆心在圆周角的外部三种情况，分别进行证明，并综合三种情况，从而证得圆周角定理，使学生根据图形的可能变化，自觉选择分类讨论方法，分析图形变化的临界位置，设定分类标准，逐一分析讨论，整理形成结论，内化分类讨论思想为学生分析、解决问题的模式，教学层次为运用。

第 2 课时

数学模型：

（1）圆内接四边形、外接圆，属于概念原理类的数学模型，教学层次为渗透。

（2）圆周角定理的两个推论，属于概念原理类的数学模型，教学层次为渗透。

特殊与一般：

（1）引例，BC 是 $\odot O$ 的直径，探究其所对的几个圆周角的特点，发现都等于 $90°$，而 $\odot O$ 中有一个圆周角 $\angle A$ 等于 $90°$，发现其所对的弦 BC 是直径，归纳得出一般性结论：直径所对的圆周角是直角；$90°$ 的圆周角所对的弦是直径。体现从特殊到一般的思想，教学层次为显化。

（2）"议一议"环节，利用圆周角定理，探究 $\odot O$ 中内接四边形对角之间的关系，体现从一般到特殊的思想，教学层次为显化。

（3）"议一议"环节，研究圆内接四边形的性质，先讨论一种特殊情况，即内接四边形的一条对角线是圆的直径，再把问题从特殊推广到一般；研究一个具体的 $\odot O$ 的内接四边形对角之间的关系，归纳出一般性结论：圆内接四边形的对角互补。体现从特殊到一般的思想，教学层次为运用。

5. 确定圆的条件

数学模型：

（1）外接圆、外心，属于概念原理类的数学模型，教学层次为渗透。

（2）不在同一直线上的三个点确定一个圆，属于概念原理类的数学模型，教学层次为渗透。

转换与化归："做一做"环节，利用尺规过不在同一条直线上的三点作圆，从作法到图示，是文字语言到几何语言的转换，体现转换思想，教学层次为显化。

特殊与一般：

（1）"想一想"环节，经过一个已知点可以作出无数个圆，过两个已知点可以作出无数个圆，经过不在同一直线上的三个点可作出一个圆，归纳得出一般性结论：不在同一直线上的三个点确定一个圆。体现从特殊到一般的思想，教学层次为显化。

（2）随堂练习，分别作出具体的锐角三角形、直角三角形、钝角三角形的外接圆，猜测归纳得出一般性结论：锐角三角形的外心在圆内，直角三角形的外心在斜边，钝角三角形的外心在圆外。体现从特殊到一般的思想，教学层次为显化。

分类讨论：随堂练习，分别探究锐角三角形、直角三角形、钝角三角形的外接圆，归纳出外心的位置特点，体现由图形的变化引起的分类讨论，教学层次为显化。

6. 直线和圆的位置关系

第 1 课时

数学模型：

（1）圆的切线、切点，属于概念原理类的数学模型，教学层次为渗透。

（2）直线与圆位置关系、圆的切线性质，属于概念原理类的数学模型，教学层次为渗透。

特殊与一般：

（1）"想一想"环节，研究具体的直线和圆的位置关系分别为相交、相切、相离时，圆心到直线的距离与圆的半径之间的长度关系，归纳得出直线与圆的位置关系性质，体现从特殊到一般的思想，教学层次为显化。

（2）"议一议"环节，研究具体的 ⊙O 中直径 AB 与切线 CD 的位置关系，由对称性可归纳得出圆的切线性质，体现从特殊到一般的思想，教学层次为渗透。

（3）例 1，运用直线与圆的位置关系、切线性质等，解决具体的判定直线与圆的位置关系的问题，体现从一般到特殊的思想，教学层次为显化。

数形结合：

（1）直线和圆的位置关系是形，圆心到直线的距离和圆的半径长度是数，可以根据形的位置关系判断数的大小关系，也可以借由数的大小关系判断形的位置关系，体现数形结合的数形互助思想，教学层次为显化。

（2）例1，通过代数方法求得点到直线的距离，并比较距离与半径的长度，判断出直线与圆的位置关系，即运用代数方法得出几何结论，体现数形结合的以数助形思想，教学层次为运用。

分类讨论：

（1）将直线和圆的位置关系，以相交点的数量为标准分类，分为相交、相切、相离三类。体现由图形变化引起的分类讨论，教学层次为显化。

（2）"想一想"环节，分别研究当直线和圆的位置关系为相交、相切、相离时，圆心到直线的距离与圆的半径之间的长度关系，体现由图形变化引起的分类讨论，教学层次为运用。

（3）例1，当已知圆心 C 到直线 AB 的距离 $d=2\sqrt{3}$，分别讨论当 $r=2$ 和 $r=4$ 时⊙C 与直线 AB 的位置关系，体现由图形变化引起的分类讨论，教学层次为运用。

第2课时

数学模型：

（1）内切圆、内心，属于概念原理类的数学模型，教学层次为渗透。

（2）切线的判定定理，属于概念原理类的数学模型，教学层次为渗透。

转换与化归：例2，作△ABC 的内切圆，从作法到图示，是从文字语言到几何语言的转换，体现转换思想，教学层次为显化。

特殊与一般：研究具体的⊙O，改变直线 l 与直径 AB 的夹角∠α，当∠$\alpha=90°$，即直线 l 与直径 AB 垂直时，直线 l 与⊙O 相切，归纳得出一般性结论：圆的切线判定定理。体现从特殊到一般的思想，教学层次为显化。

分类讨论：随堂练习题2，分别探究锐角三角形、直角三角形、钝角三角形的外接圆，归纳出内心的位置特点，体现由图形变化引起的分类讨论，教学层次为运用。

7. 切线长定理

数学模型：

（1）切线长，属于概念原理类的数学模型，教学层次为渗透。

（2）切线长定理，属于概念原理类的数学模型，教学层次为渗透。

特殊与一般：

（1）"议一议"环节，*PA*、*PB* 是 ⊙*O* 的两条切线，探究其中的相等线段，归纳得出切线长定理，体现从特殊到一般的思想，教学层次为显化。

（2）"想一想"环节，运用切线长定理探究与 ⊙*O* 相切的四边形 *ABCD* 中存在的相等线段，体现从一般到特殊的思想，教学层次为显化。

（3）例题，运用切线长定理解决求 ⊙*O* 半径的问题，体现从一般到特殊的思想，教学层次为显化。

数形结合：例题，⊙*O* 是 △*ABC* 的内切圆，利用三角形切线长定理可求解出 ⊙*O* 的半径，形的位置关系到数的结果，体现数形结合的以数助形思想，教学层次为运用。

方程与函数：例题，设 ⊙*O* 的半径为 *r*，利用勾股定理求出斜边的长，而斜边的长又可表示为含有 ⊙*O* 的半径的代数式，由此可以列出以 ⊙*O* 半径为未知数的方程，体现方程思想，教学层次为运用。

8. 圆内接正多边形

数学模型：圆内接多边形、正多边形的外接圆、中心角、边心距，属于概念原理类的数学模型，教学层次为渗透。

转换与化归：例题，求正六边形的中心角、边长和边心距，通过连接半径和作弦的垂线，得到等边三角形和直角三角形，即将正 *n* 边形的有关计算问题转化为解直角三角形问题，体现化归思想，在反复运用转换与化归思想策略将四边形问题转化为三角形问题的基础上，此处学生应自觉运用转化策略使问题得到解决，并将转换与化归思想内化为多边形问题的策略，教学层次为运用。

9. 弧长及扇形的面积

数学模型：

（1）弧长公式、扇形的两个面积公式，属于概念原理类的数学模型，教学层次为渗透。

（2）引例，将传动带上已知转动轮转动角度求传送物品的距离的实际问题抽象为计算弧长的数学问题，并利用弧长的计算公式解决，属于数学模型的建模，教学层次为显化。

（3）例 1，将求弯形管道长度的实际问题抽象为计算弧长的数学问题，并利用弧长的计算公式解决，属于数学模型的建模，教学层次为显化。

（4）"想一想"环节，将求绳子拴着的狗的活动区域的实际问题抽象为计算扇形面积的数学问题，并利用扇形的计算公式解决，属于数学模型的建模，教学层次为显化。

特殊与一般：

（1）引例，研究转动轮转动角度与传输物品距离的关系，先从特殊角度开始研究，如转动一周、转动 $1°$，再推广到转动 $n°$，最后归纳得出一般性结论，即弧长的计算公式。体现从特殊到一般的思想，教学层次为运用。

（2）例1，运用弧长公式求解弯形管道的展开长度，体现从一般到特殊的思想，教学层次为显化。

（3）例2，运用弧长公式和扇形面积公式求解具体的弧长和扇形面积，体现从一般到特殊的思想，教学层次为显化。

字母表示数： 弧长计算公式为 $l = \dfrac{n}{180}\pi R$，扇形面积计算公式为 $S_{扇形} = \dfrac{n}{360}\pi R^2$、$S_{扇形} = \dfrac{1}{2}lR$，用字母表示计算公式，使公式简介清晰，具有一般性，体现字母表示数的优越性，教学层次为显化。